高等职业教育"十三五"精品教材
轨道交通类数字化教材

铁 道 信 号
基础设备维护

主　编○刘亚晶
副主编○陈　旺　张书银　肖本兔　单彧鑫

西南交通大学出版社
·成都·

图书在版编目（CIP）数据

铁道信号基础设备维护 / 刘亚晶主编. —成都：
西南交通大学出版社，2021.3（2025.6 重印）
高等职业教育"十三五"精品教材 轨道交通类数字
化教材
ISBN 978-7-5643-7811-0

Ⅰ. ①铁… Ⅱ. ①刘… Ⅲ. ①铁路信号 – 信号设备 –
维修 – 高等职业教育 – 教材 Ⅳ. ①U284.7

中国版本图书馆 CIP 数据核字（2020）第 211648 号

高等职业教育"十三五"精品教材
轨道交通类数字化教材
Tietao Xinhao Jichu Shebei Weihu

铁道信号基础设备维护

主编 刘亚晶

责任编辑 穆 丰
封面设计 何东琳设计工作室

出版发行 西南交通大学出版社
（四川省成都市金牛区二环路北一段 111 号
西南交通大学创新大厦 21 楼）
邮政编码 610031
发行部电话 028-87600564 028-87600533
网址 http://www.xnjdcbs.com
印刷 成都蜀雅印务有限公司

成品尺寸 185 mm×260 mm
印张 15.5
字数 366 千
版次 2021 年 3 月第 1 版
印次 2025 年 6 月第 2 次
定价 52.00 元
书号 ISBN 978-7-5643-7811-0

课件咨询电话：028-81435775
图书如有印装质量问题 本社负责退换
版权所有 盗版必究 举报电话：028-87600562

前　言

铁路是国家重要的基础设施，是国民经济的大动脉，是交通运输体系的骨干，是运输能力强、资源利用率高、有利环保的交通运输方式，在我国社会主义现代化建设中具有重要的历史使命。铁路信号是铁路的重要技术设备，是组织指挥列车运行、保证运输安全、提高运输效率、传递信息、改善行车人员劳动环境的关键设施，也是创新运输组织、扩充运输能力、实现铁路统一运输并集中指挥的重要技术条件。

随着控制技术、信息技术、计算机技术的发展，当今铁路信号系统的设备不断地更新换代并飞速发展。所有信号系统功能的实现，依靠的是现场各类信号基础设备协同工作，主要包括继电器、信号机及表示器、轨道电路、道岔转换设备、应答器、计轴设备、防雷等各类信号基础设备。只有熟练掌握了基础设备的相关知识，我们才能进一步提升专业能力，同时满足高等职业教育的职业技能需求。

作为高等职业教育应用型人才培养以及铁道信号相关专业课程的配套教材，本书立足于基础理论知识，并辅以相关数字资源，以立体化教学的方式进行编写。全书分为六个项目，分别针对铁道信号的不同基础设备进行了详细介绍，包括继电器、信号机、轨道电路、应答器、转辙机、防雷等设备，从技术参数、工作原理、作用机制、组成结构、设备维护等方面进行了阐述。结合教学要求和铁路现场设备维护的需求，本书采用多种形式的数字化资源作为教材补充，具有可读性强和操作性强的特点，也体现了信息化教学的特点。本书除了可作为高等职业院校教材外，还可作为现场工作人员的参考书。

本书由昆明铁道职业技术学院刘亚晶担任主编，昆明铁道职业技术学院陈旺、张书银、肖本兔、单彧鑫担任副主编，刘俊宏、魏银花参与编写。全书编写分工如下：项目一由单彧鑫与刘俊宏编写，项目二由张书银编写，项目三由刘亚晶编写，项目四由肖本兔、魏银花编写，项目五由陈旺编写，项目六由肖本兔编写。本书的编写以及数字化资源的采集过程，得到了铁路局有关部门的指导，也得到了学院相关部门和领导的支持，还得到了电气工程学院各位同仁的帮助，在此表示衷心的感谢。

由于作者水平有限，疏漏与不足之处在所难免，恳请读者批评指正。

编　者

2020 年 7 月

多媒体知识点目录

序号	二维码名称	资源类型	页码
1	资源 1-1 插入式无极继电器实物图	图片	P5
2	资源 1-2 安全继电器插座实物图	图片	P8
3	资源 1-3 JWXC-1700 安全型继电器实物图	图片	P9
4	资源 1-4 继电器接点示意图	图片	P12
5	资源 1-5 继电器动作原理视频	视频	P14
6	资源 1-6 JWJXC-480 型加强继电器接点示意图	图片	P15
7	资源 1-7 有极继电器结构示意图	图片	P17
8	资源 1-8 JSBXC 时间继电器电路原理	视频	P32
9	资源 1-9 继电器电路视频	视频	P44
10	资源 2-1 各类信号示意图	图片	P54
11	资源 2-2 信号机结构	图片	P58
12	资源 2-3 透镜式色灯信号机示意图	图片	P59
13	资源 2-4 组合式色灯信号机示意图	图片	P65
14	资源 2-5 组合式色灯信号机机构——光系统	图片	P68
15	资源 2-6 铁路信号灯泡实物图	图片	P69
16	资源 2-7 进站信号机显示视频	视频	P85
17	资源 2-8 进站信号机设置示意图	图片	P90
18	资源 2-9 进站信号机	图片	P91
19	资源 2-10 四显示自动闭塞出站信号机	图片	P92
20	资源 2-11 带进路的四显示自动闭塞出站信号机	图片	P93
21	资源 2-12 三显示自动闭塞区段带调车信号和进路表示器的出站信号机	图片	P93
22	资源 2-13 通过信号机设置图	图片	P97
23	资源 2-14 遮断信号机设置图	图片	P97
24	资源 2-15 预告信号机设置图	图片	P99
25	资源 2-16 车站信号平面布置图	图片	P99
26	资源 2-17 驼峰信号机设置图	图片	P100
27	资源 2-18 进站复示信号机设置图	图片	P101
28	资源 2-19 机车信号示意图	图片	P102

目 录

项目一 常用信号继电器的识别及应用

铁路信号技术中广泛采用的继电器，称为信号继电器（在铁路信号系统中也可简称继电器），是铁路信号系统中的重要部件。无论作为继电式信号系统的核心部件，还是作为电子式或计算机式信号系统的接口部件，继电器都发挥着重要的作用。继电器动作的可靠性直接影响到信号系统的可靠性和安全性。

任务一 认识电磁继电器

作为铁路信号系统中的主要（或重要）器件，信号继电器在运用中的安全、可靠是保证各种信号设备正常使用的必要条件。为此，铁路信号系统对继电器提出了极其严格的要求，具体如下：

（1）动作必须可靠、准确。

（2）使用寿命长。

（3）有足够的闭合和断开电路的能力。

（4）有稳定的电气特性和时间特性。

（5）在周围环境温度和湿度变化很大的情况下，能保持很高的电气绝缘强度。

一、继电器的基本原理

继电器是一种电磁开关。继电器类型很多，性能各不相同，结构形式各种各样，但都由电磁系统和接点系统两大主要部分组成。其中，电磁系统由线圈、固定的铁心和扼铁以及可动的衔铁构成，接点系统由动接点和静接点构成。当线圈中通入一定数值的电流后，其由于电磁作用产生电磁吸引力，吸引衔铁，再由衔铁带动接点系统，改变继电器状态，从而反映输入电流的状况。

电磁继电器原理如图 1-1-1 所示。它就是一个带接点的电磁铁，其动作原理也与电磁铁相似。当线圈中通以一定数值的电流后，衔铁和铁心之间就产生一定数量的磁通，该磁通经铁心、衔铁、扼铁和气隙形成一个闭合磁路，铁心对衔铁就产生了吸引力。吸引力的大小取决于所通电流的大小。当电流增大到一定值时，吸引力增大到能克服衔铁向铁心运动的阻力时（主要是衔铁自重），衔铁就被吸向铁心，由衔铁带动的动接点（随衔铁一起动作的接点）也随之动作，与动合接点（前接点）接通。此状态称为继电器励磁吸起（以下简称吸起）。

吸引力随电流的减小而减小，当吸引力减小到不足以克服衔铁重力时，衔铁靠自重落下（称为释放），衔铁带动动接点与前接点断开，与动断接点（后接点）接通。此状态称为继电器失磁落下（以下简称落下）。

由分析可知，继电器具有开关特性，人们可利用它的接点通、断原理构成各种控制和表示电路。如图 1-1-1（b）所示的信号点灯电路，前接点接通时点亮绿灯，后接点接通时点亮红灯。

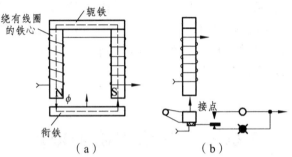

图 1-1-1　电磁继电器基本原理

二、继电器的继电特性

继电器的特性是：当输入量达到一定值时，输出量发生突变，如图 1-1-2 所示。继电器线圈所在回路为输入回路，继电器接点所在回路为输出电路。当线圈中电流 I_x 从 0 增加到某值 I_{x_2} 时，继电器衔铁被吸引，接点闭合，接点回路中的电流 I_y 从 0 突然增大到 I_{y_2}。此后，若 I_x 继续增大，由于接点回路中阻值不变，I_y 保持不变。当线圈中电流 I_x 减到 I_{x_1} 时，继电器衔铁释放，输出电流 I_y 从 I_{y_2} 减小到 0。此后，若 I_x 再减小，I_y 保持为 0 不变。

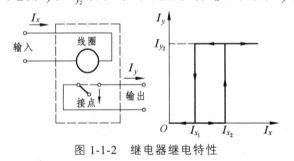

图 1-1-2　继电器继电特性

三、继电器的作用

由于具有继电特性，继电器能以极小的电信号来控制执行电路中相当大功率的对象，能控制数个对象和数个回路，还能控制远距离的对象。因为继电器的这种特性给自动控制和远程控制创造了便利的条件，所以它广泛应用于国民经济各部门的生产过程控制和国防系统的自动化和远动化之中，也广泛应用于铁路信号系统的各个方面。

随着电子技术的迅速发展，电子器件尤其是微型计算机以其速度快、体积小、容量大、功能强等技术优势，已逐渐取代继电器，构成自动控制和远程控制系统，使铁路信号系统技术水准大大提高。但是，与电子器件相比，继电器仍具有一定的优势，如开关性能好（闭合时阻抗小、断开时阻抗大），有"故障-安全"（发生故障时导向安全）机制，能控制多个回路，抗雷击性能强，无噪声，不受周围温度影响等。因此，它仍然具有广阔的应用空间，仍将长期存在。

目前，在以继电技术构成的系统中，如继电集中联锁、继电半自动闭塞等，信号继电器起着核心作用，并且这些系统仍然大量存在，还将使用相当长的时间。而在以电子元件和微型计算机构成的系统中，如计算机联锁、多信息自动闭塞、通用机车信号、驼峰自动化等系统中，信号继电器作为其接口部件，将系统主机与信号机、轨道电路、转辙机等执行部件结合起来。虽然已出现全电子化的系统，但要全部取消继电器仍然需要相当长的时间。所以，不仅现在，而且未来，信号继电器在铁路信号领域始终起着重要的作用。

四、信号继电器分类

继电器类型很多，可按不同方式分类如下。

（一）按动作原理分类，可分为电磁继电器和感应继电器

电磁继电器是通过继电器线圈中的电流在磁路的气隙（铁心与衔铁之间）中产生电磁力，吸引衔铁，从而带动接点动作的。此类继电器数量最多。感应继电器是利用电流通过线圈产生的交变磁场与另一交变磁场在翼板中所感应的电流相互作用产生电磁力，使翼板转动而动作的。

（二）按动作电流分类，可分为直流继电器和交流继电器

直流继电器是由直流电源供电的，它按所通电流的极性，又可分为无极、偏极和有极继电器。直流继电器都是电磁继电器。交流继电器是由交流电源供电的，它按动作原理，分为电磁继电器与感应继电器。整流式继电器虽用于交流电路中，但它用整流元件将交流电整流为直流电，所以其实质上是直流继电器。

（三）按输入量的物理性质分类，可分为电流继电器和电压继电器

电流继电器反映电流的变化，它的线圈必须串联在所反映的电路中。该电路必有被反映的器件，如电动机绕组、信号灯泡等。电压继电器反映电压的变化，它的线圈励磁电路单独构成。

（四）按动作速度分类，可分为正常动作继电器和缓动继电器

正常动作继电器的衔铁动作时间为 $0.1 \sim 0.3$ s，大部分信号继电器属于此类，一般称为

继电器即可。缓动继电器的衔铁动作时间超过 0.3 s，又分为缓吸、缓放两类。时间继电器利用脉冲延时电路或软件实现缓吸。缓放型继电器则利用短路铜环产生磁通实现缓动，主要取其缓放特性。

（五）按接点结构分类，可分为普通接点继电器和加强接点继电器

普通接点继电器具有开断较小功率的接点的能力，以满足一般信号电路的要求，多数继电器为普通接点继电器。加强接点继电器具有开断较大功率的接点的能力，以满足电压较高、电流较大的信号电路的要求。

（六）按工作可靠程度分类，可分为安全型继电器和非安全型继电器

安全型继电器（N 型）是无须借助于其他继电器，亦无须对其接点在电路中的工作状态进行监督检查，其自身结构即能满足一切安全条件的继电器，其特点有：

（1）当线圈断电时，衔铁可借助于自身重量释放，从而使前接点可靠断开。

（2）选用合适的接点材料，构成非熔接性前接点，或采用能防止接点熔接的特殊结构（例如接熔断器、接点串联）。

（3）当一组不应闭合的后接点闭合时，结构上能防止所有前接点闭合。

非安全型继电器（C 型）是使用时必须对电路中接点的工作状态进行检查，以保证满足安全条件的继电器。其特点有：

（1）由于继电器在使用时已检查了衔铁的释放，因此不必采用非熔接性接点材料。

（2）当一组不应闭合的前接点闭合时，结构上能保证所有后接点不闭合。反之亦然。

N 型继电器主要依靠衔铁自身重力释放衔铁，故又称重力式继电器。C 型继电器主要依靠弹簧弹力释放衔铁，故又称弹力式继电器。一般说来，N 型继电器的安全性、可靠性高于 C 型继电器。

任务二　认识安全型继电器

AX 系列安全型继电器，是在座式继电器和大插入式继电器的基础上，由我国自行设计和制造的继电器。它与座式和大插入式继电器相比，结构新颖、质量轻、体积小。经几十年的实践，其被证明安全可靠、性能稳定，能满足信号电路对继电器提出的各种要求。它是我国铁路信号继电器的主要定型产品，应用最为广泛。

一、安全型继电器概述

安全型继电器是直流 24 V 系列的重弹力式直流电磁继电器，其典型结构为无极继电器，其他各型继电器由无极继电器派生。因此，绝大部分零件都能通用。

（一）插入式和非插入式

安全型继电器分为插入式和非插入式两类。插入式多为单独使用，非插入式常使用于有防尘外壳的组匣中。两者的区别仅在于，插入式继电器带有透明性能很好的外罩（由聚甲基丙烯酸甲酯或聚碳酸酯制成），用以密封防尘，同时为了与插座配合使用，插入式继电器安装在酚醛塑料制成的胶木底座上。插入式无极继电器如图 1-2-1 所示。

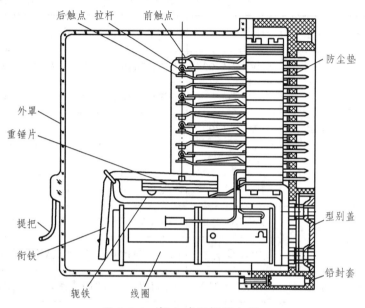

图 1-2-1 插入式无极继电器

插入式继电器的外形尺寸为 163 mm × 48.5 mm × 160 mm，质量 1.2 ~ 1.8 kg。非插入式继电器的外形尺寸为（131 ~ 149）mm × 35 mm ×（105 ~ 140）mm（视不同品种略有不同），质量为 1.0 ~ 1.6 kg。

为便于维修，在实际使用中多采用插入式继电器。

资源 1-1 插入式无极
继电器实物图

（二）安全型继电器的型号表示法

安全型继电器型号用参数名称汉语拼音首字母和数字表示，字母表示继电器种类，数字表示线圈的电阻值（单位符号Ω），如图 1-2-2 所示。

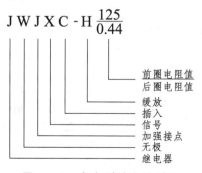

$$JWJXC-H\frac{125}{0.44}$$

前圈电阻值
后圈电阻值
缓放
插入
信号
加强接点
无极
继电器

图 1-2-2 安全型继电器型号

（三）安全型继电器的品种及用途

安全型继电器具有无极、无极加强接点、无极缓放、无极加强接点缓放、整流式、有极、有极加强、偏极、单闭磁 4 种 10 类，如表 1-2-1 所示。它们的特性和线圈电阻值各不相同，在信号电路中有不同的作用。

表 1-2-1　安全型继电器种类

品种序号	规格序号	继电器名称	继电器型号	执行标准
1	1	无极继电器	JWXC-1000	GB/T 7417—2010《铁路信号 AX 系列继电器》
	2		JWXC-7	Q/SX 0410.06—2014《AX 系列继电器》
	3		JWXC-1700	GB/T 7417—2010《铁路信号 AX 系列继电器》
	4		JWXC-2.3	
	5		JWXC-2000	Q/SX 0410.06—2014《AX 系列继电器》
	6	无极加强接点继电器	JWJXC-480	GB/T 7417—2010《铁路信号 AX 系列继电器》
	7		JWJXC-$\frac{135}{135}$	Q/SX 0410.06—2014《AX 系列继电器》
	8	无极缓动继电器	JWXC-H310	GB/T 7417—2010《铁路信号 AX 系列继电器》
	9		JWXC-H850	Q/SX 0410.06—2014 《AX 系列继电器》
	10	无极缓放继电器	JWXC-H340	GB/T 7417—2010《铁路信号 AX 系列继电器》
	11		JWXC-H600	
	12		JWJXC-$\frac{500}{H300}$	
	13	无极加强接点缓放继电器	JWJXC-H$\frac{125}{0.44}$	
	14		JWJXC-H$\frac{125}{0.13}$	
	15		JWJXC-H$\frac{125}{80}$	
	16		JWJXC-H$\frac{80}{0.06}$	
	17	无极加强接点缓放继电器	JWJXC-H$\frac{120}{0.17}$	Q/CR 695—2019《铁路信号继电器 JWJXC—H120/0.17 型无极加强接点缓放继电器》

品种序号	规格序号	继电器名称	继电器型号	执行标准
2	18	整流继电器	JZXC-480	GB/T 7417—2010《铁路信号 AX 系列继电器》
	19		JZXC-0.14	
	20		JZXC-H156	Q/SX 0410.06—2014《AX 系列继电器》
	21		JZXC-H62	
	22		JZXC-H18	GB/T 7417—2010《铁路信号 AX 系列继电器》
	23		JZXC-H142	Q/SX 0410.06—2014《AX 系列继电器》
	24		JWJXC-H$\frac{0.14}{0.14}$	
	25		JWJXC-$\frac{16}{16}$	GB/T 7417—2010《铁路信号 AX 系列继电器》
	26		JZXC-H16（原 JZXC-H18F）	Q/CR 698—2019《铁路信号继电器 JZXC—H16 型整流缓放继电器》
	27		JZXC-H18F1	Q/SX 0410.0—2014 《AX 系列继电器》
	28		JZXC-480F	
3	29	有极继电器	JYXC-660	GB/T 7417—2010《铁路信号 AX 系列继电器》
	30		JYXC-270	
	31	有极加强接点继电器	JWJXC-$\frac{135}{220}$	
	32		JWJXC-X$\frac{135}{220}$	
	33		JWJXC-$\frac{220}{220}$	Q/SX 0410.06—2014 《AX 系列继电器》
	34		JYJXC-3000	
	35		JYJXC-J3000	
4	36	偏极继电器	JPXC-1000	GB/T 7417—2010《铁路信号 AX 系列继电器》

注：Q 表示前接点，H 表示后接点，D 表示定位接点，F 表示反位接点，J 表示加强接点。

（四）继电器插座

插入式安全型继电器需加装继电器插座板，其结构如图 1-2-3 所示。

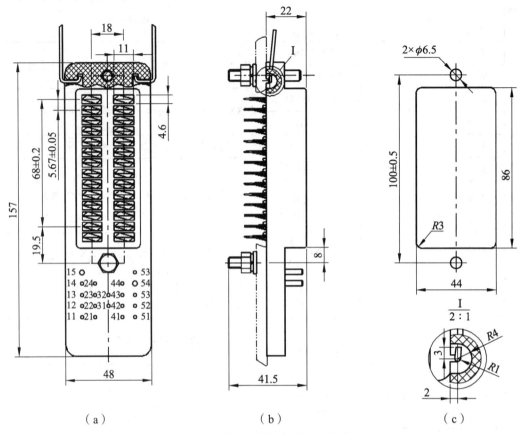

图 1-2-3　插入式安全继电器插座

　　插座插孔旁所注接点编号系无极继电器的接点编号，其他各型继电器的接点系统的位置及使用编号与之不同，而实际使用的插座仅此一种，所以必须按图 1-2-4 所示符号对照使用。安全型继电器有多种类型，为防止不同类型的继电器错误插接，在插座下部鉴别孔内铆以鉴别销。

资源 1-2　安全继电器插座实物图

　　不同类型的继电器由型别盖上的鉴别孔不同进行区别。型别差根据规定的位置逐个钻成鉴别孔，以与鉴别销相吻合。鉴别孔位置及型别盖外形如图 1-2-5 所示。

（五）安全型继电器的特点

　　在铁路信号系统中，凡是涉及行车安全的继电电路都必须采用安全型继电器。所谓安全型继电器是指它的结构必须符合"故障-安全"原则（发生安全侧故障的可能性远远大于发生危险侧故障的可能性；处于禁止运行状态的故障有利于行车安全，称为安全侧故障；处于允许运行状态的故障可能危及行车安全，称为危险侧故障）。继电器是一种故障不对称器件，在故障情况下使前接点闭合的概率远小于后接点闭合的概率。这样，就可以用前接点代表危险侧信息，用后接点代表安全侧信息。

为了达到"故障-安全"要求，安全型继电器在结构上有以下特点：

（1）前接点采用熔点高（不会因熔化而使前接点粘连）、导电性能良好的材料。

（2）增加衔铁重量，采用"重力恒定"原理在线圈断电时强制将前接点断开。

资源 1-3　JWXC-1700
安全型继电器实物图

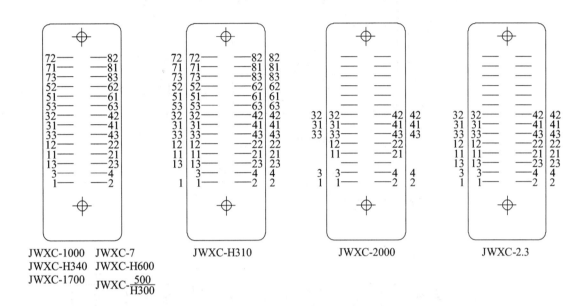

JWXC-1000　JWXC-7
JWXC-H340　JWXC-H600
JWXC-1700　JWXC-$\frac{500}{H300}$

JWXC-H310

JWXC-2000

JWXC-2.3

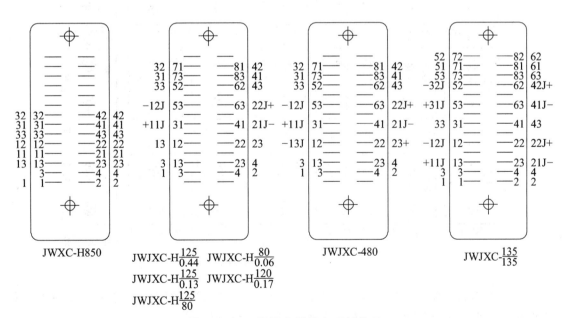

JWXC-H850

JWJXC-H$\frac{125}{0.44}$　JWJXC-H$\frac{80}{0.06}$
JWJXC-H$\frac{125}{0.13}$　JWJXC-H$\frac{120}{0.17}$
JWJXC-H$\frac{125}{80}$

JWJXC-480

JWJXC-$\frac{135}{135}$

图 1-2-4　无极继电器接点系统编号

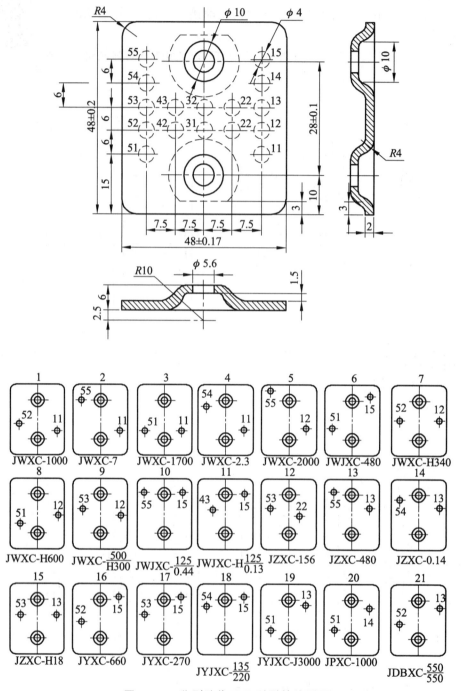

图 1-2-5　鉴别孔位置及型别盖外形图

（3）采用剩磁极小的铁磁材料构成磁路系统，并在衔铁与极靴之间设有一定厚度的非磁性止片，当衔铁吸起时保证仍有一定的气隙防止剩磁吸力将衔铁吸住。

（4）衔铁不会因机械故障而卡在吸起状态。

（六）安全型继电器的寿命

继电器的寿命是指接点的寿命，包括电寿命和机械寿命。继电器的电寿命，规定为：普通接点 2×10^6 次，加强接点 2×10^5 次，有极继电器的加强定位、反位接点接通 1×10^5 次、断开 1×10^3 次。机械寿命规定为 10×10^6 次。

二、安全型继电器的结构和动作原理

（一）无极继电器

无极继电器分为 JWXC-2000、JWXC-1700、JWXC-1000、JWXC-7、JWXC-2.3、JWXC-370/480 型及缓放的 JWXC-H600、JWXC-H340、JWXC-500/H300 等类型。

1. 直流无极继电器的结构

JWXC 型直流无极继电器的电磁系统如图 1-2-6 所示。无极继电器由电磁系统和接点系统两大部分组成。电磁系统包括线圈、铁心、扼铁和衔铁，具有结构紧凑、加工方便等特点，如图 1-2-6 所示。

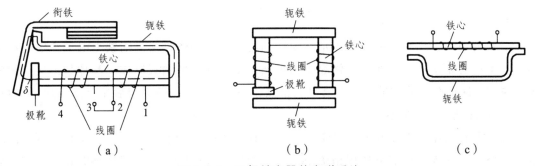

（a）　　　　　　　（b）　　　　　　　（c）

图 1-2-6　无极继电器的电磁系统

1）线　圈

线圈水平安装在铁心上，分为前圈和后圈，之所以采用双线圈，主要是为了增强控制电路的适应性和灵活性，可根据电路需要实现单线圈控制、双线圈串联控制或双线圈并联控制。

线圈绕在线圈架上，线圈架由酚醛树脂压制而成。缓放型无极继电器为了增加缓放时间，采用铜质阻尼线圈架。线圈用高强度漆包线密排绕制，抽头焊有引线片，线圈与电源片的连接如图 1-2-7 所示。

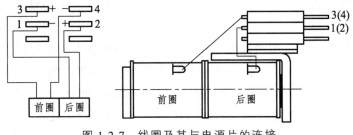

图 1-2-7　线圈及其与电源片的连接

2）铁　芯

铁心由电工纯铁制成，其为软磁材料，具有较高的磁通密度和较小的剩磁，以利于继电器的工作，如图 1-2-8 所示。铁心外层镀锌防护，它的尺寸大小根据继电器的规格不同而有区别。缓放型继电器、灵敏继电器尺寸大些，以加大缓放时间或减小工作值。极靴在铁心头部，用冷镦法加粗。极靴正面钻有两个圆孔，是为了组装和检修时，紧固和拆装铁心用的。

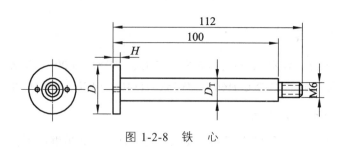

图 1-2-8　铁　心

3）轭　铁

扼铁呈 L 形，由电工纯铁板冲压成型，外表镀多层铬进行防护。

4）衔　铁

衔铁为角形，靠蝶形钢丝卡固定在轭铁的刀刃上，动作灵活。衔铁由电工纯铁冲压成型，其上铆有重锤片，以保证衔铁靠重力返回。重锤片由薄钢板制成，其片数由接点组的多少决定，保证衔铁的重量基本上满足后接点压力的需要。一般 8 组后接点用 3 片，6 组用 2 片，4 组用 1 片，2 组不用。

衔铁上有止片，止片由黄铜制成，安装在衔铁与铁心闭合处。止片有 6 种厚度，因继电器规格不同而异，可取下按规格更换。止片用以增大继电器在吸起状态的磁阻，减小剩磁影响，保证继电器可靠落下。

在电磁系统中，除衔铁和铁心间工作气隙外，在轭铁的刀口处还有第二工作气隙，其用以减小磁路的磁势降，从而提高继电器的灵敏度。

5）接点系统

接点系统处于电磁系统上方，通过接点架、螺钉紧固在轭铁上，两者成为一个整体，如图 1-2-9 所示。接点系统安装：用螺钉将下止片、电源片单元、银接点单元、动接点单元以及压片按顺序组装在接点架上；在紧固螺钉前，应将拉杆、绝缘轴、动接点轴与动接点组装好。

无极继电器接点系统采用两排纵列式联动结构，因此接点组数只能以偶数增减。拉杆传动中心线与接点中心线保持一致，以减少不必要的传动损失。为减少接点组组装时的积累公差，接点片与托片组合压在酚醛塑料内以形成单元块。单元块之间为平面接触，易于控制公差，同时提高了接点组之间的绝缘强度。

资源 1-4　继电器接点示意图

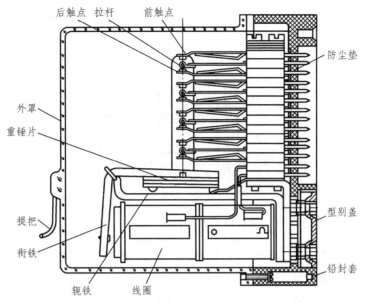

图 1-2-9 无极继电器接点系统

银接点单元由锡磷青铜带制成的接点片与由黄铜制成的托片对称地压制在胶木内构成。接点簧片的端部焊有银接点。

接点接触时，碰撞会产生颤动，颤动将形成电弧，对接点有较大的破坏作用，为消除这种颤动，必须设置托片。在调整继电器时，可在接点片和托片间加一个初压力，保证接点刚接触时可动部分的动能被接点片吸收，这样既可消除颤动，又可缩短接点的完全闭合时间，大大减轻了接点的烧损。

动接点单元由锡磷青铜带制成的动接点簧片与黄铜板制成的补助片压制在酚醛塑料胶木内构成。动接点簧片端部焊有动接点。动接点由银氧化福制成。

电源片单元由黄铜制成的电源片压在胶木内构成。

拉杆有铁制的和塑料制的，衔铁通过拉杆带动接点组。

绝缘轴用冻石瓷料（一种新型陶瓷材料）制成，保证抗冲击强度足够。动接点轴由锡磷青铜线制成。

压片由弹簧钢板冲压成弓形，分上、下两片，其作用是保证接点组的稳固性。

下止片由锡磷青铜板制成，外层镀镍，它在衔铁落下时起限位作用。

接点架由钢板制成，用稳钉与扼铁固定，保证接点架不变位。接点架的安装尺寸是否标准，角度是否准确，对继电器的调整效果有很大影响。

2. 无极继电器的动作原理

无极继电器的磁系统为无分支磁路，如图 1-2-10 所示。在线圈上加上直流电压后，线圈中的电流 I 使铁心磁化，在铁心内产生工作磁通 ϕ，它由铁心极靴经过主工作气隙 δ 进入衔铁，又经过第二工作气隙 δ' 进入扼铁，然后回到铁心，形成一闭合磁路。在工作气隙 δ 处，由于磁通 ϕ 的作用，铁心与衔铁间产生电磁吸引力 F_D，当 F_D 大到足以克服机械负载的阻力

F_j（主要是衔铁自重）时，衔铁即与铁心吸合。此时衔铁通过拉杆带动接点运动，使后接点断开，前接点闭合。

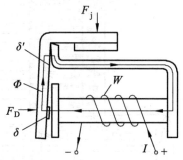

图 1-2-10　无极继电器磁路

当线圈中的电流减小时，铁心中的磁通按一定规律随之减小，吸引力也随着减小。当电流减小到一定值时，它所产生的吸引力小于机械力时，衔铁离开铁心，被释放。此时，拉杆带动接点运动，使前接点断开，后接点闭合。

资源 1-5　继电器动作原理视频

（二）无极加强接点继电器

无极加强接点继电器是为通断功率较大的信号电路而设计的。

无极加强接点继电器有 JWJXC-480 型、缓放的 JWJXC-H125/0.44 型和 JWJXC-H125/0.13 型等品种。

JWJXC-480 型继电器，其磁系统具有加大尺寸的无极磁路，接点系统由两组普通接点和两组加强接点组成，表示为 2QH 和 2QHJ。普通接点与无极继电器相同，加强接点则具有特殊设计的大功率接点和磁吹弧器。

JWJXC-H125/0.44 型和 JWJXC-H125/0.13 型无极加强接点缓放继电器，其电磁系统与无极缓放继电器（JWXC-H340）相同。接点系统由两组带磁吹弧器的加强前接点、两组不带磁吹弧器的加强后接点和两组普通接点组成，即 2QJ、2H、2QH。前圈为主线圈，后线圈为电流保持线圈。JWJXC-H125/80 型继电器则是专为交流转辙机设计的缓放继电器，其后线圈为电压保持线圈。

无极加强接点继电器电磁系统虽与无极继电器相同，但由于接点系统结构的改变，引起磁系统的结构参数有较大变化。

无极加强接点继电器的线圈与电源片连接方式和无极继电器相同。

无极加强接点继电器的接点系统如图 1-2-11 所示。它的普通接点与无极继电器相同。加强接点组由加强动接点单元和带磁吹弧器的加强接点单元组成。为了防止接点间的飞弧短路，在两组加强接点间安装了既耐高温、又具有良好绝缘性能的云母隔弧片。隔弧片铆在拉杆上。为保证加强接点的安装空间，增加了空白单元。图 1-2-11 中用虚线表示的熄弧磁钢，说明只有带熄弧器的加强后接点才有。

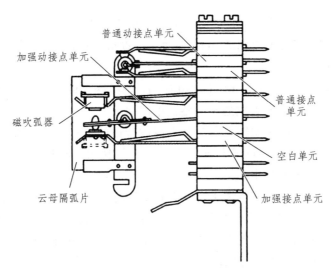

图 1-2-11　无极加强接点继电器的接点系统

资源 1-6　JWJXC-480 型
加强继电器接点示意图

　　由锡磷青铜片冲压成型的加强动接点片头部，铆有由银氧化镉制成的动接点。而加强静接点片头部，同样铆接银氧化锡接点，在接点的同一位置点焊了安装磁钢的熄弧器夹。

　　熄弧磁钢由铝镍钴合金或铁镍铝合金制成。其熄弧原理是利用电弧在磁场中受力运动而产生吹弧作用，使电弧迅速冷却而熄灭。为避免电弧烧损接点以及对磁钢去磁，加强接点端部设有导弧角，使电弧迅速移到接点以及磁钢的前部位置。

　　由于磁钢吹弧方向与极性有关，因此，熄弧磁钢极性的安装有特定的要求。

　　磁熄弧器的安装与接点电流方向如图 1-2-12 所示。

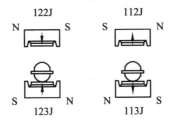

图 1-2-12　磁熄弧器的极性安装

（三）整流式继电器

　　整流式继电器用于交流电路中。它通过内部的半波或全波整流电路将交流电变为直流电而动作。之所以如此，是为了避免在 AX 系列继电器中采用结构形式完全不同的交流继电器，以提高产品的系列化、通用化程度。

　　整流式继电器的电磁系统与无极继电器相同，只是磁路结构参数有所不同。更主要的是，整流式继电器在接点组上方安装有二极管组成的半波或全波整流电路。

　　整流式继电器有 JZXC-480、JZXC-0.14、JZXC-156、JZXC-H18 型及派生的 JZXC-H18F型等品种。

JZXC-480 型继电器的磁路加大了尺寸（加大止片厚度），这是为了增大返还系数而不使工作值增加很多。它具有不规则的 4QH 与 2Q 接点组，在接点组上安装有二极管 2CP25 组成的桥式全波整流电路。

JZXC-0.14 型继电器磁系统与 JZXC-480 相同。两线圈并联连接，有 4QH 接点组，接点组上方安装由 2CZ-1 型二极管组成的半波整流电路。

JZXC-H156 与 JZXC-H18 型继电器为具有缓放特性的整流式继电器，其采用铜线圈架，接点系统为 4QH 接点组，在接点组上方安装由二极管 2CPZ 导组成的桥式全披整流电路。JZXC-H18F 是 JZXC-H18 的派生型号，具有防雷功能，以保护整流二极管免遭击穿。

JZXC-H142 型、JZXC-H138 型和 JZXC-H60 型整流式继电器用于以 LED 为光源的信号点灯电路。JZXC-16/16 型整流式继电器具有较高的返还系数，用于自动闭塞区间信号点灯电路，可解决长距离供电电缆漏泄电流大、灯丝断电器释放不可靠的问题。其前圈为二极管封闭的短路线圈，无整流单元与电源线直接连接，具有一定的防雷功能。

整流式继电器的接点系统的结构与无极继电器相同，零部件全部通用，只是接点的编号有区别。

整流式继电器动作原理与无极继电器相同，但由于交流电源通过整流后动作继电器，因此在线圈上加上的是全波或半波的脉动直流电，其中存在交变成分，使电磁吸引力产生脉动，工作时发出响声，对继电器正常工作带来不利影响。

整流式继电器的线圈、整流器与电源片连接如图 1-2-13 所示。

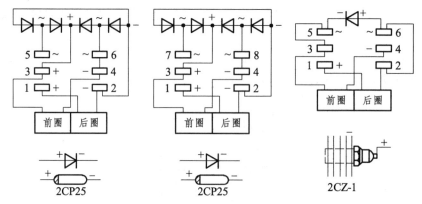

（a）JZXC-H156 及 JZXC-H18 型　（b）JZXC-480 型　　（c）JZXC-0.14 型

图 1-2-13　整流式继电器的线圈、整流器与电源片连接

（四）有极继电器

有极继电器根据线圈中电流极性不同而具有定位和反位两种稳定状态，这两种稳定状态在线圈中电流消失后，仍能继续保持，故又称极性保持继电器。它的特点是磁系统中增加了永久磁钢。在线圈中通以规定极性的电流时，继电器吸起，断电后仍保持在吸起位置；通以反方向电流时，继电器打落，断电后保持在打落位置。

有极继电器有 JYXC-660、JYXC-270 型和加强接点的 JYJXC-J3000 和 JYJXC-135/220 型等品种。

1. 有极继电器的结构

有极继电器的磁路结构与无极继电器基本相同，不同的只是用一块端部呈刃形的长条形永久磁钢代替无极继电器的部分轭铁。磁钢与轭铁用螺钉连接，在与扼铁连接的部位有两个大于螺钉的圆孔，便于与扼铁安装时适当地调节磁钢的前后位置。磁钢上部的中间位置有一台面，以形成均匀的第二工作气隙。台面的中间有一凹槽，使拉杆下部不致与磁钢抵触而影响第二工作气隙的调整。

资源 1-7　有极继电器
结构示意图

有极继电器的角形衔铁的尾部加装两个青铜螺钉，用来调节第二工作气隙的大小。在铁心部位没有加装止片。

JYJXC-135/220 和 JYJXC-J3000 分别是 JYJXC-220/220 和 JYJXC-3000 的改进型，其结构及特性都有较大变化，以克服原继电器在外部机械力作用下与高电压时出现反位不打落的问题。改进型继电器利用偏极继电器的铁心，增加了偏极磁钢，衔铁增加了止片，形成特性较对称的永磁磁路。JYJXC-X135/220 型是在 JYJXC-135/220 型的加强接点上罩一个专用的熄弧装置而构成的。

有极继电器的线圈引线与电源片的连接与无极继电器相同。

有极继电器衔铁的定位、反位规定为：衔铁与铁心极靴之间的间隙最小时（即吸起状态）的位置规定为定位，此时闭合的接点叫作定位接点（符号为 D，相当于前接点）；衔铁与铁心极靴之间的间隙最大时（即打落状态）的位置规定为反位，此时闭合的接点叫作反位接点（符号为 F，相当于后接点）。

对于两线圈串联使用的有极继电器，如 JYXC-660、JYXC-270、JYJXC-J3000，电源片 1 接电源正极，4 接电源负极，为定位吸起，反之为反位打落。对于分线圈使用的有极继电器 JYJXC135/220 则规定：前圈的电源片 3 接电源正极，4 接电源负极时为定位吸起；而后圈的电源片 2 接电源正极，1 接电源负极时，为反位打落。

有极继电器的接点系统与无极继电器相同。改进型的有极继电器 JYJXC-135/220T JYJXC-J3000 的接点系统有较大改变：加强接点片加厚，取消接点托片，动接点片改为面接触以增大接触面积。JYJXC-J3000 还取消了普通前接点。

加强接点继电器磁熄弧器的极性与接点电源极性的配合如图 1-2-14 所示。

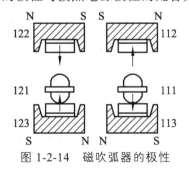

图 1-2-14　磁吹弧器的极性

2. 有极继电器的工作原理

有极继电器的磁路系统由永磁磁路与电磁磁路两部分组合而成，为不对称的并联磁路结构，如图 1-2-15 所示。

永久磁钢的磁通分为 Φ_{J1} 和 Φ_{J2}。两条并联支路。Φ_{M_1} 从 N 极出发，经衔铁、第一工作气隙 δ_1、铁心、轭铁，到 S 极；Φ_{J1} 从 N 极出发，经衔铁上部、重锤片、第二工作气隙 δ_2，到 S 极。这两条支路不对称，磁路的不平衡就形成有极继电器的正向转极值与反向转极值的较大差别。

当衔铁处于打落状态时（反位），由于 $\delta_1 \gg \delta_2$，因此 $\Phi_{J2} \gg \Phi_{J1}$。由 Φ_{J2} 所产生的吸引力 F_{J2} 与衔铁重力、动接点预压力共同作用，克服了 Φ_{J1} 产生的吸引力 F_{J1} 与后接点压力，使衔铁保持在稳定的打落位里。反之，当衔铁处于吸合状态（定位）时，由于 $\delta_1 \ll \delta_2$，因此 $\Phi_{J1} \gg \Phi_{J2}$。由 Φ_{J1} 所产生的吸引力 F_{J1} 将克服 Φ_{J2} 产生的吸引力 F_{J2}、衔铁重力及接点的反作用力，使衔铁处于稳定的吸合位置。

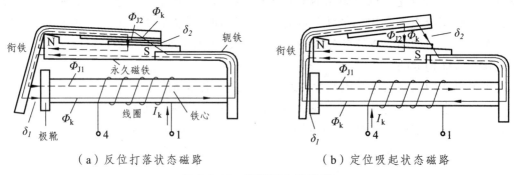

（a）反位打落状态磁路　　　　　　　（b）定位吸起状态磁路

图 1-2-15　有极继电器磁路

显然，有极继电器从一种稳定位置转变到另一种稳定的位置，只有依靠电磁力的作用。

如图 1-2-15 所示，电磁磁通 Φ_k 经过的是一个无分支的磁路，即铁心、扼铁、δ_{II}、重锤片、衔铁、δ_1、极靴。磁通的方向由线圈中的电流极性决定。对于电磁通来说，永久磁钢是一个很大的磁阻，如同气隙一般。

图 1-2-15（a）表示有极继电器由反位转换到定位的过程。继电器原处于反位状态，现在线圈中通以正极性电流，产生电磁通 Φ_k 的方向是极靴处为 S 极。这时在 δ_1 处，Φ_k 与 Φ_{J1} 方向一致，磁通是加强的，等于 $\Phi_k + \Phi_{J1}$；而在 δ_2 处，Φ_k 与 Φ_{J2} 方向相反，磁通是削弱的，等于 $\Phi_{J2} - \Phi_k$。当 Φ_k 增到足够大时，$\Phi_k + \Phi_{J1} > \Phi_{J2} - \Phi_k$，则 $F_{Jk1} > F_{Jk2}$，F_{Jk1} 将克服 F_{Jk2}、衔铁重力及接点反作用力，使衔铁开始吸合。在衔铁吸合过程中，随着 δ_1 的不断减小、δ_2 的不断增大，$F_{Jk1} \gg F_{Jk2}$，衔铁便迅速运动到吸合位置。

如果改变线圈电流极性，如图 1-2-15（b）所示，则铁心中电磁通 Φ_k 的方向随之改变，极靴处为 N 极。在 δ_1 处 Φ_k 与 Φ_{J1} 方向相反，磁通削弱，等于 $\Phi_{J1} - \Phi_k$；在 δ_2 处 Φ_k 与 Φ_{J2} 方向相同，磁通加强，等于 $\Phi_{J2} + \Phi_k$。当 $\Phi_{J2} + \Phi_k > \Phi_{J1} - \Phi_k$ 时，$F_{Jk2} \gg F_{Jk1}$，在 F_{Jk2}、衔铁重力、接点作用力的共同作用下，衔铁返回到打落位里。

（五）偏极继电器

JPXC-1000 型和 JPXC-400 型偏极继电器是为了满足信号电路中鉴别电流极性的需要设计的。它与无极继电器不同，衔铁的吸起与线圈中电流的极性有关，只有通过规定方向的电流时，衔铁才吸起，而电流方向相反时，衔铁不动作。但它又与有极继电器不同，只有一种稳态，即衔铁靠电磁力吸起后，断电就落下，落下是稳定状态。

1. 偏极继电器的结构

偏极继电器的磁系统与无极继电器基本相同，如图 1-2-16 所示。但铁心的极靴是方形的，在方极靴下方用两个螺钉固定永久磁钢，使衔铁处于极靴和永久磁钢之间，受永磁力的作用偏于落下位置。由于永磁力的存在，衔铁只安装一块重锤片，后接点的压力由永磁力和重锤片共同作用产生。偏极继电器特点：

（1）铁心由电工纯铁制成，方形极靴是先冲压成型后再与铁心焊成整体的。

（2）由于铁心为方形极靴，衔铁也由半圆形改为方形，以增加受磁面积，降低气隙磁阻。

（3）永久磁钢由铝镍钴材料制成，其上部为 N 极，下部为 S 极。

（4）两线圈串联使用，接线方式同无极继电器。

（5）接点系统与无极继电器完全相同，具有 8QH 接点组。

2. 偏极继电器的工作原理

偏极继电器的磁路系统由永磁磁路与电磁磁路两部分组合而成，如图 1-2-16 所示。永磁的磁通 ϕ_J 从 N 极出发，经第二工作气隙 δ_2 进入衔铁后分为两条并联支路：一部分磁通中 ϕ_{J2} 经第一工作气隙 δ_1 进入方形极靴，然后直接返回 S 极；另一部分磁通 ϕ_{J1} 穿过第三工作气隙 δ_3 进入轭铁，再经铁心至方形极靴，返回 S 极。由于 $\delta_1 > \delta_3$，所以 $\phi_{J1} > \phi_{J2}$，而 $\phi_J = \phi_{J2} + \phi_{J1}$，故 $\phi_J \gg \phi_{J2}$。这样，δ_2 处由 ϕ_J 产生的永磁力 F_J 远大于 δ_1 处由 ϕ_{J2} 产生的永磁力 F_j，使衔铁处于稳定的落下位置。

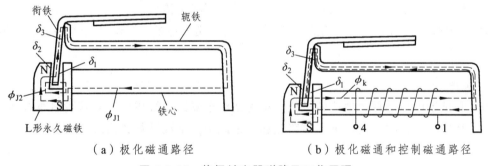

（a）极化磁通路径　　　　　　（b）极化磁通和控制磁通路径

图 1-2-16　偏极继电器磁路及工作原理

线圈通电后，铁心中产生电磁通 ϕ_k，ϕ_k 的磁路与无极继电器相同，如图 1-2-16（a）所示。若线圈中电流方向使电磁通在极靴处为 S 极，这时，δ_1 处 ϕ_k 和 ϕ_{J2} 方向相同，总磁通为两者之和，相应的总电磁吸引力 F_{kJ2} 增大；在 δ_3 处 ϕ_k 和 ϕ_{J1} 方向相反，总磁通为两者之差，相应的总电磁吸引力 F_{kJ1} 减小。由于力臂相差较大，F_{kJ2} 的增大较 F_{kJ1} 的减小作用要大得多，因此对衔铁的总吸引力 F_{kJ} 增大。当 $F_{kJ} > F_k$ 时，F_{kJ} 克服 F_k 与接点的反作用力，使衔铁被吸合。

衔铁吸合后，磁路气隙发生变化，$\delta_2 \gg \delta_1$，永磁磁通在磁路中大大减小，F_k 显著减小，这时只要有一定值的电流存在，衔铁即保持在吸起状态。

断开线圈电源时，衔铁重力和接点的反作用力使衔铁返回。在衔铁返回的过程中，δ_1 增大，δ_3 减小，永磁磁通 Φ_j 迅速增加，加速衔铁的返回，直到衔铁被下止片阻挡为止。

当线圈通以反极性电流时[见图 1-2-16（b）]，由于电磁通 Φ_k 改变了方向，在 δ_1 处 Φ_k 与 Φ_{j2} 相减，而在 δ_3 处 Φ_k 与 Φ_{j1} 相加，总的电磁吸引力反而下降，因此衔铁不会吸合，从而具有鉴别电流极性的功能。

但是，反极性不吸起是有条件的，如果不断增大反极性电流，使电磁通足以克服永磁的作用，即 $F_k - F_{j2} > F_j$，则衔铁可在反极性电流作用下吸合，这是不允许的。因此，在偏极继电器的电气特性上加上一条特殊的标准，即反向加 200 V 电压，衔铁不能吸起，以保证其工作的可靠性。

三、安全型继电器的特性

安全型继电器的特性包括电气特性、时间特性和机械特性。这些特性用来表征继电器的性能，是使用和检修继电器的重要依据。

（一）电气特性

电气特性是安全型继电器的基本要求，也是设计和实现信号逻辑电路的依据。电气特性包括额定值、充磁值、释放值、工作值、反向工作值、转极值。

1. 额定值

额定值是满足继电器安全系数所必须接入的电压或电流值。

AX 系列继电器的额定电压为直流 24 V，作为轨道继电器、灯丝继电器、道岔启动继电器时除外。

2. 充磁值

为了测试继电器的释放值或转极值，预先使继电器磁系统磁化，向其线圈通以 4 倍的工作值或转极值，这样可使继电器磁路饱和。在此条件下测试释放值或转极值。

3. 释放值

释放值是向继电器通以规定的充磁值，然后逐渐降低电压或电流，至全部前接点断开时的最大电压或电流值。

4. 工作值

工作值是向继电器线圈通电，直到衔铁止片与铁心接触、全部前接点闭合，并满足规定接点压力所需要的最小电压或电流值。此值是继电器的磁系统及接点系统刚好能工作的状态，一般规定工作值不大于额定值的 70%。

5. 反向工作值

反向工作值是向继电器线圈反向通电，直到衔铁止片与铁心接触、全部前接点闭合，并满足接点压力时所需要的最小电压或电流值。造成反向工作值大于工作值的原因是磁路剩磁影响所致，反向工作值一般不大于工作值的120%。

6. 转极值

转极值是使有极继电器衔铁转极的最小电压或电流值，又分为正向转极值和反向转极值。

正向转极值是使有极继电器的衔铁转极，全部定位接点闭合，并满足规定接点压力时的正向最小电压或电流值。

反向转极值是使有极继电器的衔铁转极，全部反位接点闭合，并满足规定接点压力时的反向最小电压或电流值。

7. 反向不工作值

反向不工作值是向偏极继电器线圈反向通电并且继电器不动作的最大电压值。

8. 返还系数

释放值与工作值之比称为返还系数。返还系数对于信号继电器有着特别重要的意义，返还系数越高，标志着继电器的落下越灵敏。规定普通继电器的返还系数不小于 30%，缓放型继电器不小于20%，轨道继电器不小于50%。

（二）时间特性

电磁继电器的电磁系统是具有铁心的电感，在接通或断开电源时，由于电磁感应作用，在铁心中产生涡流，在线路中产生感应电流。这些电流产生的磁通阻碍铁心中原来磁通的变化，所以电磁继电器或多或少地都具有一些缓动的时间特性。

在各种继电器控制的电路中，由于它们完成的作用不一样，对继电器的时间特性要求也不一样，如果不能满足对时间特性的要求，控制电路便不能正常工作。因此我们不仅要了解继电器固有的时间特性，而且还要按电路的要求，能够设法改变继电器的时间特性。

1. 继电器的时间特性

电磁继电器线圈所具有的电感不仅电感量大，而且是非线性的，再加上继电器磁路中的工作气隙在动作过程中是变化的。因此继电器线圈中的电流变化规律较为复杂。

当线圈通电到衔铁动作，带动后接点断开、前接点接通，需要一定的时间。当线圈断电到衔铁动作，带动前接点断开、后接点接通，也需要一定的时间。即吸合需要时间，释放也需要时间。

吸合时间是指向继电器通入额定值起至全部前接点闭合所需的时间，包括通电至后接点断开的吸起启动时间和从后接点断开到前接点闭合的衔铁运动时间。返回时间是指向继电器通入额定值，从线圈断电时至前接点断开所需的时间，包括断电至前接点断开的缓放时间和从前接点断开至后接合闭合的衔铁运动时间。继电器动作时间如图1-2-17所示。

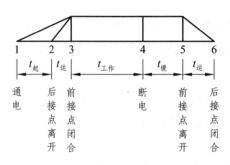

图 1-2-17 继电器动作时间

例如，JWXC-1000 型继电器的吸合时间为 0.10 ~ 0.15 s，返回时间为 0.01 ~ 0.02 s。可见，继电器都是缓动的，但其缓吸、缓放时间都非常短。

2. 改变继电器时间特性的方法

继电器用于控制电路中，要满足不同控制对象对时间特性的要求，只依靠继电器的固有时间特性是不行的，必须具有根据需要改变继电器时间特性的能力。改变继电器时间特性的方法，一是改变继电器的结构，二是用电路来实现。

1）改变继电器结构以获得继电器的缓动

用改变继电器结构来改变继电器时间特性的方法有：改变衔铁与铁心间止片厚度，来改变继电器的返回时间；选用电阻率较高的铁磁材料，以缩短继电器的动作时间；增大线圈导线的线径，来减小继电器的吸合时间；等等。而采用最多的方法是在继电器铁心上套短路铜环使继电器缓动，构成缓放型继电器。安全型继电器用铜线圈架作为铜环，如图 1-2-18 所示。

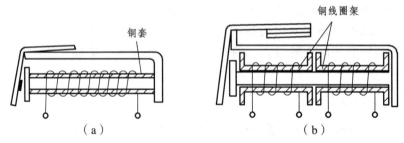

图 1-2-18 缓放型继电器铜线圈架

当其线圈接通电源或断开电源时，铁心中的磁通发生变化，在铜线圈架中产生感应电流（涡流），感应电流所产生的磁通阻止原磁通的变化，使铁心中的磁通变化减慢（即接通电源时感应电流产生的磁通与原磁通方向相反，使磁通增长减慢；切断电源时感应电流的磁通与原磁通方向相同，使磁通减小变慢），从而使继电器缓吸缓放。在具体电路中，利用最多的是它的缓放特性。

在不同的工作电压下，同样继电器的缓放时间是不同的，如 JWXC-H340 型继电器在 18 V 时缓放时间为 0.455 s，而在 24 V 时为 0.55 s。

2）构成缓放电路以获得继电器的缓放

通过电路的方法改变继电器时间特性的方法有：提高继电器端电压使其快吸；与继电

器线圈串联 *RC* 并联电路使其快吸；在继电器线圈两端并联电阻或二极管使其缓放；短路继电器一个线圈使其缓放；等等。采用最多的是在继电器线圈两端并联 *RC* 串联电路，使继电器缓吸缓放，如图 1-2-19 所示。在继电器通电时，电容器充电，因充电电流一开始很大，在 *R* 上产生较大压降，降低了继电器的端电压，使继电器线圈中的电流增长减缓，起到缓吸的作用。在继电器断电时，依靠电容器 *C* 的放电，使继电器缓放。

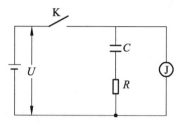

图 1-2-19　在继电器线圈两端并联 RC 串联电路

缓放时间长短与电容器的容量、放电回路中的电阻值及继电器的释放值有关。可通过改变电容 *C* 的电容量和电阻 *R* 的电阻值来获得所需要的缓放时间。电路中电阻 *R* 的作用除上述调节缓放时间外，还有限制电容器的充电电流，以及防止电路振荡。缓放型继电器的缓放时间最长仅 0.5 s，不能满足一些信号电路对时间的要求，因此常用在继电器线圈两端并联 *RC* 电路的方法来获得所需要的缓放时间。

（三）安全型继电器的机械特性与牵引特性

在继电器衔铁的动作过程中，衔铁上受到电磁吸引力和反作用力。电磁吸引力又称牵引力。反作用力与吸引力方向相反，对于安全型继电器来说反作用力是由衔铁（及重锤片）的重力和接点簧片的弹力组成的，所以称为机械力。要使继电器可靠工作，牵引力必须大于机械力。因此牵引力的大小要根据机械力来确定。

1. 机械特性

AX 系列继电器机械力的大小与接点片的数量、重锤片的数量、衔铁的动程等有关，而且在衔铁的整个运动过程中所受到的机械力不是固定不变的，而是在一个很大的范围内变化。也就是说，继电器的机械力 F_J 是随着衔铁与铁心间的气隙 δ 的变化而变化的。$F_J = f(\delta)$ 的变化关系称为继电器的机械特性。表示这种变化关系的曲线，称为机械特性曲线。不同类型的继电器，其结构不同，机械特性也不同。

图 1-2-20 所示为无极继电器的机械特性曲线（原点为 O）。图中纵坐标表示衔铁运动时所克服的机械力 F_J（单位符号为 g），横坐标表示衔铁与铁心间的工作气隙 δ（单位符号为 mm），横轴上线段 *oa* 代表最大气隙 δ 值，$o\delta_0$ 代表止片厚度，$a\delta_0$ 代表衔铁动程值（$\delta_0 \sim \delta_a$）。

继电器衔铁释放时的气隙最大，这时在衔铁重力和动接点片的预压力（动接点片预先向下弯曲变形所产生的弹力）作用下，使动接点片与后接点片间保持一定的压力，以保证接触良好。后接点片的预压力与衔铁重力及动接点片预压力之和相平衡，衔铁上的机械力 F_J 为零，在机械特性曲线上用 *a* 点表示。

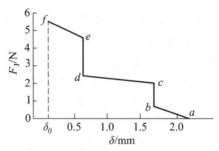

图 1-2-20　无极继电器的机械特性曲线

当衔铁开始运动，工作气隙从 δ_0 逐渐减小时，后接点片的挠度随之逐渐减小，使后接点片与动接点片之间的压力逐渐减小。这时后接点片给予动接点片的作用力也逐渐减小，动接点片的挠度逐渐增大。因此，随着气隙的减小，机械力 F_j 逐渐增大，如线段 ab 所示。该线段的斜率由后接点片和动接点片的弹性变形决定。

当动接点与后接点刚分离时，动接点片失去了后接点片对它的作用力，使机械力突然增大，如线段 bc 所示。其值决定于衔铁重量和动接点片的预压力之和。

衔铁继续运动，使动接点片逐渐向上弯曲，由于动接点片的挠度加大，使动接点片对衔铁的压力逐渐上升，如线段 cd 所示。上升的陡度由动接点片的弹性变形决定。

当动接点片与前接点片接触并使前接点片刚离开上托片时，动接点片上增加了前接点的预压力，使机械力突然加大，如线段 de 所示。其值决定于动接点片的弯曲挠度所产生的弹力及前接点的预压力之和。

为使动接点片与前接点片间接触良好，它们之间必须有一定的压力，所以衔铁仍需运动，直至衔铁运动完毕。在这一过程中由于动接点片和前接点片共同弹性变形，弹力增大，所以机械力较快上升，如线段 ef 所示。

可见，继电器的机械特性曲线是一条折线，它表示了衔铁运动在不同位置时的机械反作用力 F_j。折线上 c、e 两个折点突出向上，它们反映了衔铁运动在这两个位置的机械反作用力变化最大。如果继电器的牵引力在这两个位置均能大于机械反作用力，该继电器就能吸起。所以一般任选 c、e 两个点中的一个作为确定牵引力的依据，称为临界点。

机械特性曲线可根据材料力学计算求得，也可通过实验求得。

2. 牵引特性

当无极继电器线圈上加上直流电源后，铁心中就产生磁通，磁通经过铁心与衔铁间的气隙 δ 时，对衔铁产生电磁吸引力，称为牵引力 F_Q。牵引力 F_Q 与线圈的磁势（线圈的匝数和所加电流的乘积 IW，通常称安匝）及气隙大小有关。当 δ 一定时，F_Q 与安匝（IW）的平方成正比；当安匝一定时，F_Q 与 δ 的平方成反比，即 F_Q 随 δ 呈双曲线规律而变化。牵引力 F_Q 随工作气隙 δ 变化的关系为 $F_Q = f(\delta)$，称为牵引特性。牵引特性曲线如图 1-2-21 所示。从图中可看出，当安匝一定时，牵引力 F_Q 随 δ 的减小呈双曲线规律急剧增大；而相同的工作气隙，在不同的安匝下，牵引力 F_Q 也不同，安匝大，牵引力也大。因此，不同的安匝值牵引力 F_Q 与工作气隙 δ 的牵引特性曲线也不同，安匝大，曲线 $F_Q = f(\delta)$ 位置就高。

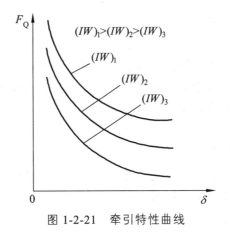

图 1-2-21　牵引特性曲线

3. 牵引特性与机械特性的配合

这里将机械特性曲线和一簇牵引特性曲线用同一比例尺绘在同一坐标上，如图 1-2-25 所示。这一簇牵引特性曲线对应于不同的继电器安匝。显然，要使继电器吸起，就必须要求继电器衔铁在整个运动过程中，牵引力处处大于或等于机械力。也就是说，牵引特性曲线必须在机械特性曲线之上，至少也要与机械特性曲线相切。如前所述，机械特性曲线上的 c、e 点是两个突出的折点，如果衔铁运动到这两点时牵引力都大于或等于机械力，那么在其他点的牵引力都能满足要求。因此，只要根据这两点中的任一点相切在另一点之上的牵引特性曲线，就能确定该继电器的吸起安匝。在图 1-2-22 中，$(IW)_3$ 的牵引特性曲线不能满足要求，因它虽与 e 点相切，上部分处于机械特性曲线之上，但下部分处于机械特性曲线之下，说明下部分的牵引力小于机械力，继电器不能吸起。而与 c 点相切的 $(IW)_2$ 牵引特性曲线，除 c 点牵引力等于机械力外，其余都大于机械力，所以能使继电器吸起，$(IW)_2$ 就是吸起安匝。又因为 c 点的牵引力等于机械力，所以这个吸起安匝称为临界安匝，切点 c 称为临界点。为使继电器可靠吸启动作，继电器的安匝应大于临界安匝，在临界安匝上再加上一个储备量，即乘以储备系数 K，就成为工作安匝（IW）G。储备系数 K 越大，牵引力越大，吸起时间越短。但 K 不能过大，K 过大不但造成不必要的功率消耗，而且因吸引力过大会造成点在闭合时发生剧烈震动，影响接点稳定工作，甚至产生强烈的电弧或火花使接点损坏。K 值一般为 $1.1 \sim 1.3$。

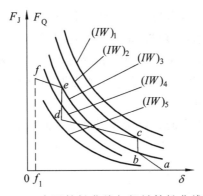

图 1-2-22　牵引特性曲线与机械特性曲线配合

四、安全型继电器接点

继电器接点是继电器的执行机构，通过其来反映继电器的状态，进行电路的控制。从接点材质到接点结构，从接点组数到接点容量，系统对于继电器接点有较高的要求，对频繁通断大电流的接点，还必须采取灭火花措施。

（一）对接点系统的要求

在实际应用过程中，继电器的大部分故障发生在接点系统上，因此继电电路的可靠性在很大程度上取决于接点系统工作的可靠性。为保证继电器的可靠工作，必须对接点系统有一定的要求，这些要求包括：

（1）接点闭合时，接触可靠，接触电阻小而且稳定；

（2）接点断开时，要可靠分开，接点间电阻为无穷大，即有一定的间隙；

（3）接点在闭合和断开过程中没有颤动；

（4）不发生熔接；

（5）耐各种腐蚀；

（6）导热率和导电率要高；

（7）使用寿命长。

（二）接点参数

1. 接点材质

对接点材质的基本要求是机械强度高、导电率和导热率高、耐腐蚀、沸点较高、加工容易、价格适宜。

2. 接点电阻

接点接触时两导体间的连接是接触表面间若干个接触过渡段的结合，因此它的电阻比同样形状、尺寸的整个导体要大得多，这种接触连接所形成的电阻叫作接触电阻。接点电阻与接点材料、接点间压力、接点的接触形式、接点间电压降、温度及化学腐蚀、电腐蚀等因素有关。

接点电阻由接触电阻及接点本身的电阻两部分组成。

由于接触电阻的存在，通过接点的电流在接触过渡区会产生功率损失，使接点发热。接点发热后增大了材料的电阻系数，减低了机械强度。由于发热和散热是同时进行且取得平衡的，所以接点通电后能产生一定的温升（接点温度与周围环境温度之差），使接点电阻和机械强度保持在一定范围内。

总的要求是尽量减小接点电阻，以避免过高的接点温升与电压降。因此对接点电阻均要提出不允许超过的电阻值。

3. 接点压力

接触点之间的压力和材质，在很大程度上决定着接点电阻的大小。开始接触的瞬间，接点压力加在为数不多的接触点上，这些接触点被压平，使两接触表面更加接近一些，产生一些新的接触点，总的接触电阻就会降低。但当压力达到某数值时，再增大压力，也不会使接点电阻有明显减小。

接点间存在压力，接点支撑件（接点弹片等，一般采用弹性元件）能产生弹性变形，避免因震动等因素造成接触分离，所以对接点压力有明确的最低值要求。

4. 接点不齐度

用于电路中的同一继电器的所有接点理论上要求同时接触。但在接点系统的生产过程中，工艺上不可能做到没有误差，因而接点很难做到完全同时接触。继电器各组接点同时接触产生的误差称为接点不齐度，要求其越小越好。

5. 接点间隙

在动接点和静接点开始分离的瞬间，接点间产生很高的电场，在接点间隙中的自由电子在此电场力的作用下从阴极向阳极高速移动，这样就产生了接点间的电弧。另外，这些电子与气体中的自由电子撞击，使气体电离，进一步使电弧加剧。电弧的产生使接点迅速氧化和点燃，加速接点的损耗，缩短使用寿命。但随着接点间隔增大，电弧被拉长，可使电弧熄灭。此外，接点间隙小，雷电效应亦可能使接点间产生放电现象。故要求接点间有足够大的间隙。

6. 接点滑程

接点表面的腐蚀、氧化和灰尘等对接触电阻有很大影响，为了保证接点的可靠工作，当接点开始接触后，要求接点相互之间有一定程度的位移，该位移叫作接点滑程。

（三）接点容量

继电器接点所允许通过的最大电流称为接点容量，继电器使用时严禁超出接点允许容量，以保证各类接点达到规定的接点寿命动作次数。超出接点容量使用时，会造成接点接触面拉弧烧损，接点接触电阻增大，寿命缩短，严重时造成器材或设备烧损。

安全型继电器的接点容量如表 1-2-2 所列。

表 1-2-2　接点容量

接点类型	电源	电压/V	电流/A	负载特性
普通接点	直流	23	1	电阻
无极加强接点	直流	220、380	5	
	交流			
有极加强接点	直流	220	7.5	电感 0.05H
		180	15	

（四）接点材料

一般继电器要求接点材料的电阻系数小，抗压强度低，而且选用不易氧化或其氧化物电阻率小的材料。因为接触材料电阻系数越小，接点本身的电阻越小，接触电阻就越小；材料的抗压强度越小，在一定的接点压力下，接触面积就越大，接触电阻越小。

银的电阻率最低，银的氧化膜的导电率与纯银几乎相等，且抗压强度不高，因此几乎所有类型的继电器，都采用银和银合金作为接点材料。对控制大电流和高电压的接点，应选择耐电腐蚀和难熔的材料，例如钨和金属陶瓷等。钨熔点高，硬度也很高，不会熔合，几乎没有机械磨损，耐电腐蚀能力强，但它在大气中易氧化。金属陶瓷大部分是由两种互相不能熔成合金的成分，用金属陶制法（粉末冶金法）制成的。它磨损小，熔点非常高，耐电腐蚀能力强，不易熔合，导电导热性能好，很适宜作为接点材料。银氧化镉就是其中的一种，其基本物质为银（80%～85%），起导电作用，氧化镉（12%～15%）起导热作用，获得了最佳配合。它在高温下（990 °C）还能以爆炸形式分解出氧与镉的蒸气，起到对电弧的吹动和消除游离的效应，形成自动吹弧作用，提高了接点的熄弧性能。特别是它与银接点配合使用时，具有防粘连、接触电阻小等特点。

安全型继电器的普通接点，静接点常用银或银氧化锡制成，动接点用银氧化锡制成。加强接点的静接点、动接点均用银氧化氟制成。

《铁路信号维修规则》规定，普通接点的接触电阻，银-银应不大于 0.03 Ω，银-银氧化镉应不大于 0.05 Ω，银-银碳应不大于 0.3 Ω，银氧化镉-银氧化镉应不大于 0.1 Ω；加强接点的接触电阻，银氧化镉-银氧化镉应不大于 0.1 Ω。

（五）接点的接触形式

接点的接触形式，有面接触、线接触和点接触三种，如图 1-2-23 所示。从表面上看，面接触的接触面最大，接触电阻最小。但实际上并非如此，因为接点的接触面稍有歪斜，两个接点的接触面就不能全面接触，往往只能在一个点或一个不大的面积上接触，所以接触电阻仍然较大，而且接触的部分每次闭合都有不同，加上接点表面的氧化物层自动净化不良，所以接触电阻很不稳定。线接触的压力比较集中，在接点闭合和断开过程中，线接触的接点表面能沿另一接点表面滑动，表面氧化层和灰尘会自动脱落，起到自动净化的作用，使接触电阻减小，而且接触电阻也较稳定。点接触压力最为集中，接触电阻也最稳定，但接触电阻大，散热面积小，温升高，只适用于小功率的控制电路中。

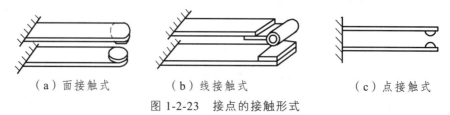

（a）面接触式　　　　（b）线接触式　　　　（c）点接触式

图 1-2-23　接点的接触形式

比如，JWXC 型无极继电器的接点采用了点接触方式，在接点簧片的端部开了一条 0.5 mm 宽的细长槽口，在槽的两边各焊一个银接点（由直径 1.5 mm 的银丝制成），如图 1-2-24 所示。它与动静点一起构成点接触方式，且形成一个簧片上有两个接触点的并联接触方式，大大提高了触头接触的可靠性。

JYJXC-135/220 型加强接点有极继电器，为满足通断较大电流的需要，除了加强接点片厚度外，接点采用面接触方式。

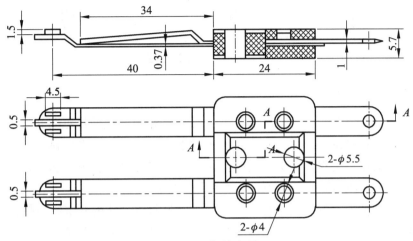

图 1-2-24　银接点单元

（六）接点的灭火花电路

为了提高接点的使用寿命，我们应设法避免接点间发生火花。发生火花的原因，是接点控制电路中有电感元件，电感元件中储存着磁场能量，当接点断开时往往以高电压击穿空气隙，将这些能量出现在接点之间，形成火花放电（但此时，因电流未达到电弧临界电流 I，故不会产生电弧）。要消灭接点火花，必须采取措施将这部分磁场能量引出，不使它出现在接点上，使接点间的电压低于击穿空气的电压，那么即可消灭接点间的火花。具体方法是采用灭火花电路，利用灭火花电路沟通电感负载所产生的感应电流回路，降低自感电势，并把磁场能量消耗在回路中的电阻上，这样接点间的电压就可能降低到不能击穿空气隙，避免接点火花的出现。

灭火花电路如图 1-2-25 所示。分别为灭火花电阻与电路电感元件并联，灭火花二极管与电路电感元件并联，灭火花电阻、电容与电路电感元件并联，灭火花电阻与接点并联，灭火花电阻、电容与接点并联。灭火花电阻电容与接点并联是最常用的方法，在接点断开瞬间，电感负载所产生的感应电流流经并联在接点上的电容和电阻串联电路，使接点上的电压降至击穿空气隙的电压之下，从而避免发生火花。此时，磁场能量消耗在回路电阻上。

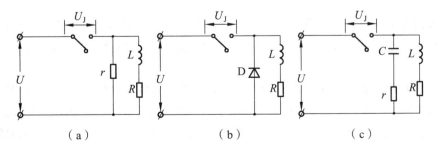

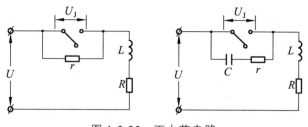

图 1-2-25　灭火花电路

（七）熄灭接点电弧

当电路中的电流较大时（大于产生电弧的临界电流 I），以及接点断开过程中，由于在强大电场作用下从负极发出的电子具有足够大的能量使气体电子发生强烈游离，因此在接点间产生电弧。电弧温度很高，会引起接点材料的蒸发与喷溅，更增加了接点的电腐蚀，同时还会引起接点表面的氧化。必须设法熄灭接点电弧。

在接点间燃烧时，电弧对电路来说具有一定的电阻值，使电路继续保持接通状态。要使电弧自行熄灭，就必须使电流值的增长率小于零，这样电流逐渐减小至零。要保证这一点，有两条途径：限制电路功率和增大接点间隙距离。限制电路功率，可使电流值达不到临界电流，但不是任何情况下都能采用的。单纯增大接点间距离的熄弧效果有限。于是，在接点组数有多余的情况下，可采用几组接点串联的方法。串联几组接点，增大了接点间距离，也提高了电弧临界电压，有较好的熄弧效果。

最常用的则是磁吹弧，这种方法是利用磁场的电磁力把电弧拉长，起到增大接点间距离的作用，使电弧拉长到加在接点间的电压不足以维持电弧燃烧而自行熄灭。磁吹弧法是在接点上加装一块永久磁钢，永磁磁通经过接点间的气隙构成磁回路。接点断开时接点之间产生电弧，实际上就是电子和离子在接点间的移动。当接点间产生电弧时，电子和离子就要受到永磁的电磁力作用，使电弧吹得向外拉长，最后使电弧自行熄灭。其示意图如图 1-2-26 所示。

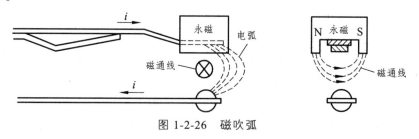

图 1-2-26　磁吹弧

磁吹弧的方向根据左手定则确定，如图 1-2-27 所示。此时要求通过接点电流的方向，应符合使接点间电弧向外吹的原则。否则，向内吹弧，非但不会熄灭电弧，还会造成接点的损伤。

因此，加强接点上用磁吹弧的继电器，如 JWJXC-480、JWJXC-H125/0/0.44、JWJXC-H125/0.13、JYJXC-135/220 等都规定了接点的正负极性，使用中要注意磁吹弧的方向。这样，接点电流产生的磁场方向与磁钢的磁场方向一致，还保证不会产生对磁钢的去磁作用。

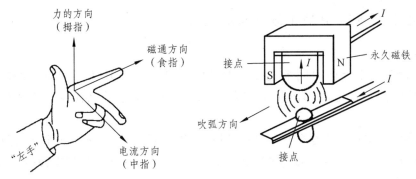

图 1-2-27　磁吹弧方向示意图

　　永久磁钢用作磁吹弧有许多优点：可节省铜线和绝缘材料，灭弧系统结构简单；灭弧功能较稳定；没有电能消耗；可使接点开距缩小。

任务三　认识其他常用继电器

一、时间继电器

　　JSBXC-850 型和 JSBXC1-850 型时间继电器是一种缓吸继电器，通过借助电子电路，获得 180 s、30 s、13 s、3 s 等延时，以满足信号电路的需要。时间继电器由时间控制单元与 JWXC 型无极继电器组合而成。时间控制单元装在印刷电路板上，安装在接点组的上方。时间继电器的基本情况如表 1-3-1 所列。

表 1-3-1　时间继电器基本情况

规格序号	继电器名称	型号	鉴别销号码	线圈参数 连接	线圈参数 电阻	电气特性 充磁值/mA	电气特性 释放值 不小于/mA	电气特性 工作值 不大于/mA	动作时间 连接端子 51-52	动作时间 连接端子 51-61	动作时间 连接端子 51-63	动作时间 连接端子 51-83
1	半导体时间继电器	JSBXC-780			390×2	56/56	4.5/4.5	14/14	60±6	30±3	13±1.3	3±0.3
2		JSBXC-820			410×2				45±4.5			
3		JSBXC-850	14.55		370/480				180±27	30±4.5	13±1.95	3±4.5
4	单片机时间继电器	JSDXC-850		单独	370/480			14/13.4	180±9	30±1.5	13±0.65	3±0.15
5		JSBXC1-850	14.55		370/480	56/54	4/3.8		45±4.5	45±4.5	45±4.5	45±4.5
6		JSBXC1-870 B01			370/500			16/13.4	3±0.15	2±0.1	1±0.05	0.6±0.03
7	道口时间继电器	JSC-30	11.12		370/370			14.5/13.8	连续端子 11-52、12-51、13-61、30±0.3			

（一）JSBXC-850 型半导体时间继电器

1. 延时电路

JSBXC-850 型半导体时间继电器（型号中 S 为时间，B 为半导体，850 是 370 和 480 之和）的时间控制电路如图 1-3-1 所示。其核心是由单结晶体管等组成的脉冲延时电路。

在单结晶体管 BT 的发射极 E 和第一基极 B 的放电回路中接入继电器 J 的前圈（3-4，370 Ω），它的后圈（1-2，480 Ω）通过电阻 R_1 直接与电源相连。接通电源时，后圈有电流流过，其电路为：

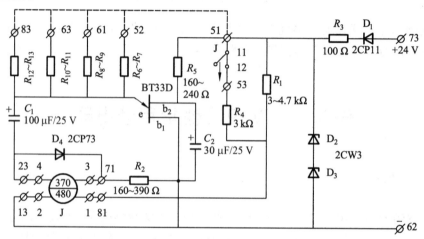

图 1-3-1　JSBXC-850 延时电路

+24 V 电源（73 端子）—二极管 D_1—R_3—R_1—J_{1-2}－电源（62 端子）。

但是，R_1 的阻值很大，为 3 ~ 4.7 kΩ，因此流过后圈的电流很小，继电器 J 不会动作。与此同时，电容器 C 也开始充电，其电路为：

+24 V 电源（73 端子）—D_1—R_3—R_6 ~ R_7（或 R_8 ~ R_9、R_{10} ~ R_{11}、R_{12} ~ R_{13}）—C_1—J_{4-3}－电源（62 端子）

资源 1-8　JSBXC 时间继电器电路原理

此电流流过前圈的方向正好与后圈的相反，继电器更不会动作。

当电容器 C_1 充电电压上升至高于单结晶体管 BT 的击穿电压时，BT 的发射极 e 与第一基极 b_1 间导通，C_1 放电，其电路为：

C_1（+）—BTeb_1—R_2—J_{3-4}—C_1（ - ）。

此电流流过前圈的方向与后圈的相同，当两者之和达到继电器的工作值时，继电器吸起，其前接点 11-12 连通了自闭电路，电路为：

+24 V 电源（73 端子）—D_1—R_3—J_{11-12}—R_4—J_{1-2}—电源（62 端子）。

由于 R_4 的接入，电路的电阻值降低近一半，流过后圈的电流大于继电器的落下值，继电器可靠吸起。

2. 延时时间

由上可知，由于 BT 和 C_1，组成的脉冲延时电路的存在，继电器从接通电源到完全吸起会经过一段时间，这段时间就是继电器的缓吸时间。缓吸时间与充电电路的时间参数有关。C_1 的电容量越大，充电至单结晶体管 BT 击穿电压的时间越长，缓吸时间越长；充电电路的电阻值越大，电容器的充电电流越小，充电时间必然延长，缓吸时间越长。在端子 52、61、63、83 上分别接入不同阻值的电阻，即获得 4 种延时。缓吸时间还与单结晶体管的击穿电压有关，而击穿电压又决定于单结晶体管的分压比，分压比越大，击穿电压越高，缓吸时间越长。

在半导体时间继电器中，C_1 和单结晶体管选定后，改变延时时间靠接入不同阻值的电阻来完成。

一般情况是，连接端子 51-52 为 3 min，51-61 为 30 s，51-63 为 13 s，51-83 为 3 s。此外，通过端子的不同连接还可获得其他延时时间，如 51 与 61、63 相连，为 9 s；51 与 61、63、83 相连，为 2.3 s。以此满足电路的特殊需要。

3. 其他元件的作用

1）稳压管 D_2、D_3

D_2、D_3 与 R_3 串联后成为稳压电路，稳压值为 19.5 ~ 20.5 V，使继电器电源电压在 21 ~ 27 V 变化时保持标准的吸起时间值，以消除电源电压波动对延时的影响。

2）二极管 D_1

D_1 是防止电源极性接错而设的，电源接错时它使电路不通。

3）二极管 D_4

D_4 并在继电器前圈两端，构成继电器断电时产生的反电势回路，以免击穿单结晶体管。

4）电容器 C_2

C_2 是单结晶体管第二基极的平滑电容，也是稳压电路的滤波电容，以消除电源杂音对电路延时的干扰。

5）电阻 R_5

R_5 是单结晶体管的基极电阻。

4. 特　性

JSBXC-850 型继电器的电气特性与 JWXC-370/480 型相同。但有以下补充规定：

（1）继电器的延时误差不能超出标准值的 ±15%。

（2）在通电至继电器吸起的缓吸时间内，后接点的压力为 0.098 ~ 0.147 N。

5. 接点使用

JSBXC-850 型继电器的接点编号与无极继电器相同。图 1-3-2 中，除 73、62 外，时间控制单元的端子号与继电器接点完全相同。除 73 接正电源、62 接负电源以及按所需时间连接对应接点外，继电器内部尚需连接 1-81、2-13、3-71、4-23、11-51、12-53。因此，可供使用的只有第三、第四两组接点组，和第二组前接点。

另有 JSBXC-780 型和 JSBXC-820 型，它们的缓吸时间与 JSBXC-850 型有所不同，以满足不同电路的需要。

（二）JSBXC1-850 型时间继电器

JSBXC-850 时间继电器采用 RC 延时电路，在使用中由于电容器老化和环境温度变化，延时时间有漂移，需定期检修和调整其时间常数。而 JSBXC1-850 型可编程时间继电器是新一代的时间继电器，它采用微电子技术，通过单片机软件设定不同的延时时间。它采用动态电路输出，延时精度高（为 ±5%），不需要调整，电路安全可靠，它不改动继电器的外部配线，代用很方便。JSBXC1-850 型时间继电器内部电路如图 1-3-2 所示。电路由 4 部分组成：输入电路、控制电路、电源电路和动态输出电路。

Ⅰ为输入部分，经 4 个光电耦合器 IC2-1 ~ IC2-4。（5Z1-4 型）输入端不同连接，设定不同的延时时间，其连接同 JSBXC-850 型继电器。光电耦合器起隔离作用，将外部电路和单片机隔离开。当光电耦合器的发光二极管有输入导通时，其光敏三极管就导通。否则，就截止。

Ⅱ为控制电路，由 IC$_1$（DIP18 型）和晶体振荡器 JZ 及 C_6、C_7 等组成。JZ 为 IC$_1$ 提供振荡源。当 IC$_1$ 的输入端 RB$_0$ ~ RB3 其中一个有输入时，通过软件的设定，其输出端 RA$_1$ ~ RA$_3$ 在不同的延时时间后就有序列脉冲输出。在延时过程中发光二极管 LED 每秒钟闪亮一次。

Ⅲ为动态输出部分。当单片机的输出，通过光电耦合器 IC$_3$ 接至 MOS 管 T$_2$（IRF840 型）栅极。在序列脉冲的作用下，T$_2$ 反复导通和截止。T$_2$ 导通时，对电容器 C_8 充电。T2 截止时，C_8 对 C_9 放电。当 C_9 上的电压充至继电器工作值时，通过前圈（370 Ω）使继电器吸起。继电器吸起，其前接点 11-12 闭合，又使后圈（480 Ω）励磁，于是继电器可靠吸起。

Ⅳ为电源部分。经 73-62 输入的电源经 D$_1$ 鉴别极性。C_1、R_2、C_9 组成的滤波电路滤除交流成分，三端稳压器 T$_1$（7805 型）稳压，为单片机提供工作电源。

JSBX1-850 型继电器在使用时应注意以下各点：

（1）继电器线圈两端并联有二极管，所以线圈的 1、3 端应接正电，2、4 端接负电。

（2）如果继电器缓吸时间出现误差，应更换控制电路中的晶振或单片机。

（3）如果继电器通电后工作正常，但发光二极管不亮，可更换发光二极管。

（4）如果继电器通电后不吸起，此时若发光二极管每秒闪 1 次，应检查动态输出电路中的元件是否有损坏的；若发光二极管不闪，应对 4 部分电路分别进行检查。经检查输入条件正确，则是控制电路板出现故障，建议更换电路板。

JSBXC-870B01 型时间继电器是为了满足对 JSBXC-850 型的缓吸时间的不同要求而设计的。此外，还有用于道口信号电路中的 JSC-30 型时间继电器，它采用了 JSBXCI-850 型继电器的延时技术，有专用的软件。

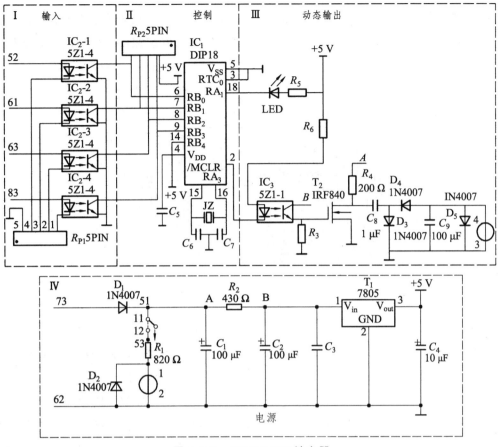

图 1-3-2 JSBXC-850 继电器

二、灯丝转换继电器

灯丝转换继电器是交流继电器，用于信号点灯电路中，当信号灯泡的主灯丝断丝时通过它自动转换至副灯丝点亮，并通过其接点构成报警电路。灯丝转换继电器有 JZCJ 型、JZSJC 型、JZSJC1 型和 JZCJ-0.16 型等。它们的基本情况如表 1-3-2 所示。

表 1-3-2 灯丝转换继电器

型号	接点组数	线圈电阻/Ω	电气特性/A			转换时间不大于/s	备注
			额定值	释放值不大于	工作值不大于		
JZCJ	2QH	0.12		AC 0.35	AC 1.5		与 BX1-30 配合工作值不大于 150 V
JZSC-0.16	4QH	0.12		AC 0.35	AC 1.5		
JZSJC	2QH		AC 2.1	AC 0.35	AC 1.5	0.1	
JZSJC1	2QH		AC 2.1	AC 0.35	AC 1.5		线圈降压不大于 1.6 V
JZSJC2	2QH		AC 2.1	AC 0.35	AC 1.5	0.1	线圈降压不大于 1.6 V

JZCJ 型继电器是较早期的灯丝转换继电器，它是弹力型非插入式继电器，线圈和接点有对应的端子与外线连接，底座上有两个孔，用螺钉将其安装在信号机构内。其结构如图 1-3-3 所示。

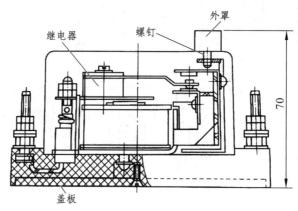

图 1-3-3　JZCJ 继电器结构

JZCJ 型继电器的电磁系统由圆柱形铁心、U 形扼铁、平板形衔铁组成 Ⅱ 形拍合式磁路。铁心端部极面处嵌有一个半圆形短路铜环，以减小磁吸力的脉动。弹簧挂在衔铁后端与轭铁左下部，螺旋弹簧用来产生机械反作用力。衔铁的释放靠弹簧的反作用力实现，通过弹簧连接螺钉、螺母，可调整反作用力。线圈是圆形结构，线径较粗，匝数较少，交流阻抗小，保证灯泡有足够的电压及亮度。动接点不是通过拉杆而是直接用螺钉固定在衔铁上。继电器有两组并排的接点组。底座端子编号如图 1-3-12 所示，其采用连接端子与外线连接。使用时，JZCJ 型继电器一般侧放。

三、交流二元继电器

交流二元继电器中的二元指有两个互相独立又互相作用的交变电磁系统，根据频率不同，交流二元继电器分为 25 Hz 和 50 Hz 两种。

JRJC-66/345 型和 JRJC1-70/240 型二元继电器在交流电气化区段的 25 Hz 相敏轨道电路中作为轨道继电器。它们由专设的 25 Hz 铁磁分频器供电，具有可靠的频率选择性和相位选择性，对于轨端绝缘破损和不平衡造成的 50 Hz 干扰能可靠地进行防护。另外，继电器还有动作灵活的翼板转动系统、紧固的整体结构，不仅经久耐用，而且便于维修。

50 Hz 交流二元继电器主要在地下铁道、矿山等直流牵引区段的轨道电路中作为轨道继电器。其结构和动作原理与 25 Hz 交流二元继电器基本相同，只是线圈参数有所不同，以适应不同频率的需要。

本节介绍 25 Hz 交流二元继电器，它们的基本情况如表 1-3-3 所示。

表 1-3-3 交流二元继电器基本情况

类 型		接点组数	线圈电阻/Ω	电气特性					相位角	
				额定值		工作值不大于		释放值不小于		
				电压/V	电流/mA	电压/V	电流/mA	电压/V	轨道电流滞后于局部电压	轨道电压滞后于局部电压
JRJC-66/345	局部	2Q 2H	345	110	≤80				160°±8°	90°±8°
	轨道		66			15	38	7.5	160°±8°	160°±8°
JRJC1-70/240	局部	2Q 2H	240	110	≤100				157°±8°	87°±8°
	轨道		70			15	40	8.6		

（一）交流二元继电器的结构

JRJC1-70/240 型交流二元继电器在 JCJR-65/345 的基础上改进了结构设计：采用了增强整机结构稳定性和改进机械传动的形式；优化了磁路设计以增大电磁牵引力和改善了机械电气性能；改进接点结构，改善接点性能；改变接点转动轴的结构以提高动作可靠性。因此，其在接点压力、返还系数、可靠性方面有了很大提高。

JRJC1-70/240 型交流二元继电器由电磁系统、翼板、接点组等主要部件组成。结构如图 1-3-4 所示。

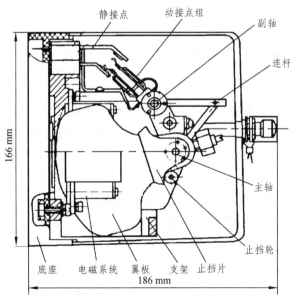

图 1-3-4 JRJC1-70/240 型继电器结构

1. 电磁系统

电磁系统包括局部电磁系统和轨道电磁系统。局部电磁系统由局部铁心和局部线圈组成，轨道电磁系统由轨道铁心和轨道线圈组成，铁心均由硅钢片叠成。线圈是用高强度漆包线绕在线圈骨架上而构成的。

2. 翼 板

翼板是将电磁系统的能量转换为机械能的关键部件。翼板由 1.2 mm 厚的铝板冲裁而成，安装在主轴上。翼片尾端安装有重锤螺母，对翼板起平衡作用，在翼板一侧的主轴上还安装一块 2.0 mm 厚由钢板制成的止挡片，与轴成一整体，使翼板转至上、下极端位置时受到限制。

3. 接点组

动接点固定在副轴上，主轴通过连杆带动副轴上的动杆单元使动接点动作，接点组编号如图 1-3-5 所示。

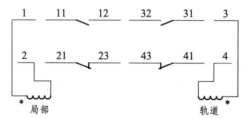

图 1-3-5　JRJC1-70/240 型继电器接点组编号

JRJC1-70/240 型继电器插座外形尺寸为 126 mm × 165 mm，要占两个安全型继电器的位置。

（二）交流二元继电器的工作原理

1. 交流二元继电器的相位选择性

交流二元继电器的磁系统如图 1-3-6 所示。当局部线圈和轨道线圈中分别通以一定相位差的交流电流 i_J 和 i_G 时，形成交变磁通 Φ_J 和 Φ_G，磁通穿过翼板时就形成了磁极 J 和 G，在翼板中分别产生感应电流，可看作是由许多环绕磁通的电流环所组成，故称为涡流，以 i_{WJ} 和 i_{WG} 表示。涡流 i_{WG} 和 i_{WJ} 分别与磁通 Φ_J 和 Φ_G 作用，产生电磁力 F_1 和 F_2，即轨道线圈的磁通 Φ_G 在翼板中感应的电流 i_{WG}，在局部线圈磁通 Φ_J 作用下产生力 F_1；局部线圈的磁通 Φ_J 在翼板中感应的电流 i_{WJ}，在轨道线圈磁通 Φ_G 作用下产生力 F_2。F_1 和 F_2 的方向可由左手法则决定，如图 1-3-7 所示。

若要 F_1 和 F_2 同方向，应使 Φ_J 和 Φ_G 方向相反，i_{WG} 和 i_W 方向相同；或者 i_{WG} 和 i_W 方向相反，而 Φ_J 和 Φ_G 方向相同。只要在 Φ_J 和 Φ_G 相差 90°的条件下，F_1 和 F_2 是同方向的，即任何瞬间翼板总是受一个方向的转动力的作用。当 Φ_J 超前 Φ_G 90°时，在翼板上得到正方向转矩，接通前接点；而当 Φ_J 滞后 Φ_G 90°时，则在翼板上得到反方向转矩，使后接点更加闭合。

如果仅在任一线圈通电，或两线圈接入同一电源，翼板均不能产生转矩而动作，这就是交流二元继电器所具有的可靠的相位选择性，由此可解决轨端绝缘破损的防护问题。

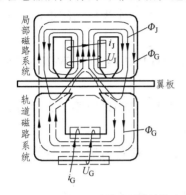

图 1-3-6　JRJC1 型继电器的磁系统

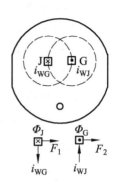

图 1-3-7　涡流在磁通作用下产生力

2. 交流二元继电器的频率选择性

当牵引电流不平衡时，将 50 Hz 电压加在轨道线圈上，这时所产生的转矩力在一个周期内平均值为零，即轨道线圈混入干扰电流与固定的 25 Hz 局部电流相作用，翼板不产生转矩，不能使继电器误动。同时，由于翼板的惯性较大，继电器只能缓动而跟不上转矩力变化的速率，使继电器保持原来的位置而不致误动。

交流二元继电器具有频率选择性，不仅可以防止牵引电流的干扰，而且对其他频率也有同样的作用。可以证明，当轨道线圈电流频率为局部电流频率 n 倍时，不论电压有多高，翼板均不能产生转矩使继电器误动。

交流二元继电器可靠的频率选择性便于电码化的实现，当 25 Hz 相敏轨道电路叠加移频轨道电路时，移频信号加在轨道线圈上，不会使轨道继电器误动，这使得设备简单、工作稳定，避免了切换方式降低轨道电路技术标准的情况。

原 25 Hz 相敏轨道电路采用 JRJC-66/345 型，由于结构设计不合理造成了卡阻，新型的采用了 JRJC1-70/24 型。70 Ω 为轨道线圈电阻值，240 Ω 为局部线圈电阻值。

四、其他继电器

其他继电器有 JWXC-H310 型、JWJXC-H120/0.17 型、JPXC-270 型、JZXC-H0.14/0.14 型、JJXC-15 型等。

（1）JWXC-H310 型继电器是专为 97 型 25 Hz 相敏轨道电路而研制的，作为轨道复示继电器，防止冲击干扰引起轨道继电器误动。它的磁路和接点系统同 AX 系列继电器，有 8QH 接点组为无极磁路。为了保证继电器的时间特性，采用一个铜架线圈，另一个线圈装了铜套。额定电压为 24 V，工作值 ≤15 V，释放值 ≥4 V，缓吸时间为 0.4 s ± 0.1 s，缓放时间为 0.8 s ± 0.1 s。

（2）JWJXC-H120/0.17 型继电器主要用于驼峰调车场五线制道岔电路，其电压线圈（120 Ω）的缓放时间不小于 0.55 s，电流线圈（0.17 Ω）的缓放时间不小于 0.4 s，可代替 JWJXG-H125/0.13 型继电器，在大功率电动转辙机道岔电路中作为启动继电器，由于延长了缓放时间，可解决道岔四开的问题。

JWJXC-H120/0.17 型与 AX 系列继电器中的 JWJXC-H125/0.44 型、JWJXC-125/0.13 型的磁路结构、接点组数及位置一致。

（3）JPXC-H270 型有两个品种，即 JPXC1-H270 型和 JPXC2-H270 型。前者用于道口信号故障切断电路，后者用于单轨条机车信号或计轴电路。

JPXC-H270 型继电器由 AX 系列继电器的偏极磁路、4QH 普通接点及缓放延时电路等部件构成。

（4）JZXC-H0.14/0.14 型继电器主要用于道口信号点灯电路中的灯丝继电器。它采用 AX 系列继电器的无极磁路，2QH、2H 普通接点及双整流电路等部件组成。

（5）JJXC-15 型交流继电器主要用于点灯电路中作灯丝监督继电器。由于它采用交流磁路，取消原灯丝继电器的整流元件，所以在使用中无须附加防雷组合，具有较高的防雷电冲击能力。

JJXC-15 型继电器的磁路结构、接点组和底座外罩与 AX 系列继电器一致。

此外，还有用于通用机车信号中的小型继电器，为日本生产的 DS 型；以及 UM71 型自动闭塞中用的法国生产的 N.S1 型轨道继电器。

任务四　分析简单的继电电路

应用继电器可构成各种控制和表示电路，统称继电电路。具体的应用过程会涉及如何选用继电器、如何识读继电电路、如何分析继电电路以及如何判断继电器故障等方面。

一、电路中选择继电器的一般原则

根据电路要求，按继电器的主要参数和指标进行选择。具体如下：

（1）继电器类型、线圈电阻应满足各种电路的具体要求。

（2）电路中串联使用继电器时，串联的继电器的数量应满足各继电器正常工作电压的要求。

（3）继电器的接点最大允许电流不应小于电路的工作电流，必要时可采用接点并联的方法。

（4）继电器的接点数量不能满足电路要求时，应设复示继电器，复示继电器应能及时反映主继电器的动作状态。

（5）电路中串联继电器接点时，要使串联继电器接点的接触电阻不影响电路的正常工作。

二、继电器的表述

（一）继电器的名称符号

继电器一般是根据它的主要用途和功能来命名的。例如，反映按钮动作的继电器称为按钮继电器，控制信号的继电器称为信号继电器。为了便于标记，继电器符号用汉语拼音字头来表示，例如按钮继电器表示为 AJ，信号继电器表示为 XJ。在一个控制系统中会用到许多继电器，同一作用和功能的继电器也不止一个，它们的名称必须有所区别。例如，以 XLAJ 代表下行进站信号机的列车进路按钮继电器，STAJ 代表上行通过按钮继电器。同一个继电器的线圈和接点必须用该继电器的名称符号来标记，以免互相混淆。同一个继电器的各接点组还需用其编号注明，以防重复使用。

（二）继电器的定位

继电器有两个状态：吸起状态和落下状态。在电路图中只能表达这两种状态中的一种，应有所规定。电路图中继电器呈现的状态称为通常状态（简称常态），或称为定位状态。在铁路信号系统中应遵循以下原则来规定定位状态。

（1）继电器的定位状态应与设备的定位状态相一致，信号设备平面布置图中所反映的设备状态约定为设备的定位状态。例如，一般信号机以关闭为定位状态，道岔以开通定位为定位状态，轨道电路以空闲为定位状态。

（2）根据"故障-安全"原则，继电器的落下状态必须与设备的安全侧相一致。例如，信号继电器的落下应与信号关闭相一致，轨道继电器落下应与轨道电路占用相一致。这样，才能实现电路在发生断线故障时导向安全侧。

根据以上两条原则就可确定继电器的定位状态了。例如，信号继电器 XJ 落下与信号关闭相对应，规定 XJ 落下为定位状态；道岔定位表示继电器 DBJ 吸起与道岔处于定位相对应，规定 DBJ 吸起为定位状态；而道岔反位表示继电器 FBJ 吸起应与道岔处于反位相对应，故规定 FBJ 落下为定位状态。轨道继电器 GJ 吸起与轨道电路空闲相对应，规定 GJ 吸起为定位状态。

（三）继电器图形符号

在继电电路中，继电器线圈和接点的图形符号分别如表 1-4-1 和表 1-4-2 所示，这些图形符号反映了继电器的某些特性，因此绘图时必须正确选用，以免混淆。表中的接点图形符号有工程图用和原理图用两种。工程图用的符号略为复杂，但能准确表达接点的状态，且不致因笔误而造成误解，所以工程图必须采用工程图用符号。原理图用的接点符号比较简单，但稍有笔误即易造成误认，仅限于设计草图和教学中使用。

表 1-4-1　继电器图形符号

序号	符　号	名　称	说明
1	⊖	无极继电器	
	⊖		两线圈分接
2	◐	无极缓放继电器	
3	◔		单线圈缓放
4	⊖	无极加强继电器	
5	⊘	有极继电器	
6	⊘	有极加强继电器	
	2⟋1 3⟋4		两线圈分接
7	1◕4	偏极继电器	
8	1▷4	整流式继电器	
9	3'	时间继电器	
10	△	单闭磁继电器	
11	~	交流继电器	
12	≈	交流二元继电器	
13	⊓	动态继电器	
	⊓		两线圈分接
14	▭	传输继电器	

表 1-4-2　继电器接点图形符号

序号	符 号		名 称	说 明
	标准图形	简化图形		
1	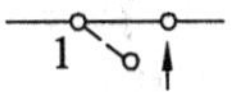		前接点闭合	
2	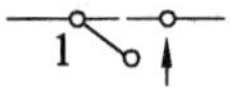	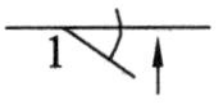	后接点断开	
3	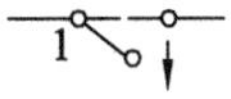		前接点断开	
4	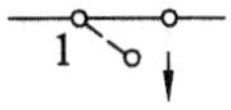		后接点闭合	
5	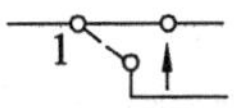		前、后接点组	前接点闭合 后接点断开
	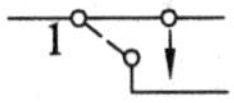			前接点断开 后接点闭合
6	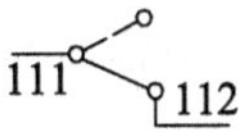	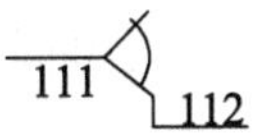	极性定位接点闭合	
7	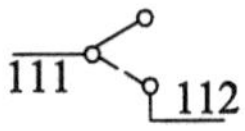	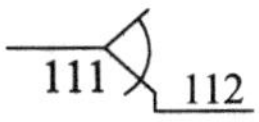	极性定位接点断开	
8	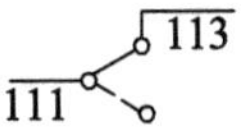	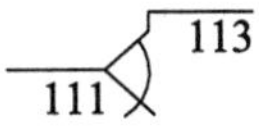	极性反位接点闭合	
9	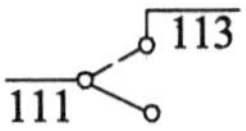	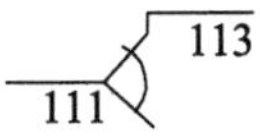	极性反接接点断开	
10	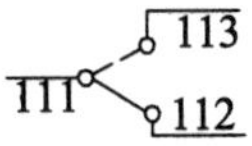	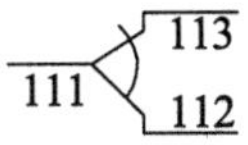	极性定、反位接点组	定位接点闭合 反位接点断开
	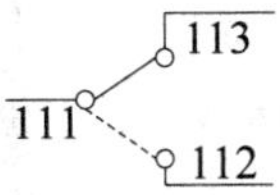	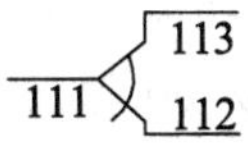		定位接点断开 反位接点闭合

注：在电路图中，凡以吸起为定位状态的继电器，其线圈和接点处均以"↑"符号标记；凡以落下为定位状态的继电器，其线圈和接点处均以"↓"符号标记。

对于初学者要注意的是，为绘图方便，一个继电器的线圈符号和它的接点符号可以分别画在电路图的不同位置，也可以画在不同的图纸上，当然它们的名称符号要标记清楚。

在继电器线圈符号上要注明其定位状态的箭头和线圈端子号。

对于继电器的前接点和后接点，只标出其接点组号，而不必详细表明动接点、前接点、后接点号。但从表中可看出，例如第一组接点，其动接点片为 11，前接点为 11-12，后接点为 11-13。而对于有极继电器，因无法用箭头表示其状态，所以必须表明其接点号，如 111-112 表示定位接点，111-113 表示反位接点，百位数 1 是为了区别于其他继电器而增加的。

三、继电器线圈的使用

对于有两个线圈参数相同的继电器，它的线圈有多种使用方法：可以两个线圈串联使用，连接 2-3 电源片，使用 1-4 电源片；可以两个线圈并联使用，电源片 1-3 连接，2-4 连接；还可以两个线圈分别使用或单线圈单独使用，使用 1-2 或 3-4 电源片。

无论哪一种使用方法，都要保证继电器的工作安匝和释放安匝，才能使继电器可靠工作。

例如 JWXC-1000 型继电器，它的前后线圈均为 8 000 匝，两个线圈串联使用时，工作电压不大 14.4 V，故工作电流不大于 14.4/1 000 = 0.014 4 A，工作安匝不大于 $2 \times 8\,000 \times 0.014\,4 = 230.4$ 安匝。当单线圈使用时，为了得到同样的安匝，加在两线圈的工作电压应分别为 230.4/8 000 × 500 = 14.4 V；当两线圈并联时，为获得同样的安匝，所需工作电压为 115.2 × 2 × 250 = 7.2 V。

可见，单线圈使用时，为了保证得到与两线圈串联使用时同样的工作安匝，通过线圈的电流必须比串联时大一倍，所消耗功率也大一倍。此时，电源容量要大，线圈易发热。因此，继电器大多采用两线圈串联使用的方法。但当电路需要时，也采用分线圈使用的方法。两线圈并联使用时，所需电压比串联时低一半，一般使用在较低电压的电路中。

四、继电器基本电路

（一）串联电路和并联电路

根据继电器接点在电路中的连接方式，继电电路可分为串联、并联和串并联三种基本形式。

1. 串联电路

串联电路指继电器接点串联连接的电路，其功能是实现逻辑"与"的运算。图 1-4-1 所示为一串联电路，3 个接点必须同时闭合才能使继电器 DJ 吸起。从逻辑功能来看，接点在电路中的串接顺序是任意的，而且动接点是否接向电源也是任意的。但从工程角度出发，应考虑接点的有效使用，如 AJ 的后接点可用在别的电路中。

资源 1-9　继电器电路视频

2. 并联电路

由几个继电器接点并联连接的电路称为并联电路，如图 1-4-2 所示。它的功能是实现逻辑"或"运算，图 1-4-2 所示为 3 个接点并联的例子，其中任一个接点闭合都会使继电器 DJ 吸起。从工程角度看，也要考虑接点组的有效利用。

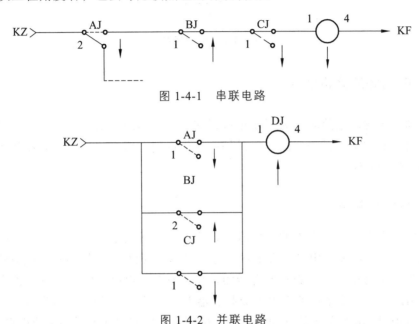

图 1-4-1 串联电路

图 1-4-2 并联电路

3. 串并联电路

根据逻辑功能的要求，在电路中有些接点串联，有些是并联，这类电路称为串并联电路，如图 1-4-3 所示。

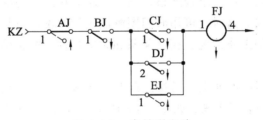

图 1-4-3 串并联电路

（二）自闭电路

在继电器构成的控制系统中，常需要将某一动作记录下来为以后的过程做准备。例如图 1-4-4 所示的按钮继电器电路，按下自复式按钮 A 后，继电器 AJ 经过励磁电路吸起。但松开按钮后，继电器就不能保持吸起。为此，增加了由自身前接点构成的电路，使按钮松开后，继电器不落下。这条由自身前接点构成的电路称为自闭电路。有了自闭电路后继电器就有了记忆功能。当然，当它完成任务后，就必须由表示该任务完成的继电器接点使其复原。

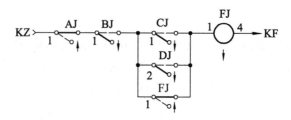

图 1-4-4　自闭电路

五、继电电路的分析法

在设计和分析继电电路时，为了便于认识和掌握电路的逻辑功能、继电器动作顺序、继电器动作时机和继电器励磁回路，需采用一些简便的分析方法，通常有动作程序法、时间图解法和接通径路法。

（一）动作程序法

动作程序法用来表示继电器的动作过程，着重反映继电电路的时序关系、因果关系，而不严格地表达逻辑功能。用符号表示各继电器状态的变化，"↑"表示继电器吸起，"↓"表示继电器落下（这里↑、↓表示继电器的动作，不要和电路图中表示继电器定位状态的↑、↓相混淆），"→"表示促使继电器吸起、落下，"｜"表示逻辑"与"。

例如，对于图 1-4-5 所示的脉动偶电路（由两个继电器组成的脉冲形成电路），可写出它的动作程序。

（二）时间图解法

有些继电电路的时间特性要求较严格，整个电路动作过程与继电器的时间特性（如缓放时间的长短）密切相关。这时，可用时间图解法来较准确地进行分析。时间图解法能很清楚地表示出各继电器的工作情况、相互关系和时间特性，能正确地反映整个电路的动作过程。

时间图解法把继电器线圈通电、后接点断开、前接点闭合、线圈断电、前接点断开、后接点闭合等都用时间图表示出来，如图 1-4-6 所示。继电器之间的互相关系，在时间图上用箭头表示。

如图 1-4-5 所示的脉动偶电路，它的动作过程的时间图如图 1-4-6 所示。

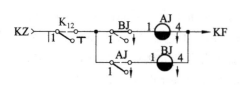

图 1-4-5　脉动偶电路图

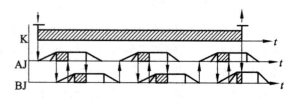

图 1-4-6　脉动偶电路时间图解

（三）接通径路法

接通径路法（曾称接通公式法）用来描述继电器励磁电流的径路，即由电源正极经继电器接点、线圈及其他器件（按钮接点、二极管等）流向电源负极的回路，它是在分析继电器电路时常用的方法（俗称"跑电路"，不一定写下来）。

例如，对于图 1-4-5 所示的脉动偶电路，其励磁电路如下：

$KZ—K_{11-12}—BJ_{11-13}—AJ_{1-4}—KF$

$KZ—K_{11-12}—AJ_{11-12}—BJ_{1-4}—KF$

电路中各接点及其器件的下标是它们在电路中具体连接的接点号或端子号，接点之间用"—"联系，它表示经由，而不用"→"，没有促使的含义，以避免和动作程序法中的"→"相混淆。

一个继电器可能有多条励磁电路，需分别写出接通径路予以描述。

接通径路法仅表达了继电电路的导通路径，而不能反映电路的逻辑功能。对于复杂的继电电路，在对其逻辑功能不熟悉的情况下，可先用接通径路来加以描述。

在实际应用过程中，通常将动作程序法和接通径路法结合起来使用。一方面，在掌握继电电路动作程序的情况下，能方便地跑通电路；另一方面，在跑通电路的过程中，加深对动作程序的理解。

六、继电器电路安全措施

在继电器电路中常见故障有：熔断器熔断、断路器脱扣、断线、脱焊、螺丝松脱、线圈烧坏、接点接触不良、器件失效、插接件接触不良、线间绝缘不良、线路混入电源等，故障种类很多。但就其对电路的影响可以归纳为两大类：一类使电路开路，称为断线故障；另一类使电路短路，称为短路故障。断线故障会导致吸起的继电器错误落下或使应吸起的继电器不能吸起。混线故障可能使不应吸起的继电器错误吸起或使已吸起的继电器不能及时落下，继电器电路的安全性主要是解决断线防护和混线防护问题。

（一）断线防护电路

电路的断线故障远多于混线故障，据此必须按闭合电路法（以电路断开对应安全侧，以电路闭合对应危险侧）设计继电电路，即发生断线故障时使继电器落下以满足故障-安全的要求。图 1-4-7 所示的两个电路是等效的，即 AJF 是 AJ 的复示继电器，但两者结构不一样，图 1-4-7（a）符合闭合电路原理，无论何处发生断线故障都会导致 AJF 处在落下状态，具有故障-安全性能。图 1-4-7（b）是利用 AJ 的后接点构成 AJF 线圈的旁路而使 AJF 落下，称为旁路控制电路，其发生断线故障时反而使 AJF 错误吸起而导向危险侧，所以安全电路不能采用旁路控制电路。

按闭合电路原理设计的电路是断线保护的基本方法，它能对任何断线故障有反映，故可认为它具有断线故障自检能力。

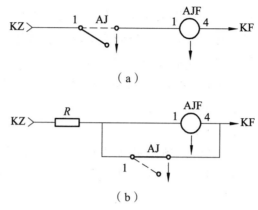

图 1-4-7　断线防护电路

（二）混线防护电路

继电电路按闭合电路原理设计，在混线故障情况下就有可能使继电器错误吸起而导向危险侧。因此尽管混线故障远少于断线故障，也必须慎重地采取防护措施。实际上，要使电路的各点都进行混线防护是困难的，也是不可能的。室内环境较好时，只要采取严格的施工工艺，电路极少发生混线故障，一般不采取防护措施。

1. 位置法

位置法也称远端供电法，是针对室外电路之间混线而采取的措施。例如，在图 1-4-8 中两电路的逻辑功能是等同的，但电路结构不同，图 1-4-8（a）的继电器和电源均在电路的同一侧，发生混线故障时继电器将无条件地错误吸起，这十分危险。而在图 1-4-8（b）中，继电器和电源分设在电路两侧，发生混线故障时，一方面使继电器短路，另一方面在接点DB（转辙机接点）闭合的情况下使电源处的熔断器熔断，从而使继电器落下，导向了安全侧。所以，位置法的关键是继电器和电源必须分别设在可能混线位置的两侧。

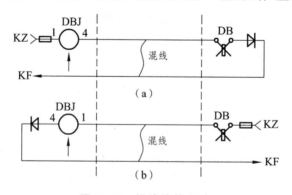

图 1-4-8　混线防护电路

2. 极性法

极性法是针对室外电路混入电源而采取的措施。图 1-4-9 所示电路采用了偏极继电器。

当 Q 线上混入正电时，其与电源极性一致，则继电器 1JGJ 仍保持吸起；Q 线上混入负电时，熔断器熔断，使继电器 1JGJ 落下导向安全侧。在 H 线上混入电源情况同样如此。在列车占用 1JG 时，IG↓，此时若在 Q 上混入负电，H 线上混入正电，则 1JGJ 因极性不符，不吸起；而如果采用无极继电器就不能达到此目的。

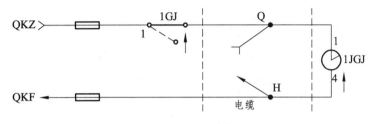

图 1-4-9　极性法（偏极继电器）

3. 双断法

双断法是在电路的 Q 线和 H 线上都接人同样的控制接点来防止混线混电故障。如图 1-4-10 所示，如不采用双断，则当 a、b 两点同时发生接地或控制接点引出端子间发生短路等故障时，尽管控制接点未闭合，也能使继电器错误吸起。但若采用双断法，这种可能性就大大减小。Q 线或 H 线混入电源也可进行防护。若不采用双断法[见图 1-4-11（a）]，继电器 1DBJ 和 3FBJ 的 Q 线之间发生混线故障，则 3FBJ 将错误吸起，若采用双断法[见图 1-4-11（b）]，则 Q 线间发生混线故障时也不会使 3FBJ 错误吸起。

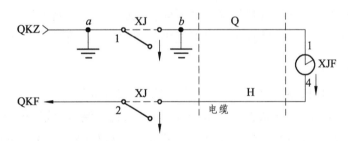

图 1-4-10　双断法混线防护（1）

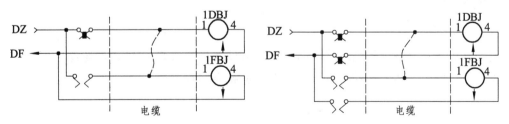

图 1-4-11　双断法混线防护（2）

4. 独立电源法

独立电源法也称为电源隔离法。从上述双断法分析中可以看出，在混线故障情况下导致继电器错误吸起的原因在于继电器未采用独立电源或多个继电器共用一个电源所致。如果每个继电器有各自的电源且没有公共回线，那么任何两条线路混线都不会构成错误的闭合电路使继电器吸起。但为每个继电器设直流电源成本又太高，故在直流电路中未采用，然而在交流电源中可以很方便地利用变压器实现电源隔离，例如轨道电路、信号点灯电路和道岔表示电路都采用变压器隔离。图 1-4-12 所示为道岔表示电路，其中的 BB 就是专用的隔离变压器。以上几种措施也可能同时采用。

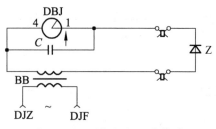

图 1-4-12　独立电源防护法

此外还有分路法（当继电器处于落下状态时接通继电器线圈的分路线，以防止因混入电源而错误吸起）分线法（重要的继电器电路不与其他继电器共用回线）等。

任务五　继电器的测试

继电器的测试主要包括电气特性测试和时间特性测试。电气特性测试主要是指工作值、释放值、转极值的测试，时间特性主要是对缓吸、缓放时间的测试。

1. 线圈电阻测试

继电器线圈电阻是指环境温度为+20 °C 时线圈的直流电阻。

继电器在正常的试验大气条件下应至少放置 2 h 再进行测试。线圈电阻在 5 Ω 以下用凯尔文电桥测试，误差不得超过 ±5%；5 Ω 以上用惠斯登电桥测试，误差不得超过 10%；也可用万用表电阻挡测试。

2. 绝缘电阻测试

用 500 V 兆欧表测试下列绝缘电阻（继电器处于释放状态）：线圈间绝缘电阻、线圈与型别盖间绝缘电阻、线圈与接点间绝缘电阻、各接点间绝缘电阻。

3. 释放值测试

将线圈接入正向电压或电流，逐渐升高至充磁值，然后逐渐降低至全部前接点断开时的最大电压或电流值即为释放值。

按图 1-5-1、图 1-5-2 所示接线，合上开关、调变阻器，使继电器端电压升至工作值的 4 倍，然后逐渐降低电源电压，当全部前接点与动接点断开的瞬间测得的电压或电流值即为释放值（以表示灯为准）。

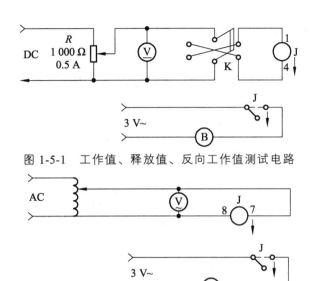

图 1-5-1　工作值、释放值、反向工作值测试电路

图 1-5-2　JZXC-480 工作值、释放值测试电路

4 倍的继电器工作值也称为充磁值，JWXC-1700 型为 67 V，JWXC-H340 为 46 V，JZXC-480 型为 37 V。

4. 工作值测试

当测试释放值后，继续降低电源电压至零，切断电路 1 s，再闭合电路，逐渐升高电压，当继电器衔铁止片与铁心密贴及全部接点闭合时达到规定压力所测得的电压或电流值即为工作值。

5. 反向工作值测试

在测试工作值后继续升高电压至充磁值，然后将电压将至零，切断电路 1 s，改变电源极性并逐步升高电压，当继电器衔铁止片与铁心密贴及全部前接点闭合，并满足规定接点压力时测得的最小电压或电流值即为反向工作值。

6. 转极值测试

按图 1-5-3 所示接线，合上开关并逐步升高电压至充磁值，然后逐渐降低至零，切断电路 1 s，将开关合至另一侧改变电源极性，逐渐升高电压，衔铁吸起，全部接点闭合，此时测得的电压值即为转极值。

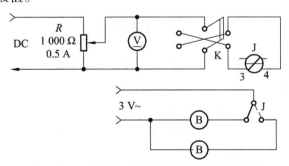

图 1-5-3　JYJXC-135/220 转极值测试电路

7. 缓吸、缓放时间测试

按图 1-5-4 所示接线，将电秒表扳至连续性位置，将双刀开关闭合，调整变阻器将电压调至额定值，电秒表开始计时，继电器吸起，至后接点断开，电秒表所计时间即为缓吸时间。

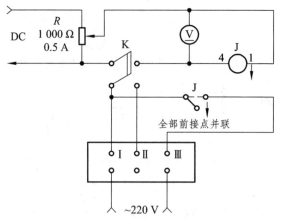

图 1-5-4　缓吸时间测试电路

按图 1-5-5 所示电路接线，将电秒表扳至连续性位置，将双刀开关闭合，调整变阻器将电压调至额定值，使继电器吸起，然后断开电路，至前接点断开，电秒表所计时间即为缓放时间。

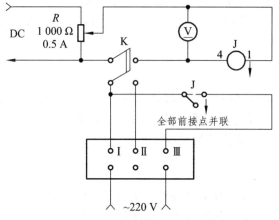

图 1-5-5　缓放时间测试电路

复习思考题

1. 请简述继电器的基本原理。继电器在铁路信号中有哪些作用？
2. 信号继电器如何分类？
3. 识读表 1-2-1 中的安全型继电器型号。
4. 安全型继电器的插座编号、鉴别销和型别盖有什么作用？请举例说明。
5. 安全型继电器有哪些特点？

6. 简述无极继电器的结构和工作原理。

7. 无极加强继电器结构上有何特点？JWJXC-125/0.44 用在什么电路中？

8. 整流式继电器在结构上有哪些特点？其与无极继电器有何异同？共有几种型号？用在什么电路中？

9. 有极继电器的磁路结构有何特点？请简述其工作原理。JYJXC-135/220 用在什么电路中？

10. 偏极继电器的磁路结构有何特点？都用在什么电路中？请简述其工作原理。

11. 单闭磁继电器的磁路结构有何特点？请简述其工作原理。

12. 安全型继电器的电气特性主要包括哪些？各有什么含义？

13. 如何改变安全型继电器的时间特性？

14. 安全型继电器的机械特性和牵引特性应如何配合？

15. 安全型继电器接点采用什么材料？为什么采用这些材料？安全型继电器的接点有哪些接触形式？

16. 如何灭接点火花？如何灭弧？

17. 请简述时间继电器的结构。它们是如何获得延时的？

18. 电源屏用交流继电器在结构上有什么特点？请简述其工作原理。

19. 灯丝转换继电器有何特点？

20. 交流二元继电器结构有何特点？用于何处？它如何具有相位选择性和频率选择性？

21. 动态继电器结构上有什么特点？何为动态特性？

22. JWXC-H310 型继电器有何特点？用于何处？

23. 总结各类继电器的异同。

24. 识读各种继电器的名称和图形符号。

25. 继电器线圈有哪些使用方法？各用于何种场合。

26. 何谓自闭电路？有何作用？

27. 继电电路如何进行断线防护？何谓闭路式原理？

28. 继电电路如何进行混线防护？

29. 继电器测试包含哪些内容？

项目二　信号机与信号表示器

为指示列车运行及调车作业的命令，铁路必须根据需要设置各种信号机和信号表示器，用来形成信号显示，指示运行条件。信号显示方式及其使用方法必须严格按《铁路技术管理规程》（以下简称《技规》执行）。通过本项目学习，能识读各类信号机的结构图，理解信号机的种类、设置；理解信号显示意义；掌握信号机的工作原理，并能按要求进行信号机及信号表示器的日常维护工作。

任务一　铁路信号认知

一、铁路信号含义

铁路信号有广义和狭义两种含义。

广义的铁路信号是铁路运输系统中，保证行车安全、提高区间和车站通过能力以及编解能力的手动控制、自动控制及远程控制技术的总称，它包括车站信号、区间信号、机车信号、道口信号、驼峰信号等。

狭义的铁路信号是在行车、调车工作中，对行车有关人员指示运行条件而规定的物理特征符号，即命令。本书主要介绍的是狭义铁路信号。

目前我国铁路信号系统普遍采用的是色灯信号机，包括广泛使用的透镜式色灯信号机、组合式色灯信号机和 LED 色灯信号机。

铁路信号分为听觉信号和视觉信号。

听觉信号：是以不同器具发出的由强度、频率和长短时间等表达的声音信号，如用号角、口笛、响墩等发出的声响及机车、轨道车鸣笛等发出的信号，都是听觉信号。

视觉信号：是以颜色、形状、位置、显示数目、灯光及状态等表达的信号，如用信号机、信号旗、信号灯、信号牌、信号表示器、信号标志及火炬等显示的信号都是视觉信号。

视觉信号按信号机是否可以移动分为手信号、移动信号和固定信号。

（1）手信号包括手持信号旗、信号灯（基本不再使用）。

（2）移动信号是在地面上临时设置的可以移动的信号牌，如防护线路施工地点临时设置的方形红牌、圆形黄牌等。

（3）固定信号（常用）是为防护一定目标常设于固定地点的信号，

资源 2-1　各类信号示意图

如设于地面的信号机和信号表示器等。在机车司机室内设置指示列车运行前方条件的机车信号，它对于机车是固定的，也属于固定信号。

铁路电务部门负责维护的信号只是固定信号，包括地面固定信号和机车固定信号。平时说的信号一般专指固定信号。

二、铁路信号及基本颜色的意义

我国铁路按照运营要求，采用以下基本信号：

（1）要求停车的信号。

（2）要求注意或减速运行的信号。

（3）准许按规定速度运行的信号。

要求停车的信号叫作禁止信号或停车信号，要求注意或减速运行的信号以及准许按规定速度运行的信号，都叫作进行信号。

我国铁路《技规》对视觉信号的基本颜色意义规定如下：

红色——要求停车

黄色——要求注意或减低速度

绿色——准许按规定速度运行

信号机上同时点亮的基本灯光，原则上不超过两个（附加灯光除外，如进路表示器）。此外还有辅助颜色：

月白色——作为调车信号时，准许越过调车信号机；作为引导信号时（和一个红灯同时点亮）准许列车在该信号机前方不停车，以不超过 20 km/h 速度进站或通过接车进路，并准备随时停车。

蓝色——作为调车信号时（对列车无效），禁止越过调车信号机；作为容许信号时，准许列车在该信号机显示一个红灯或红灯灭灯的情况下不停车，以不超过 20 km/h 速度通过，运行至次一架通过信号机，并随时准备停车。

三、固定信号的分类

（一）按设置部位分类

按设置部位分类，固定信号可分为地面信号和机车信号。

地面信号是设于车站或区间固定地点的信号机或信号表示器，用来防护站内进路或区间闭塞分区及道口。

机车信号设于机车驾驶室内，接收钢轨（或环线）中传输的机车信号信息，给出相应的机车信号显示。

（二）按色灯信号机构造分类

按色灯信号机构造分类，固定信号可分为透镜式、组合式和 LED 式。

色灯信号机是用灯光的颜色、数目及亮灯状态表示信号含义的信号机。色灯信号机具有昼夜显示一致、易于辨认、控制简便、受环境气候影响小、安全稳定和便于维修等优点。透镜式色灯信号机利用透镜组将光源发出的光线聚成平行光束进行显示。

组合式色灯信号机是为克服透镜式色灯信号机的缺点而研制的新型信号机构，能保证信号在线路曲线段上的连续性显示，其信号机构采用组合形式，一个灯位为一个独立显示单元，配一种颜色，使用时根据需要进行组合，故称组合式色灯信号机。

LED 色灯信号机用发光二极管取代白炽灯泡和透镜组，其采用铝合金机构组合而成，其显示距离远、寿命长、安全可靠，是节能、免维护的新型信号机。

（三）按用途分类

按用途分类，固定信号可分为信号机和信号表示器两大类。

信号机是表达固定信号显示所用的机具，用来防护站内进路、区间、危险地点，具有严格的防护意义。信号机按用途可分为进站、出站、通过、进路、预告、复示、遮断和调车等信号机，另有设于铁路平交道口的道口信号机。

信号表示器是对行车人员传达行车或调车意图或对信号进行某些补充说明所用的器具，没有防护意义。信号表示器按用途可分为发车、进路、发车线路、道岔、脱轨、调车及车挡等表示器。

（四）按地位分类

按地位分类，固定信号可分为主体信号机和从属信号机。

主体信号机是能独立地显示信号、指示列车或调车运行条件的信号机，如进站、出站、进路、通过、调车信号机等。

从属信号机是指本身不能独立存在，只能附属于某种信号机的信号机，如预告信号机、复示信号机等。预告信号机从属于进站信号机、所间区间的通过信号机、遮断信号机；复示信号机从属于进站、进路、出站、调车等信号机。

（五）按停车信号的意义分类

按停车信号的意义分类，固定信号分为绝对信号和非绝对信号。

绝对信号是指当显示停止运行的信号时，列车、调车必须无条件遵守的信号显示。所有站内信号机的显示均属绝对信号。

非绝对信号是指列车在列车信号机显示红色灯光、显示不明或灯光熄灭时允许列车限速通过并准备随时能够停车的信号，如自动闭塞区间的通过信号机。《技规》规定：通过信号机显示停车信号（包括显示不明或灯光熄灭或显示不正确）时，列车必须在该信号机前停车，司机应使用列车无线调度电话通知运转车长，通知不到时，鸣笛一长声，停车等候2 min，该信号机仍未显示进行信号时，即以遇到阻碍能随时停车的速度继续运行，最高速度不超过 20 km/h，运行到次一架通过信号机，按其显示的要求运行。

（六）按安装方式分类

按安装方式分类，固定信号可分为高柱信号机、矮型信号机、信号托架和信号桥。

高柱信号机是指一般用于显示距离要求较远的信号机，安装在信号机柱上。高柱信号机具有显示距离远、观察位置明确等优点。因此，为保证安全，提高效率，进站、正线出站、接车进路、通过、遮断、预告等信号机必须采用高柱信号机。

矮型信号机设于位于建筑限界下部外侧的信号基础上，一般用于显示距离要求不远的信号机。因高柱信号机的设置受建筑限界的限制，另考虑信号机的设置不应影响到发线有效长，站线出站信号机、发车进路信号机和一般情况下的调车信号机等采用矮型信号机。

设于特殊地形和特殊条件下的信号机，其中包括进站信号机，经铁路局批准，亦可采用矮型信号机；设于桥隧的预告信号机、通过信号机、高架线路上的进站信号机、双线双向自动闭塞区段的反方向进站信号机亦可采用矮型信号机。

因受限界限制，不能安装信号机柱时，则以信号桥或信号托架代替，信号桥为桥型结构建筑物，信号托架为托臂形状结构建筑物，信号托架和信号桥如图 2-1-1 所示。

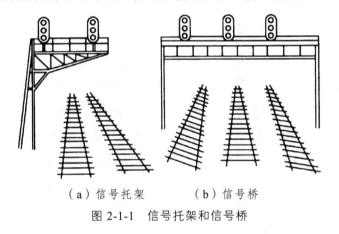

（a）信号托架　　　（b）信号桥

图 2-1-1　信号托架和信号桥

任务二　认识铁路信号机

色灯信号机以其灯光的颜色、数目和亮灯状态来表示信号。我国铁路主要采用的是透镜式色灯信号机，因其采用透镜组将光源发出的光线汇聚成平行光束，故称为透镜式。其结构简单、安装方便，控制电路所需电缆芯线少，得到了广泛采用。组合式色灯信号机则是为提高信号在曲线上的连续性和显示距离而研制的新型信号机，适用于瞭望困难的线路。LED 色灯信号机用发光二极管取代白炽灯泡和透镜组，是一种节能、免维护的新型信号机。

一、透镜式色灯信号机

（一）透镜式色灯信号机有高柱和矮型两种类型

1. 高柱信号机

高柱信号机安装在钢筋混凝土信号机柱上，由机柱、机构、托架、梯子组成。机柱用于安装机构和梯子；机构的每个灯位配有相应的透镜组和单独点亮的灯泡，给出信号显示；托架用来将机构固定在机柱上，每一机构需要上、下托架各一个；梯子用于给信号维修人员攀登和作业使用。

资源 2-2 信号机结构

2. 矮型信号机

矮型信号机用螺栓固定在信号机水泥基础上，没有托架，更不需要梯子。

高柱和矮型透镜式色灯信号机又各有单机构和双机构之分。单机构信号机只有一个机构，可构成单显示、双显示、三显示，图 2-2-1 所示即为单机构三显示信号机。双机构信号机可构成四显示、五显示，图 2-2-2 所示即为双机构五显示信号机。

各种信号机根据需要还可以分别带引导信号机构，许信号机构、和进路表示器。

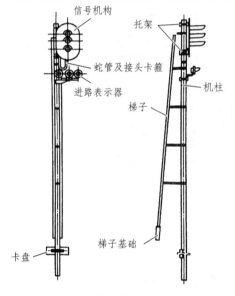

图 2-2-1 高柱透镜式色灯信号机

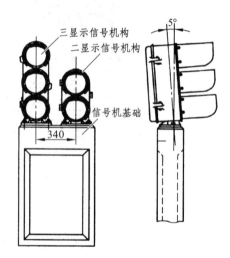

图 2-2-2 矮型透镜式色灯信号机

（二）透镜式色灯信号机的机构

1. 灯位的组成

每个灯位由下列部件组成（见图 2-2-3）：

灯泡——色灯信号机的光源，采用直丝双丝铁路信号灯泡。

灯座——用来安放灯泡，采用定焦盘式灯座，调整好透镜组焦点后固定灯座，更换灯泡时无须再调整。

透镜组——透镜组装在镜架框上，由两块带棱的凸透镜组成（内透镜和外透镜），里面是有色带棱外凸透镜（有红、黄、绿、蓝、月白，无色六种颜色），外面是无色带棱内凸透镜。信号机构的显示颜色取决于有色透镜，可根据需要选用。之所以采用两块透镜组成光学系统，是利用光的反射和折射原理，将光源发出的光线集中射向所需要的地方，即增加该方向的光强。这样设置就能满足显示距离远且具有很好的方向性的要求。之所以采用带菱形（梯形）透镜，是因为它比不带棱的透镜轻且光学效果好。

遮檐——用来防止阳光等光线直射产生错误的幻影显示。

背板——为黑色，构成较暗背景，衬托信号灯光亮度，改善瞭望条件。只有高柱信号机才有背板，一般采用圆形背板。各种复示信号机、遮断信号机、预告信号机、容许信号机采用方形背板，以示区别。

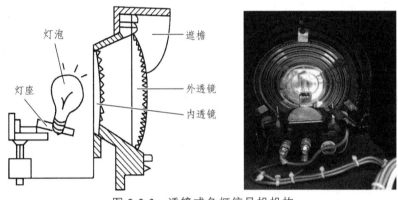

图 2-2-3　透镜式色灯信号机机构

2. 透镜式色灯信号机构的分类

透镜式色灯信号机构分为高柱、矮型两大类。高柱、矮型信号机构按结构又分为二显示、三显示两种。二显示机构有两个灯室，三显示机构有三个灯室。每个灯室内有一组透镜、一副灯座和灯泡及遮檐。灯室间用隔板分开，以防止相互串光，保证信号的正确显示。背板是一个机构共用的。各种信号机可根据信号显示的需要选用机构，再按灯光配列

资源 2-3　透镜式色灯
信号机示意图

对信号灯位颜色的规定安装各灯座的有色内透镜。另有单显示的复示信号机构、灯列式进站复示信号机构、遮断信号及其预告信号机构及引导信号机构和容许信号机构。各种透镜式色灯信号机构及主要参数如表 2-2-1 所示。

透镜式色灯信号机构的型号含义如图 2-2-4 所示。

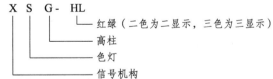

A—矮型；B—表示；F—复式、发车；J—进路；Y—引导；

HL—红绿（H：红色　L：绿色　U：黄色　B：白色　A：蓝色）

图 2-2-4　透镜式色灯信号机构的型号含义

表 2-2-1 透镜式色灯信号机构及主要参数

序号	1	2	3
型式尺寸	XSG-XX	XSG-XXX	XSA-XXX
图号	X0121-00-00	X0122-00-00	X0123-00-00
名称	色灯信号机构	色灯信号机构	色灯信号机构
规格	高柱二显示，色别根据需要	高柱三显示，色别根据需要	矮型二显示，色别根据需要
序号	4	5	6
型式尺寸	XSA-XÕX	XSY	XSR
图号	X0124-00-00	X0125-00-00	X0126-00-00
名称	色灯信号机构	引导信号机构	容许信号机构
规格	矮型三显示，色别根据需要	月白色	蓝色
序号	7	8	9
型式尺寸	XSZ-Õ	XSFA	BXF
图号	X0127-00-00	X0128-00-00	X0130-00-00
名称	遮断及复示信号机构	矮型复示信号机构	发车线路表示器
规格	绿色（复示用）红色（遮断用）	绿色	月白色
序号	10	11	12
型式尺寸	BJG-3	BJG-2	BJA-3

续表

图号	X0131-00-00	X0132-00-00	X0133-00-00
名称	进路表示器	进路表示器	进路表示器
规格	高柱三灯无色	高柱二灯无色	矮型三灯无色
序号	13	14	15
型式尺寸	BJA-2 380 φ100	BFP 300 φ100	φ33 185
图号	X0134-00-00	X0135-00-00	X0136-00-00
名称	进路表示器	棚下发车表示器	发车表示器按钮
规格	矮型二灯无色	无色	柱式无色
序号	16	17	
型式尺寸	φ33 185	XSF1 φ163 800 800	
图号	X0137-00-00		
名称	发车表示器按钮	进站复示信号机构	
规格	挂式无色	灯列式	

注：表中尺寸为毫米（mm），不包括托臂和遮檐。

（三）透镜式色灯信号机的光系统

1. 透镜成像原理

透镜式色灯信号机所使用的是凸透镜，其中心厚、边缘薄。根据透镜成像原理，物体在凸透镜前的不同位置，通过透镜的折射作用，在其另一侧会得到物体不同的像。如果光源在焦点上，根据光的可逆性原理，经透镜折射后，就会成为平行光，成像在无穷远处。

2. 球面像差

如图 2-2-5 所示，阳光射到凸透镜上，经透镜折射汇聚于焦点。但是严格地说，由于入射光进入透镜球面的入射角不同，距光轴远一些的入射光入射角较大，如 AB；距光轴近些的入射光入射角较小，如 CD。它们折射后的光线并不都聚于一点。实际情况是，距光轴远些的入射光在距透镜较近的地方与光轴相交（如图中的 F_1，称为远轴焦点），距光轴近些的入射光在距透镜较远的地方与光轴相交（如图中的 F_2，称为近轴焦点）。由 F1 到透镜的距离称为远轴焦距 f_1；由 F_2 到透镜的距离称为近轴焦距 f_2。近轴焦距与远轴焦距之差 $\Delta f = f_2 - f_1$，就称为球面像差（或更确认地说，为透镜的纵向球面像差）。

对于直径相同的透镜，球面像差的大小决定于它的厚度和曲率半径。透镜越厚，曲率半径越小，则球面像差越大。凸透镜几乎都存在着球面像差，只是大小不同而已。

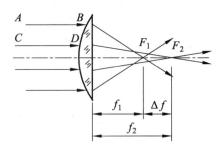

图 2-2-5　透镜的球面像差

3．球面像差与信号显示

图 2-2-6 表示光源在不同位置透镜的聚光情况，借此可以分析球面像差对信号显示的影响。

如图 2-2-6（a）所示，光源 S 在远轴焦点上，根据光的可逆性原理，从透镜边缘射出的、离光轴较远的光是平行的。但对于近轴焦点来说，S 在近轴焦距内，所以从透镜中心射出的、接近光轴的光是发散的。如果将这样的光投射到白幕上，看起来中心暗、外围亮，由于它的最强处不在光轴上，这样的光束不符合信号显示的要求。

如图 2-2-6（b）所示，光源 S 在近轴焦点上，根据光的可逆性原理，从透镜中心部分射出的光是平行的。但对于远轴焦点来说，S 在远轴焦距之外，所以从透镜边缘射出的、离光轴较远的光是汇聚的。如果将这样的光束投射到白幕上，看起来中心很亮，但亮圈范围小，也不符合信号显示的要求。

如图 2-2-6（c）所示，光源在远、近轴焦点之间。一方面，对于远轴焦点，S 在远轴焦距以外，所以从透镜边缘射出的光是汇聚的；另一方面，对于近轴焦点，S 在近轴焦距以内，所以从透镜中心部分射出的光是发散的。如果将这样的光束投射到白幕上，看起来中心是一个比较亮而大的范围，而且从中心到亮圈的最边缘，明暗的变化比较均匀，即显示远而广，符合铁路信号的要求。

实际上，信号光源并非点光源，有着一定的体积。如果光源的发光中心正处于图 2-2-6（c）所示位置，则上述三种情况都会出现。它不能使平行光汇聚成一点，而是汇聚成一个焦散圆。

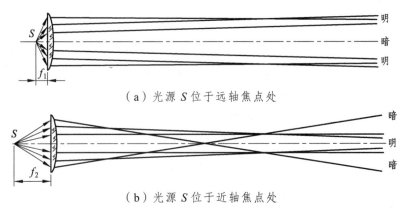

（a）光源 S 位于远轴焦点处

（b）光源 S 位于近轴焦点处

（c）光源 S 位于远轴焦点与近轴焦点之间

图 2-2-6　光源在不同位置透镜的聚光情况

4. 透镜式色灯信号机的光学系统

1）光学系统的增强率

如果直接采用向周围空间以相同光强发射光线的光源，那样光不集中，大部分光线被散射掉，还会造成其他方向误认信号，因为铁路信号显示要求远且具有方向性，还要显示角度较小，所以该光源不适用于铁路信号。为此，必须选用适当的光系统，利用光的折射和反射原理，将光源发出的光线集中射向所需要的方向，以增加所需要方向上的光强。

光线增强的倍数叫作增强率 K_Z，是指射出的信号光束以平均球面光强 I_2 与光源射入的平均球面光强 I_1 之比。

采用光学系统的目的，就是要把光源散射的光集中到所需要的方向上去，使增强率大于 1，提高光的利用率。

如果没有光学系统，信号灯泡的光向四面八方辐射，只能将很小的张角的光束射向所需方向，大部分光不能被利用，显示范围大、距离近、效果差。

2）透镜组组成的光学系统

如果在信号灯上加装一透镜，光经过透镜折射后可集中到所需要的方向上去，比不加透镜光的利用率高得多，光束比较集中，显示距离较远。理论分析和实践应用证明，用两块透镜组成的光学系统的增强率比单透镜系统更大，所以色灯信号机一般采用了透镜组。图 2-2-7 所示为透镜式色灯信号机组成的光学系统。

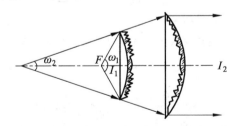

图 2-2-7　透镜式色灯信号机光学系统示意图

图 2-2-7 中 ω_1 称为光学系统的含角，ω_2 称为散角。

要提高光学系统的增强率，必须加大光学系统的含角和减小它的散角，以及增大透过系数。这些与信号机构、透镜等部件的大小和生产加工工艺等因素有关，需整体考虑。例如，片面追求加大含角而减小透镜球面的曲率半径会增大球面像差，反而得不到所要求的结果。

从另一个的角度来考虑，要得到较大的增强率，必须加大透镜的孔径，缩小光源的直径，以及增大透过系数。所以，铁路信号光学系统中外透镜的孔径较大，而光源的发光体较小而集中，呈"点"光源。当然，透镜的孔径也不宜太大，否则信号机构过于笨重，且不经济。

3）内梯透镜和外梯透镜

透镜式色灯信号机的信号透镜主要有三类：ϕ139 外梯有色透镜（分别有红、黄、绿、蓝、月白、无色六种颜色）ϕ163 内梯无色透镜和 ϕ212 内梯无色透镜，如图 2-2-8 所示。

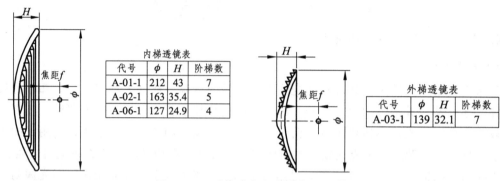

内梯透镜表

代号	ϕ	H	阶梯数
A-01-1	212	43	7
A-02-1	163	35.4	5
A-06-1	127	24.9	4

外梯透镜表

代号	ϕ	H	阶梯数
A-03-1	139	32.1	7

图 2-2-8　透镜式色灯信号机用透镜

其中，ϕ139 与 ϕ212 组合，用于高柱信号机；ϕ139 与 ϕ163 组合，用于矮型信号机。ϕ139 外梯有色透镜是通用的，以减少品种。高柱信号机和矮型信号机的光学系统分别如图 2-2-9 和图 2-2-10 所示。

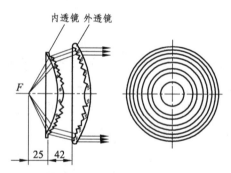

图 2-2-9　高柱透镜式色灯信号机的光学系统（单位：mm）

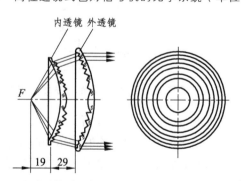

图 2-2-10　矮型透镜式色灯信号机的光学系统（单位：mm）

信号光学系统之所以采用梯形（带棱）透镜，是因为带棱透镜比不带棱的整块凸透镜重量轻，而且球面像差小。

ϕ139 外梯有色透镜有 7 个棱，ϕ163 内梯无色透镜只有 5 个棱，ϕ139 的第 6、7 两个棱在矮型色灯信号机的光学系统里就没有多大作用，其余 5 个棱与 ϕ163 的 5 个棱一一对应。

透镜式色灯信号机的主要优点是结构简单、维修容易、昼夜显示一致、使用方便，从而应用广泛。但是其存在着一些缺点，如光源照向阶梯（棱）的侧面光被损失掉，形成暗圈，光通量未得到充分利用。更突出的是，在阳光等的直接照射下会形成不该亮的灯位，还会呈现出色光的幻觉，干扰对信号显示的辨认，为此将背板涂成黑色，以减小背板的反射，并且每一凸透镜组都带遮檐。

二、组合式色灯信号机

组合式色灯信号机是为提高在曲线上的显示距离而研制的新型信号机，如图 2-2-11 所示。

XS 型透镜式色灯信号机构的光系统射出的平行光线，两侧分别只有 2° 的散角，覆盖面很窄，在曲线线段上只能在局部范围内能看到，即使加了偏光镜也很难在整个曲线范围内得到连续显示。为解决曲线区段信号显示连续性的问题，我国在 20 世纪 80 年代从德国引进 V136 型信号机构，并据此研制了适合我国铁路需要的新型组合式信号机构，是信号机比较理想的更新换代产品。

组合式色灯信号机适用于瞭望困难的线路，适用于曲线半径 300～20 000 m 的各种曲线和直线轨道，在距信号机 5～1 000 m 距离内能得到连续信号显示。该信号机光系统设计合理，光能利用率高，显示距离远，主光源显示距离可达 1 000 m，如不加偏散镜可达 1 500 m，曲线折射性能强，偏散角度大，可见光分布均匀，能见度高，有利于司机瞭望。

图 2-2-11 组合式色灯信号机

组合式信号机每个机构只有一个灯室，使用时根据信号显示要求分别组装成二显示、三显示及单显示机构，故称为组合式。灯室间无窜光的可能。

（一）组合式色灯信号机种类

组合式信号机构按非球面透镜的直径分为 XSZ-135 型、XSZ-150 型和 XSZ-200 型，其中应用最早、最多的是 XSZ-135 型。按使用不同的偏散镜，分为 1 型、2 型、3 型、4 型四种类型。

（二）组合式色灯信号机结构

组合式信号机构由光系统、机构壳体、遮檐、瞄准镜插孔四部分组成，如图 2-2-12 所示。

资源 2-4 组合式色灯
信号机示意图

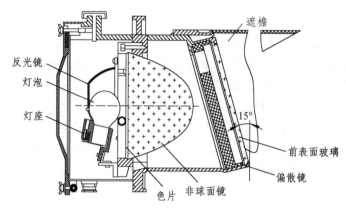

图 2-2-12　XSZ-135 型组合式信号机构

1. 光系统

组合式信号机机构的光系统由反光镜、灯泡、灯座、色片、非球面镜、偏散镜、前表面玻璃及遮檐组成。

（1）反光镜是椭球面镜，用来将光源发出的光反射后聚焦起来。

（2）灯泡采用 TX12-30/12-30 信号直丝灯泡。

（3）机构内可装红、黄、绿、蓝、月白五种色片，用户可根据需要配备颜色。

（4）非球面镜用于聚光，XSZ-135 型的非球面镜直径为 135 mm，焦距为 30 mm，采用 k9 光学玻璃经研磨加工而成。它通光孔径大、焦距短、球面像差小、光能利用率高。

（5）偏散镜全称偏散透镜，由多个棱镜及曲面镜组成，是使部分光线按所需方向偏散一定角度的光学元件，用光学性能极好的聚甲基丙烯酸甲酯（俗称有机玻璃）制造，精确度高，透光性能好，性能较稳定。偏散镜设计成 4 种型号，分别为 1 型、2 型、3 型、4 型，如图 2-2-13 所示。每种偏散镜均分为 A 面和 B 面，双面使用。

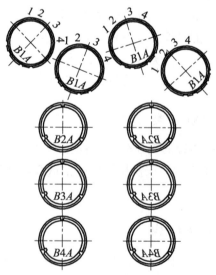

图 2-2-13　偏散镜

其中，1 型偏散镜可根据定位槽旋转 4 个角度位置，其余 3 种不能转动，只有一个合适的工作位置,由定位槽准确定位。各种偏散镜的不同位置及其 A 面和 B 面分别适用于不同的曲线范围,如表 2-2-2 所示。使用时应根据线路曲线半径范围正确选用偏散镜。偏散镜还可增强部分近距离能见度,使得在距信号机 5 m 处时也能看到信号显示。

(6)前表面玻璃。为了防止信号机因反光造成信号误认,信号机的前表面玻璃罩设计成向后倾斜 15°,当外界光直射信号机时,可以将反射光反射到机构上方的遮檐上而被散射或吸收,从而杜绝了由于反光造成误认信号的现象。

表 2-2-2　偏散镜适用范围

型号	偏散镜位置	适用范围及偏散方向	型号	偏散镜位置	适用范围及偏散方向
1	A1	R=5 000 m 右 ~ R=20 000 m 左	1	B4	R=2 500 m 右 ~ R=1 500 m 右
1	A2	R=20 000 m 左 ~ R=5 000 m 左	2	A	R=5 000 m 右 ~ R=2 000 m 右
1	A3	R=5 000 m 左 ~ R=2 500 m 左	2	B	R=8 000 m 右 ~ R=1 100 m 右
1	A4	R=2 500 m 左 ~ R=1 250 m 左	3	A	R=2 000 m 右 ~ R=700 m 右
1	B1	R=5 000 m 右 ~ R=8 000 m 左	3	B	R=1 250 m 右 ~ R=500 m 右
1	B2	R=∞ ~ R=4 000 m 右	4	A	R=2 500 m 右 ~ R=300 m 右
1	B3	R=5 000 m 右 ~ R=2 500 m 右	4	B	R=2 000 m 右 ~ R=300 m 左

2. 机构壳体

机构的外壳用硅铝合金压铸而成,内外表面均涂无光黑漆,可防止光反射。其结构合理,密封性能好,且体积小,质量小,每个机构包括遮檐约 7 kg,便于携带安装。

3. 遮 　 檐

机构的遮檐采用玻璃纤维增强不饱和聚酯(俗称玻璃钢)制造。重量轻,耐腐蚀性能好,强度高。其几何形状设计成既能遮挡阳光,又能满足偏散光显示的需要。

4. 瞄准镜插孔

信号机构右下方有一个瞄准镜插孔,供调整信号机显示方向时使用。在现场调整信号机时,将专用的 8 倍瞄准镜插入瞄孔内,调整信号机构的转向机构,在瞄准镜中能很容易地找到信号机前面信号显示需要达到的最远目标点。因瞄准镜孔中心与信号机构的主光轴是相互平行的,所以瞄准镜中找到的目标点也就是信号机主光轴能照射到的地方,从而加快了信号机的调整速度。

(三)组合式色灯信号机的光学原理

组合式信号机构的光学原理如图 2-2-14 所示。由光源(信号灯泡)发出的光,通过滤色片变成色光,经过非球面透镜将散射的色光会聚成平行光,再经过偏散镜进行折射偏散,将其中的一部光保持原方向射出,称为主光;另一部分光按偏散镜的偏散角度射出,称为偏光。主光主要用于远距离显示,光强较高;偏光主要用于曲线部分。随着列车的运行并逐渐接近信号机，对于光强的需要也逐渐减弱，所以偏光的光强也随着偏散角度加大相应地逐渐减弱，从而充分有效地利用了光源，使得在曲线上各个位置看到的信号灯光亮度均匀一致。

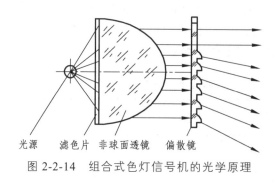

光源　　滤色片　非球面透镜　偏散镜

图 2-2-14　组合式色灯信号机的光学原理

资源 2-5　组合式色灯
信号机机构——光系统

三、信号光源

色灯信号机采用铁路直丝信号灯泡，配套定焦盘式灯座、点灯变压器和灯丝转换继电器。

（一）信号灯泡和灯座

1. 直丝信号灯泡

信号灯泡是色灯信号机和信号表示器的光源，如图 2-2-15 所示。目前，铁路均采用直丝信号灯泡，其灯丝为双螺旋直丝，一般为双灯丝，其中一个称为主灯丝，另一个称为副灯丝。当主灯丝断丝时，用切换机构以副灯丝替代主灯丝，从而减少灭灯的机会。目前，透镜式色灯信号机用的直丝信号灯泡为 $TX\frac{12\text{-}25}{12\text{-}25}A$ 型普通圆形白炽灯泡和 $TX\frac{12\text{-}25}{12\text{-}25}B$ 型卤钨直柱式灯泡。T 表示铁路，X 表示信号，$\frac{12\text{-}25}{12\text{-}25}$ 表示双丝灯泡，均为 12 V、25 W。

图 2-2-15　铁路信号灯泡

主、副灯丝呈直线状且平行，主灯丝在下，其轴心线与灯头的中心线相垂直；副灯丝在上，其轴心线距离主灯丝轴心线为（2.5±0.5）mm。主灯丝在前，副灯丝在后，间距为 2.5 mm，以防止挡住主灯丝的光，主灯丝在下可避免主灯丝断丝时，灯丝落下碰到副灯丝，影响副灯丝正常工作，有利于安全使用。

XSZ-135 型组合式色灯信号机用的直丝灯泡为 $TX\frac{12-30}{12-30}$，其功率和光通量比 $TX\frac{12-25}{12-25}A$ 大且玻璃壳内充满氪气或氙气。$TX\frac{12-25}{12-25}$ 型与 $TX\frac{12-30}{12-30}$ 型灯泡如图 2-2-16、图 2-2-17 所示。

资源 2–6 铁路信号灯泡实物图

为保证信号灯泡的质量，在使用前必须对信号灯泡进行检验和点灯试验。检验信号灯泡时应看灯泡外观，并用必要的量具和器具检查灯泡，其均应符合灯泡的技术标准。

点灯试验必须在额定电压和额定功率条件下进行，主灯丝经过 2 h、副灯丝经过 1 h 的试验，质量良好方准使用。发现主、副灯丝同时点亮，或其中一根灯丝断丝、灯泡漏气、冒白烟、内部变黑、灯口歪斜、活动或焊口假焊等任一情况时，灯泡均不允许使用。

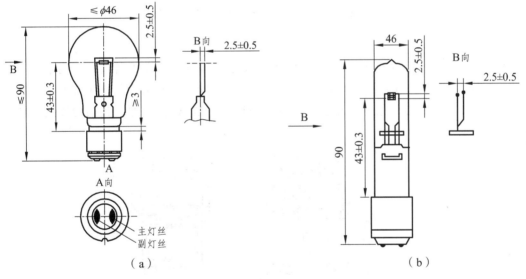

图 2-2-16　$TX\frac{12-25}{12-25}$ 型信号灯泡（单位：mm）

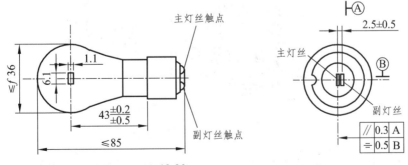

图 2-2-17　$TX\frac{12-30}{12-30}$ 型信号灯泡（单位：mm）

2. 定焦盘式铁路信号灯座

与直丝信号灯泡配套的是定焦盘式铁路信号灯座。定焦盘灯座三个方向（上下、左右、前后）可调，能够调整光源位置，使主灯丝位于透镜组的焦点上，获得最佳显示效果。定焦盘灯座具有以下特点：

（1）灯泡和灯座为平面接触，可以基本上保证光中心高度的一致性。

（2）灯头冲压成翻边结构，一般不会变形，从而提高了灯泡和灯座的配合精度。

（3）防止电接触片受过压造成变形或弹力减小，从而避免电接触片与灯泡的接触不良或发热、熔化等故障。

（4）灯座与灯泡的连接处，用内六方螺丝固定，灯口不易移位。

（5）更换灯泡时，一般不用重新调整显示，信号显示比较稳定。

因此，定焦盘灯座对提高信号显示的稳定性和减少维修工作量起着积极作用。

（二）信号点灯和灯丝转换装置

信号点灯和灯丝转换装置一般由信号变压器和灯丝转换继电器，以及将点灯和灯丝转换结合为一体的多功能信号点灯装置和DDXL-34型点灯单元组成。

1. 信号变压器

信号变压器用于色灯信号机的点灯电源，设于信号机处的变压器箱内，用来将 220 V 交流电降压为 12 V。目前使用的信号变压器有 BX-40 型、BX-30 型、BX_1-30 型、BX_1-34 型、BYD-60 型远程点灯信号变压器，其中使用最多的是 BX_1-34 型，其结构和接线图如图 2-2-18 所示。

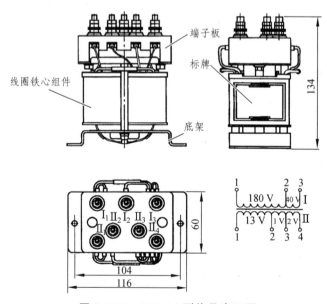

图 2-2-18　BX_1-34 型信号变压器

BX_1-34 型信号变压器的容量为 34 V·A；一次线圈额定电压为 180 V（I_1-I_2）或 220 V

（I_1-I_3），空载电流为 0.011 A，二次线圈额定电压为 13 ～ 16 V（II_1-II_2 为 13 V，II_1-II_3 为 14 V，II_1-II_4 为 16 V），空载电流为 2.1 A。

2. 多功能信号点灯装置

多功能信号点灯装置用于信号点灯电路，把信号灯泡的点灯和灯丝转换结合成一体，以取代信号变压器和灯丝转换继电器。目前常使用的有 XDZ-B 型多功能信号点灯装置、DZD 和 ZXD 多功能智能点灯单元等多种，现以 XDZ-B 型多功能信号点灯装置为例予以介绍。

XDZ-B 型多功能信号点灯装置的型号及含义如图 2-2-19 所示。

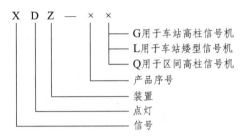

图 2-2-19　XDZ-B 型多功能信号点灯装置的型号及含义

1）功能和特点

（1）点灯装置是点灯与灯丝转换结合在一起的一体化结构，配线简单，施工方便。

（2）采用插入式安装方式，便于检修和更换，并且不需要现场调整。

（3）采用新型高集成化开关稳压电源作为点灯电源，其优点有体积小、质量小、稳压范围宽，还考虑了电源初次级之间的隔离，确保其安全。

（4）电路具有软启动性能。当主灯丝或副灯丝刚点亮时，冷丝冲击电流限制在 6 A 以下，从而大大延长了灯丝的寿命。

（5）具有主、副灯丝断丝告警接口，点灯装置增设了副丝断丝监测，当主灯丝完好而副丝断丝时，点灯装置亦能发出告警。

（6）增设了防浪涌的保护功能。

2）电路原理

XDZ-B 型点灯装置电路原理如图 2-2-20 所示。来自信号楼的电源由输入端子 1、2 进入变压器后分为两路，主路经降压后供给稳压电源，副路隔离后降为 12 V 电压。主路的稳压电源经过高频隔离并具有软启动功能，输出电压接主灯丝回路，点主灯丝；副路经切换电路接副灯丝，在主路故障时点副灯丝。图 2-2-20 中 JZ 为灯丝转换继电器，监测主灯丝的工作状态，并通过其第 1 组接点反映主灯丝的状态；JG 为告警继电器，检查副灯丝状态。主、副灯都正常时，JZ 和 JG 都吸起；主灯丝不工作，JZ 落下，通过 Z 后接点闭合点副灯丝，并使 JG 失磁落下告警；副灯丝断丝，JG 落下，输出告警，此时不影响主灯丝的工作，JG 的第 1 组接点作告警输出，告警输出回路和主电路隔离，并和原有方式一致。

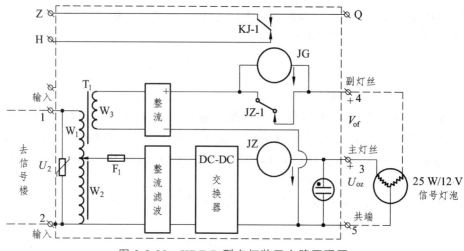

图 2-2-20 XDZ-B 型点灯装置电路原理图

根据故障-安全原则，JG 和 JZ 两个继电器平时处于励磁吸起状态，电路的任何故障导致主灯灭灯时，都将使两个继电器落下。此时，即转换到高可靠的副灯丝点灯回路，确保信号灯正常点灯，并送出告警信号，提示信号工及时维修，有效避免装置内电源故障导致信号灭灯事故。

用于高柱信号机的点灯装置输出电压高于用于矮柱信号机的点灯装置输出电压 0.5 V。点灯装置的底座通用，由点灯装置罩壳上标牌颜色来区分，蓝色用于高柱信号机，黑色用于矮柱信号机，为区别起见，告警端子比其他端子短 5 mm。

3）安装方式

装置可直立和侧放安装，不影响点灯装置的电气特性。一般情况下，高柱信号机的点灯装置安装在变压器箱内，为直立安装；矮型信号机的点灯装置安装在机构内，为侧放安装。

4）电气特性

XDZ-B 型多功能信号点灯装置的电气特性应符合表 2-2-3 的要求。

表 2-2-3 XDZ-B 型多功能信号点灯装置的电气特性

型号		输入电压范围（单相 50 Hz 交流）/V	额定负载	输出电压波动范围（在输入电压范围内）/V	在最高输入电压下			输入输出端子对地绝缘电阻 /MΩ
					空载电流 /mA	冷丝冲击电流 /A	软起动时间/s	
XDZ-1G	高柱	176～253	12 V、25 W 双丝灯泡	DC 10.7～11.9	≤16	≤6	0.05～0.2	≥25
XDZ-B	高柱区间							
XDZ-1L	矮柱			DC 10.2～11.4				
XDZ-B								

3. DDXL-34 型点灯单元

DDXL-34 型点灯单元电路原理如图 2-2-21 所示。点灯单元采用的点灯变压器为防雷变压器，以满足雷电防护的要求，灯丝转换继电器采用 JZSJC 型。当主灯丝断丝时，灯丝转换继电器断电落下，通过其后接点接通副灯丝回路，点亮副灯丝，同时发出报警。

检流变压器（TS126 型）的一次线圈串在副灯丝回路中，二次线圈接一个发光二极管，用以检查副灯丝是否完好。主灯丝断丝点亮副灯丝时，发光二极管点亮。检查副灯丝完好的方法是在联系、登记要点之后，人为地使灯丝转换继电器落下，若发光二极管点亮，表示副灯丝完好。此时，一定要采取安全措施，以防发生人为故障。

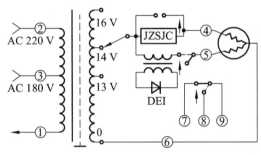

图 2-2-21　DDXL-34 型点灯单元电路原理图

（三）双灯泡表示机构

1. 原　理

DZD-BT 信号点灯单元及双灯定焦盘灯组原理如图 2-2-22 所示。为了避免信号灯泡主丝对副灯丝的烘烤，日前高速铁路信号机采用了双灯定焦盘灯组，减少了双灯丝断丝的概率。信号点灯单元主要采用了 DZD-BT、DZD-CT、DZD-PD、DZD-L 等。DZD-BT 信号点灯单元用于站内，DZD-L 信号点灯单元用于 LED 信号机，现以 DZD-BT 信号点灯单元为例进行介绍。

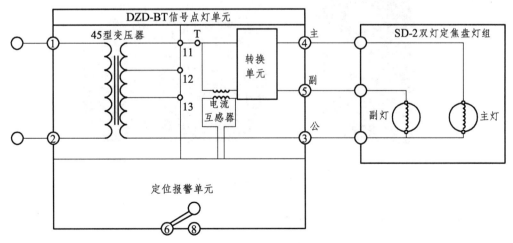

图 2-2-22　DZD-BT 信号点灯单元及双灯定焦盘灯组

正常工作时，主灯中的主灯丝进行点灯显示；主灯丝断丝时，依靠点灯单元的转换，点亮副灯进行显示。

2．功能和特点

（1）DZD-BT 信号点灯单元是集交流点灯、灯丝转换、故障定位报警为一体的点灯单元，适用于站内信号机。

（2）具有灯丝断丝定位报警功能，在不增加、不改动原有点灯及报警电路的前提下，利用原有两根报警线进行传输，在信号楼内通过灯丝断丝定位显示器进行解码并显示断丝灯位，最长传输距离可达 25 km 以上。

（3）一体化的结构设计。采用了插接式结构，安装、维修、更换非常方便。

（4）防雷和抗冲击能力强。变压器采用高磁通材料定制的 45 铁心，对初、次级线包进行了特殊的隔离防护处理，能有效地抑制感应雷的冲击。

（5）适用范围广。点灯单元适用范围为 7 km，当室内输出为 220 V 时，可保证灯端电压为 10.2 ~ 11.4 V。

（6）输出电压可调节，灯端电压靠变压器抽头连接调整，可达 8 挡输出，能满足各种现场条件的不同要求。

四、LED 信号机

LED 铁路信号机构大小同透镜式色灯信号机，采用铝合金材料，信号点灯单元由 LED 发光二极管构成。LED 铁路信号机构及控制系统，与现有控制电路相兼容，LED 驱动电路与二极管供电方式的设计方面取得突破，从机械结构到电路的安全可靠性及现场安装、操作、更换等方面，经不断完善、改进，已形成系列产品。LED 铁路信号显示系统作为一种节能免维护的新型光源被成功运用。LED 信号灯如图 2-2-23 所示。

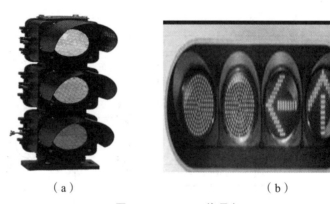

（a）　　　　　　　　　　　　　（b）

图 2-2-23　LED 信号灯

（一）LED 铁路信号机构的优点

LED 铁路信号采用机构轻便、耐腐蚀的单灯铝合金机构，组合灵活，安装简单，其显示距离超过 1.5 km，使用寿命可达 109h，安全可靠。通过监测控制系统的电流，可监督信号显示系统的工作状态，出现异常情况时有助于准确判断故障点，便于及时处理，还具有节省能源、聚焦稳定、光度性好、无冲击电流等特点，从而彻底消除灯泡断丝这一多发性的故障，结束了普通信号机定期更换灯泡的维修方式，减少维修工作量，节省维修费用。

用发光盘取代信号灯泡具有以下的显著优点：

（1）寿命长。发光二极管理论使用寿命是信号灯泡的 100 倍，可免除经常更换灯泡的麻烦，并且有利于实现免维修，降低运营成本。

（2）可靠性高。发光盘是用上百只发光二极管和数十条支路并联来工作的，在使用中即使个别发光二极管或支路发生故障也不会影响信号的正常显示，提高了信号显示的可靠性。

（3）节省能源。发光盘的耗电量不到传统 25 W 信号灯泡的 1/2。

（4）聚焦稳定。发光盘的聚焦状态在产品设计与生产中已经确定，现场安装与使用时不再须调整，十分方便，并能始终保持良好的聚焦状态。

（5）显示效果好。发光盘除有轴向主光束外，还有多条副光束，有利于增强主光束散角之外显示及近光显示效果。

（6）无冲击电流。点灯时没有类似信号灯泡冷丝状态的冲击电流，有利于延长供电装置的使用寿命，减少了对环境的电磁干扰。

（二）组成和工作原理

现在使用的铁路 LED 色灯信号机构有 XSLE 型、XLL 型、XSZ（G、A）型、XLG（A、Y）型、XSL 型等，各产品型号所代表的含义如图 2-2-24 所示。

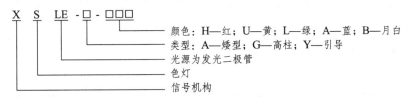

图 2-2-24　型号及含义

XSLE 型 LED 色灯信号机由发光盘、BXZ-40 点灯单元和 GTB 隔离调压报警单元组成；XLL 型 LED 色灯信号机由发光盘、点灯单元组成；XSZ 型 LED 色灯信号机发光盘可与现有信号点灯变压器配合使用；XLG 型 LED 色灯信号机由发光盘和减流报警单元组成；XSL 型由 PFL 型 LED 发光盘和 FDZ 发光盘专用点灯装置组成。各种型号的 LED 色灯信号机的部件是配套使用的。

现以 XSL 型 LED 铁路色灯信号机为例进行介绍。

XSL 型 LED 信号机由铝合金信号机构、PFL-I 型铁路 LED 发光盘和 FDZ 型发光盘专用点灯装置组成。

1. 铝合金信号机构

铝合金信号机构分为高柱机构和矮型机构。

1）高柱机构

高柱信号机构由背板总成、箱体总成、遮檐和悬挂装置四部分组成。

背板总成带有背板，用来安装箱体总成。背板总成分为二灯位背板总成（设有两个灯位安装孔）和三灯位背板总成（设有三个灯位安装孔）两种。两种背板总成的高度不同。

把每个灯位组装成一个整体，称之为高柱箱体总成。箱体总成也分为二灯位箱体总成（XSLG2 型）和三灯位箱体总成（XSLG3 型）两种。两种机构除背板总成不同外，其余均相同。用两个箱体总成分别固定在二灯位背板总成上，即构成二灯位高柱信号机构；用三个箱体总成分别固定在三灯位背板总成上，即构成三灯位高柱信号机构。箱体总成的玻璃卡圈换上透镜组后再用双丝信号灯泡点灯，也能作为色灯信号机用。

遮檐用螺钉装在机构箱体上的玻璃卡圈上。

悬挂装置将背板总成固定在信号机水泥机柱上。悬挂装置采用现有的上部托架、下部托架等设备，并经特殊的喷涂表面处理，以增强其抗锈蚀能力。

2）矮型机构

矮型机构分为二灯位矮型机构（XSLA2 型）和三灯位矮型机构（XSLA3 型）两种，其安装方法与透镜式信号机构相同，即厂家已按二灯位（或三灯位）组装成一个整体。

2. PFL-I 型铁路 LED 发光盘

PFL-I 型 LED 发光盘（以下简称发光盘）是采用发光二极管制成的色灯信号机的新光源。

1）发光盘的分类

发光盘分为高柱发光盘、矮型发光盘和表示器发光盘。高柱发光盘适用于高柱透镜式色灯信号机构，矮型发光盘适用于矮型透镜式色灯信号机构、引导信号机构、复示信号机构和发车线路表示机构。

2）发光盘的结构

发光盘为圆形盘状结构，其上安装了众多的发光二极管，其外形如图 2-2-25 所示。发光盘前罩上装有鉴别销，用以确认该灯位的颜色，只有发光盘的灯光颜色与该灯位灯箱卡圈上的鉴别槽吻合，才能安装。发光盘前罩上有三个突出的卡销，用来在安装时对准灯箱玻璃卡圈上的三个卡槽，以保证安装牢固。为满足曲线轨道的信号显示，可根据现场实际需要安装偏散镜片，叠装在需要偏散的高柱发光盘的前面，偏散镜片有 GS-176-10 型偏散角 10°、GS-176-150 型偏散角 15°、GS-176-20 型偏散角 20°三种。发光盘后面还有一个凸起的防雷盒。

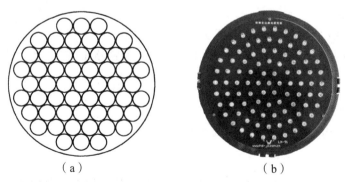

（a）　　　　　　　　　（b）

图 2-2-25　发光盘外形

3）发光盘的电气参数

额定电压：DC 12 V；

额定电流：DC 700 mA；

发光盘的驱动电源为专用信号点灯装置。

3. FDZ 型发光盘专用点灯装置

FDZ 型发光盘专用点灯装置是为配合 PFL-1 型 LED 发光盘而研发的新一代信号点灯装置，它只能与 PFL-1 型发光盘配套使用。该装置输出稳定的 12 V 直流电压，不仅性能稳定可靠，能适用于电压波动较大的区段，而且使用方便，现场不需要调整。

（1）功能和特点。

① 可靠性高。装置采用主、备两路电源热备切换的工作模式，当主路电源发生故障时，自动切换到备路电源。

② 抗干扰能力强。电路采用电磁兼容设计，具有较强的抗电磁干扰能力，完全达到 GB/T 17262—1998 标准中 A 级防护的要求。

③ 告警功能完备。当发光盘内部发光二极管损坏数量超过总数的 30%，以及主、备电源一路发生故障时，均产生告警条件，接通告警电路发出告警。

④输入端一侧接 FDL-1 型防雷模块，可承受 10 kV/300 μs 雷电波冲击。

⑤装置输入端采用变压器隔离，具有体积小、质量轻、稳压范围宽等特点；采用一体化设计，配线简单，施工方便；采用插入式安装方式，便于检修和更换。

（2）电路原理。

FDZ 型发光盘专用点灯装置原理如图 2-2-26 所示，其由隔离变压器、整流电路、稳压电路和告警电路构成。输入电源经变压、整流后，由两路稳压电路进行稳压，两路稳压电路热备，以保证输出稳定的 12 V 直流电压。告警电路对发光盘和两路稳压电路进行监督，故障时发出告警。

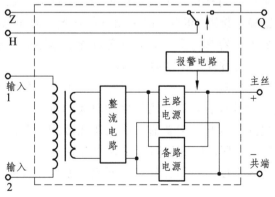

图 2-2-26　FDZ 型发光盘专用点灯装置原理框图

（3）技术参数。

① 电气特性。

FDZ 型发光盘专用点灯装置的电气特性应符合表 2-2-4 所列的要求。

表 2-2-4 FDZ 型发光盘专用点灯装置的电气特性

工作电压 AC/V	工作电流 AC/mA	输出电压 DC/V	额定负载电流/mA	空载电流/mA
176~235	70~140	12±0.5	700	≤16

② 抗感应电压能力。

在 AC 235 V（50 Hz）输入电压端，串接 94 μF/300 V 电容，测量输出电压应小于 0.5 V。

任务三　信号显示认知

一、信号显示颜色的选择

（一）基本色和辅助色的选择

铁路信号颜色的选择，应能达到显示明确、辨认容易、便于记忆和具有足够的显示距离等基本要求。通过理论分析总结和长期实践，铁路信号的基本色为红、黄、绿三种颜色，再辅助以蓝色、月白色和紫色（仅作表示器使用）构成铁路信号的基本显示系统。

铁路信号的光源为白炽灯产生的白色光。白光是一种复色光，由红、橙、黄、绿、青、蓝、紫七种颜色的光混合而成，其中红色光的波长最长，紫色光的波长最短。一般来讲，波长越长，穿透周围介质（如空气、水汽等）的能力越强。

同样强度的光，红色显示诱目，因为人眼对红色辨认最敏感，红色比其他任何颜色都更能引人注意，同时红色会给人一种不安全感，所以规定红色为停车信号是最理想的选择。

黄色（实际上是橙黄色，简称黄色）玻璃透过光线的能力较强，显示距离较远，又具有较高的分辨力，辨认正确率接近 100%，故采用黄色灯光作为注意和减速信号。

绿色和红色的反差最大，容易分辨，同时绿色灯光显示距离亦较远，能满足信号显示的要求，故采用绿色灯光作为按规定速度运行的信号。

调车信号机的关闭不能影响列车运行，所以它不能采用红色灯光，而选用蓝色灯光作为禁止调车信号较合适，因其具有较高的诱目性和较大的辨认率。调车信号机的允许信号采用月白色灯光，主要目的是可与一般普通照明电源相区别。蓝色、白色灯光虽显示距离较近，但因为调车速度较低，所以能满足调车作业的需要。

紫色灯光具有较高的区别度，作为道岔表示器表示道岔在直向开通的灯光，基本上能满足需要。

（二）灯光组合和闪光信号

随着列车运行速度的不断提高，要求信号显示的信息量也应不断地增加，采用单一灯光显示早已不能满足列车运行的需要。

由此铁路信号采用现有颜色灯光组合成多种显示，以增加信号显示地信息量，如采用 2 个或 3 个相同颜色的或不同颜色的灯光进行组合。进站信号机的两个黄灯、一个绿灯和一个黄灯，一个红灯和一个月白灯的引导信号，通过信号机的一个红灯和一个蓝灯的允许信号，出站信号机的两个绿灯，出站信号机的一个绿灯或一个黄灯和进路表示器白灯，四显示自动闭塞区段通过、进站、出站信号机的一个绿灯和一个黄灯，都是灯光组合的实例。

但在采用过程中也发现，保持信号灯光有足够的间距且灯光显示距离调整得尽量接近，是保证列车距信号机较远时不致误认或有足够分辨率的关键。双机构的色灯信号机，构成的两个灯光之间的距离一般在 1.5 m 左右，其正确辨认距离可达 1 000 ~ 1 500 m，而一个三显示单机构色灯信号机的上、下两端两个灯光进行组合时，其灯光之间的距离不足 0.5 m，其正确辨认距离仅达 500 m，这就给司机确认信号带来相当大的困难。在距离 1 000 m 处观察时，绿、黄两个灯光易呈现融为一体且发白的效果，难以分辨。

采用光带或灯组的不同形式构成多种显示时，信号分辨能力将有较大的提高，在我国仅有进站复示信号机和进路表示器采用局部灯组显示。

采用闪光信号的方式增加信号显示数目的方案，已被实践证明是行之有效的。闪光信号具有易于辨认、易于区别、有较强的抗干扰作用、节省电源和电缆等优点，并且有利于旧设备改造，因此经济效益较高，组合后能产生更多的信号显示数目。对于解决信号显示数目不足的问题，是一个较易实现而有效的手段。

我国铁路闪光信号的使用虽然还没有构成一个完整的显示体系，但也有一定的使用经验，取得了很好的效果。例如，驼峰信号及其辅助信号机的红闪、黄闪、绿闪、白闪及平面调车区集中联锁的调车溜放信号的白闪，在调车作业中都非常适用，进站信号机对于经 18 号及其以上道岔侧向位置进站所增加的黄闪/黄显示，也取得良好的效果。

至于信号点灯的闪光频率，就是每分钟闪多少次，是闪光信号的基本参数，它牵涉到一系列的生理和心理上的以及信号光学和颜色视觉的问题，也直接关系到铁路运输的安全和效率。经大量的试验及统计分析，我国铁路确定为 50 ~ 70 次/min。

闪光信号的通断比，即亮黑比，也是闪光的另一个基本参数，与闪光频率同样重要，经静态和动态的辨认试验，确定为 1∶1。

二、机构选用和灯光配列

色灯信号机的机构有单显示、二显示和三显示 3 种机构。单显示机构一般使用在遮断信号、复示信号、引导信号、容许信号及进路表示器上；二显示和三显示机构可以单独运用，也可以组合（与单显示机构组合）成各种信号显示。

色灯信号机灯光配列由《铁路信号设计规范》《铁路信号站内联锁设计规范》统一规定，色灯信号机的机构、灯光配列和用途如表 2-3-1 所示。

表 2-3-1　色灯信号机的机构、灯光配列和用途

序号	1	2	3	4	5	6	7	8
机构和灯光配列　高柱								
机构和灯光配列　矮型								
名称及用途	预告信号机（矮型用于桥隧）	三显示自动闭塞区段通过信号机（矮型用于桥隧）	三显示自动闭塞区段带容许信号的通过信号机	四显示自动闭塞区段通过信号机（矮型用于桥隧）	四显示自动闭塞区段带容许信号的通过信号机	非自动闭塞区段的出站或通过信号机	非自动闭塞区段带调车信号的出站信号机	非自动闭塞区段两方向的出站信号机

序号	9	10	11	12	13	14	15	16
机构和灯光配列　高柱								
机构和灯光配列　矮型								
名称及用途	非自动闭塞区段带调车信号两方向出站信号机	三显示自动闭塞区段的出站信号机	1. 三显示自动闭塞区段带调车信号的出站或发车进路信号机　2. 驼峰及驼峰辅助信号机（高柱）　3. 驼峰辅助兼出站信号机（高柱）	三显示自动闭塞区段两方向的出站信号机	1. 四显示自动闭塞区段的出站信号机　2. 发车进路信号机	1. 四显示自动闭塞区段带调车信号的出站或发车进路信号机　2. 驼峰及驼峰辅助信号机（高柱）　3. 驼峰辅助兼出站信号机（高柱）	1. 四显示自动闭塞区段两方向的出站信号机兼发车进路信号机　2. 两方向出站信号机兼发车进路信号机	三显示自动闭塞区段带调车信号的两方向出站信号机

序号	17	18	19	20	21	22	23	24
机构和灯光配列　高柱					（反面灯光）			
机构和灯光配列　矮型								

名称及用途	四显示自动闭塞区段带调车信号的两方向出站信号机	1. 进站信号机 2. 接车进路信号机 3. 区间防护分歧线路的通过信号机（封月白灯）	带调车信号的接车进路信号机（可兼出站信号机）	带调车信号的两方向出站信号机兼接车进路信号机	反面兼调车信号的进站信号机（用于调度集中区段的车站）	调车信号机	调车信号机（设置在岔线入口处）	尽头列车信号机	
序号	25	26	27	28	29	30	31	32	33
机构和灯光配列 高柱									
机构和灯光配列 矮型									
名称及用途	出站或发车进路复示信号机	调车复示信号机	进站复示信号机（灯列式）	发车线路表示器	驼峰复示信号机	遮断信号机	遮断信号机的预告信号机		道口信号机

注：●红色灯光；◪黄色灯光；○绿色灯光；◉蓝色灯光；◎月白灯光；
◖透明白灯，⊗空位灯光；ⓩ紫色灯光。

① 出站兼发车进路信号机需要装设进路表示器。

② 矮型进站、接车进路、通过、预告须经有关部门批准后才能采用，当进站信号机有绿黄显示时，不得采用矮型信号机。

（一）色灯信号机灯光配列和应用的规定

（1）当根据实际情况需要减少灯位时，应以空位停用方式处理。减少灯位的处理方式可以保持信号机应有的外形，防止司机误认。如进站信号机无绿灯和绿黄灯显示时，其绿灯可采用封闭方式处理，但不允许改变信号机外形，因为信号机的外形是识别信号机类型的重要标志。

（2）以两个基本灯光组成一种信号显示时，应在一条垂直线上（进站复示信号机除外）。这是为了防止两个灯光被误认为是不同信号机的显示。但进站复示信号机是一组灯列式显示，所以可以不在一条垂直线上。

以两个基本灯光组成一种信号显示时，还应有一定的间隔距离，这是为了防止和减少两个同一颜色的灯光在远距离上被误认为是一个灯光而造成升级显示的危险。如进站信号机的双黄灯显示被误认为一个黄灯显示，将造成向侧线接车误认为向正线接车的危险，又如出站信号机的双绿灯显示，若误认为一个绿灯显示，将造成向次要线路发车误认为向主要线路发车的危险，也不利于安全。

高柱信号机上应有足够的空间保证两个信号灯光之间的距离，而且一般采用高柱的信号机都有较远显示距离的要求。为了保证一定间隔，规定高柱信号机不得使用一个三显示机构的上、下两个灯位显示同一颜色的灯光。但是矮型信号机由于结构上的原因，同时一般要求显示距离不小于 200 m，所以允许采用三显示机构的上、下两个灯位显示同一颜色的灯光。

当两种不同颜色的灯光组成一种信号显示时，如通过信号机和出站信号机的绿、黄灯光显示，可允许采用同一个三显示机构的上、下两灯位来显示，但其间必须间隔一个灯位。

（3）在以两个机构组成的矮型信号机上，应把最大限制信号设在靠近线路的机上，其目的是防止和避免该信号机被误认为是邻线的信号机。

（4）双机构加引导信号机构是一种专门的信号机形式，唯有它才能区分始端速度，具有接车性质的信号机都应采用此形式。所谓"接车性质的信号机"，一般是指车站的进站信号机和接车进路（含接发车进路）信号机，以及设有分歧道岔线路所的通过信号机。

为避免与引导信号混淆，接车进路兼调车信号机中应将调车机构（蓝灯封闭）设于信号机下部，也可单独设矮型调车信号机（蓝灯封闭）。

（5）一般情况下，站内高柱信号机的机构设于机柱内侧，区间高柱信号机的机构设于机柱的外侧。电气化区段通过信号机的机构设于机柱内侧，该规定是根据限界、确认和改善维修的条件而定的。

（二）各种信号机的灯光配列

1. 进站信号机

进站信号机采用高柱双机构（两个二显示机构），带引导信号机构，自上而下灯位为黄、绿、红、黄、月白。当采用矮型信号机时，如双线双向自动闭塞区段的反方向进站信号机，采用一个三显示机构和一个二显示机构，三显示机构灯位为黄、绿、黄，二显示机构灯位为红、月白，二显示靠近线路。但当该信号机有绿、黄显示时，该进站信号机不能用矮型。

高速铁路车站进站信号机及接车进路信号机应采用《现铁路信号设计规范》规定的进站信号机机构。桥、隧地段信号机及高柱信号机机构外缘与接触网带电部分不符合安全距离要求时，可采用七灯位矮型信号机。

高速铁路车站进站信号机采用七灯位矮型信号机时，右为"红、白"，左为"绿、黄、黄"，如图 2-3-1（a）所示。当矮型进站信号机设于线路右侧时，定型配置的三、四灯位机构换位如图 2-3-1（b）所示，红灯位于线路侧。

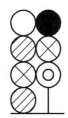 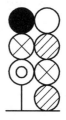

（a）设于线路左侧七灯位矮型信号机　　（b）设于线路右侧七灯位矮型信号机

图 2-3-1　七灯位矮型进站信号机

2．出站信号机

出站信号机的灯光配列有各种不同的情况：半自动闭塞区段的出站信号机、半自动闭塞区段双方向出站信号机、三显示自动闭塞区段的出站信号机、三显示自动闭塞区段的双方向出站信号机（又分为次要方向为半自动闭塞和两个方向均为自动闭塞两种情况）、四显示自动闭塞区段的出站信号机、四显示自动闭塞区段的双方向出站信号机，以及两个以上方向的各种闭塞区段出站信号机。集中联锁车站的出站信号机一般又兼作调车信号机。

半自动闭塞区段的出站信号机采用一个三显示机构，灯位自上而下为绿、红、月白。当有两个发车方向时，增加一个绿灯，高柱信号机采用两个二显示机构，灯位自上而下为绿、红、绿、月白；矮型信号机采用一个三显示机构和一个二显示机构（设于右侧靠近线路），二显示机构灯位自上而下是月白、红，三显示机构上、下两个均为绿灯，中间间隔一个空灯位。

三显示自动闭塞区段的出站信号机高柱、矮型均采用两个二显示机构。高柱信号机自上而下是黄、绿、红、月白；矮型信号机的月白、红二显示机构靠近线路，另一个二显示机构为黄、绿。三显示自动闭塞区段的双方向出站信号机，当次要方向是半自动闭塞时，再在上述基础上增加一个绿灯。高柱信号机由一个三显示（在上面）和一个二显示机构组成，自上而下为黄、绿、红、绿、月白；矮型信号机将三显示机构置于左侧，自上而下为绿、黄、绿。当两个方向均为自动闭塞时，必须装设进路表示器。

四显示自动闭塞区段的出站信号机，高柱机构同三显示自动闭塞区段，但灯位自上而下是绿、红、黄、月白。矮型信号机将三显示机构设于左侧，上面为绿灯，下面为黄灯，中间间距一个空灯位。四显示自动闭塞区段的双方向出站信号机，当次要方向为半自动闭塞时，高柱的增加一个绿灯，上面为三显示机构，灯位自上而下为绿、红、黄、绿、月白。矮型不能构成，只能装设进路表示器。当两个方向均为自动闭塞时，也只能装设进路表示器。

任何情况下的出站信号机，若发车方向有 2 个以上，只能装设进路表示器。

高速铁路出站信号机的灯光配列同四显示自动闭塞区段的出站信号机及发车进路信号机，采用"红、绿、白"三灯位矮型信号机。

3．进路信号机

进路信号机的机构和灯光配列同进站信号机，但接车进路信号机通常兼作调车信号机，为避免与引导信号相混淆，应将调车机构设于信号机下部，也可单独设矮型调车信号机，两种情况下都要将蓝灯封闭。

发车进路信号机的机构和灯光配列与出站信号机相同，只是没有两方向发车的情况。有两方向发车的是出站兼发车进路信号机，它与双方向的出站信号机相同。

4．通过信号机

（1）自动闭塞区段的通过信号机。

三显示自动闭塞区段和四显示自动闭塞区段的通过信号机均采用三显示机构，只是灯光排列不同。三显示自上而下是黄、绿、红；四显示自上而下是绿、红、黄。因为四显示有绿、黄显示，中间必须间隔一个灯位。通过信号机设于桥隧上，可采用矮型，但须经批准。

设在上坡道启动困难的通过信号机，可带容许信号、方形背板、蓝灯。

（2）非自动闭塞区段的通过信号机、非自动闭塞区段线路所的通过信号机，无分歧道岔时为二显示，自上而下是绿、红。防护分歧道岔的通过信号机采用与进站信号机相同的机构和灯光，但月白灯必须封闭，因不允许办理引导接车。

5. 遮断信号机

遮断信号机为高柱、单机构，只有一个红灯，方形背板，机柱涂以黑白相间斜线。

6. 预告信号机

预告信号机采用二显示机构，自上而下是绿、黄灯。矮型设于桥隧上，须经批准后才能采用。

遮断信号机的预告信号机，高柱和遮断信号机一样，机柱涂以黑白相间斜线，采用一个单显示机构、方形背板、黄灯。

接近信号机采用三显示机构，由上而下按绿、封闭、黄灯位排列，分别显示绿、绿黄、黄，不设红灯位。

7. 调车信号机

调车信号机采用二显示机构，自上而下是月白、蓝灯。设于岔线入口处的调车信号机可用红灯代替蓝灯。设在尽头式到发线上的尽头调车信号机，采用矮型三显示机构，外形同列车用的信号机，自上而下是空灯位、红灯、月白灯。

高速铁路车站调车信号机应采用现行《铁路信号设计规范》所规定的矮型调车信号机。尽头到发线上阻挡列车运行的调车信号机应采用出站信号机机构并封闭绿色灯光。

8. 复示信号机

复示信号机采用方形背板。进站复示为灯列式结构，一个机构内有三个呈等边三角形的三个月白灯，是为了防止其显示与进站信号机的绿灯相混淆，它必须采用高柱信号机。出站、进路复示信号机为单显示机构、绿灯。调车复示信号机为单显示机构，白灯。

三、信号显示制度

（一）信号显示方式

色灯信号机基本上采用灯光颜色特征和灯光数目特征组合的方式，个别情况下采用闪光特征，并以信号机外形来辅助区别一些特定的含义。信号机上同时点亮的基本灯光，原则上不超过两个（附加灯光除外，如进路表示器）。

（二）信号显示制度

信号显示制度是指表达信号显示意义的基本体系。铁路信号显示制度通常可分为进路式和速差式两大类。

进路式信号显示制度是以指示列车进入不同进路为原则的信号显示制度，表达的是进路意义。由于进路式存在显示复杂、适应性能差、显示意义不确切等较大缺点，其发展受到很大限制，随着行车速度得不断提高，目前世界多数国家已不再采用。

速差式信号显示制度是每一种信号显示均能表示不同行车速度的信号显示制度，它表达的是速度含义。速差式信号显示制度能采用较简单统一的显示方式，指示列车通过本信号机的运行速度，或能指示列车通过次架信号机的运行速度，或者既能指示列车通过本信号机的运行速度又能预告列车通过次架信号机的运行速度。速差式信号显示制度是地面信号显示的发展方向。

由于对信号显示的认识和需求是逐步发展的，信号显示制度的改革涉及面广，因此信号显示制度从进路式向速差式的发展是逐步进行的。其间就有了简易速差式、半速差式，个别情况能表达一定的速度含义等说法。我国现行的信号显示制度基本上属于简易速差式，同时兼顾对运行方向的区分。由于显示数目少，速度含义的表示尚不完善。

（三）信号显示的速度含义

信号显示的意义在《技规》中用指示运行条件来表达，这些运行条件包括两方面的内容：本信号机防护进路上的道岔开通直向或侧向；次架信号机的关闭及开放状态。速度含义内含其中。随着列车速度的提高，信号系统对信号显示表达速度含义的要求更加迫切。

列车运行速度在 120 km/h 及以下时，信号机一般采用三显示自动闭塞，其速度等级只有两级：按规定速度和零。列车运行速度在 120～160 km/h 时采用四显示自动闭塞，它的信号显示有了较明确速度含义，绿、绿黄、黄、红灯四种显示明确表达了始端速度和终端速度。其速度等级一般分为三级：160 km/h、115 km/h 和 0 km/h。

进站信号机和接车进路信号机也能表达速度意义，除绿、绿黄、黄、红灯外，两个黄灯和黄闪黄分别表达了限速的意义，两个黄灯限速 50 km/h（非提速 12 号道岔为 45 km/h，9 号道岔为 30 km/h），黄闪/黄限速 80 km/h。其信号显示的速度意义如表 2-3-2 所列。

资源 2-7 进站信号机显示视频

正线出站信号机在有前架信号机预告的前提下，可表达速度意义。前架信号机显示一个绿灯或绿黄灯就预告了正线出站信号机开通道岔直向进路，其始端速度为 $V_{规}$。前架信号机显示一个黄灯就预告了正线出站信号机关闭或开通道岔侧向进路，其始端速度为 0 或 $V_{岔}$。

如沪宁段第一次提速采用四显示自动闭塞，其通过信号机显示始端速度 160 km/h、终端速度 160 km/h，表示为 L-160/160，以及 LU-160/110、U-110/0，UU-45/0，H-0。有的机车信号或超速防护设备则直接显示允许速度值，如旅客列车上显示 L/120、LU/100、U/085 等，这里的数字就是允许时速（km/h）。

表 2-3-2　进站信号机信号显示的速度意义

信号显示		绿	绿黄	黄	
速度意义	三显示	$V_规/V_规$	$V_规/V_规$ 或 $V_岔$	$V_规/0$ 或 $V_岔$	
	四显示	$V_规/V_规$	$V_规/V_黄$	$V_黄/0$ 或 $V_岔$	
信号显示		黄黄	黄闪黄	红	红白
速度意义	三显示	$V_规/0$ 或 $V_岔$ 或 $V_规$	$V_大/V_岔$ 或 $V_大$	0	$V_引/0$
	四显示	$V_规/0$ 或 $V_岔$ 或 $V_规$	$V_大/V_岔$ 或 $V_大$	0	$V_引/0$

注：$V_规$——规定速度（规定的允许最高速度）；

$V_黄$——黄灯限速（四显示自动闭塞的黄灯限速）；

$V_大$——大号道岔侧向限速（18号道岔侧向限速 80 km/h）；

$V_岔$——道岔侧向限速（50 km/h 或 45 km/h 或 30 km/h）；

$V_引$——引导限速（20 km/h 以下）；

$V_规/V_规$——始端速度/终端速度，其他的类同。

（四）机车信号显示制度

机车信号的显示方式有色灯式和数字式。我国铁路多采用色灯式，以后会向数字式发展。机车信号显示制度分预告式、复示式和预告复示式。

预告式显示制度是规定机车信号复示列车运行前方信号机显示含义的机车信号显示制度。我国现有机车信号就采用这种显示制度，如果有速度含义的话就是指示列车运行前方信号机防护区段的始端速度和终端速度。

（五）主体化机车信号的概念

当列车运行速度达到 160 km/h 以上时，由于列车制动距离的延长，仅凭司机确认地面信号来保证行车安全已经不可能了。当从确认信号到采取制动措施的时间内列车的走行距离大于制动距离时就会危及行车安全。于是，在这种情况下机车信号就应成为主体信号，此时机车信号作为行车凭证而不再是地面信号的辅助信号。由车载信号和地面信号设备共同构成机车信号系统，必须具有高可靠、高安全性，符合故障-安全原则。机车信号成为主体信号机后，可取消地面信号机。

（六）常态点灯和常态灭灯

对于仅运行动车组的高速铁路，其地面信号机存在常态灭灯与常态点灯的情况。

ATP 车载设备正常工作时，司机以车载信号行车，地面信号机开放已无意义，所以车站及线路所列车信号机应常态灭灯不显示，仅起停车位置作用。对以隔离模式运行的动车组列车和施工路用列车，信号机点亮，灭灯视为红灯。这些信号机平时可以不着灯，一方面节能，另一方面也可避免因地面信号与车载信号出现不一致时（如灯丝断丝）导致的混乱。对于仅运行动车组的高速铁路，遇列车未装设列控设备（可能包括维修车、轨道车等）或列控设备停用时，相应的列车信号机经人工确认后应转为点灯状态。

常态灭灯的车站（含无配线车站）出站信号机和防护区间道岔的通过信号机开放允许信号时，应检查站间空闲条件。

调车信号机及动车段（所）列车信号机应常态点灯。

四、信号显示的基本要求

（一）信号显示的原则要求

信号是指示列车运行及调车作业的命令，有关行车人员必须严格执行。

信号显示方式及使用方法，应按（技规）规定执行。（技规）以外的信号显示方式，须经铁路总公司批准，方可采用。

各种信号机和信号表示器的灯光排列、颜色和外形尺寸，必须符合铁路总公司规定的标准。铁路沿线及站内，禁止设置妨碍确认信号的红、黄、绿色的装饰彩布、标语和灯光。如车站内已装有妨碍确认信号灯光的设备时，应改装或采取遮光措施。在规定的信号显示距离内，不准种植影响信号显示的树木。对影响信号显示的树木，应予以处理。

（二）信号机定位

将信号机经常保持的显示状态作为信号机的定位。信号机定位的确定，一般应考虑保证行车安全、提高运输效率或信号显示自动化等因素。

进站、进路、出站信号机对行车安全起着极其重要的作用，故规定以显示停车信号红灯为定位。双线单方向运行自动闭塞区段的车站（线路所）如将进站及正线出站信号机转为自动动作时，以显示进行信号为定位。

调车信号机以显示禁止调车信号蓝灯为定位。

自动闭塞区段的每架通过信号机，都是其运行前方信号机的预告信号机，为了提高区间通过能力，保证列车经常在绿灯下运行，规定通过信号机以显示进行信号为定位，即一般通过信号机显示绿灯为定位，进站信号机前方第一架通过信号机兼有预告信号机的作用，故以显示黄灯为定位，四显示自动闭塞的进站信号机前方第二架通过信号机则以显示绿、黄灯为定位。对于双向运行的单线自动闭塞，当一个方向的通过信号机开放时，另一个方向的通过信号机灭灯。

线路所的通过信号机，兼有防护接车、发车的作用，故以显示红灯为定位。

预告信号机是附属于主体信号机的，仅能表示主体信号机的显示状态，故以显示注意信号黄灯为定位。

遮断信号机和各种复示信号机均以无显示为定位。

（三）信号机的关闭时机

信号机的关闭时机规定如下：

对于集中联锁车站的进站、进路、出站信号机，线路所通过信号机及自动闭塞区段的通过信号机，列车第一轮对越过这些信号机后自动关闭，引导信号应在列车越过这些信号机后及时关闭。

调车信号机在调车车列全部越过调车信号机后自动关闭；当调车信号机外方不设轨道电路或虽设轨道电路而占用时，信号机应在调车车列全部出清该调车信号机内方第一个轨道区段后自动关闭（对于调车车列，机车可能在前面牵引，也可能在后面推送，调车车列一进入调车信号机内方信号机就关闭，这会使司机在见到蓝灯情况下进行调车）；根据需要，也可在调车车列第一轮对进入调车信号机内方第一个轨道区段后自动关闭。

（四）视作停车信号

进站、出站、进路和通过信号机出现灯光熄灭、显示不明或显示不正确时，均视为停车信号。

（五）无效信号

新设尚未开始使用及应撤除尚未撤掉的信号机，均应装设信号机无效标，并应熄灭灯光。信号机无效标志为白色的十字交叉板，装在色灯信号机柱上。

在新建铁路线上，新设尚未开始使用的信号机（进站信号机暂用作防护车站时除外），可将色灯机构向线路外侧扭转90°，并熄灭灯光，作为无效。

任务四　信号机的设置及显示意义

一、信号机设置的原则

（一）设置位置

我国铁路实行左侧行车制，司机座位设置在驾驶室的左边，为便于瞭望，规定地面信号机应设置在列车运行方向的线路左侧。但是也有例外，如果因为线间距不够，信号机设在两线路中间将侵入建筑接近限界时，准许用托架或信号桥架设在所属线路中心线的上方；在特殊情况下，如线路左侧不具备装设信号机的条件或因曲线、隧道、桥梁等影响，装在右侧比装在左侧显示距离较远，在保证不致使司机误认的条件下，经铁路局批准，才可以设在线路右侧，如双线双向自动闭塞区段的反方向进路信号机有不少是设于右侧的。

信号机的设置由电务部门会同运输、机务及工务等有关部门共同研究确定。在确定信号机地点时，除满足信号显示距离的要求外，还应考虑到该信号机不致被误认为邻线的信号机。如图 2-4-1 所示信号机设置地点，图（a）为易被误为邻线的信号机，（b）为不易被误认的情况。

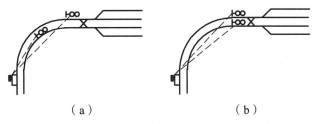

（a）   （b）

图 2-4-1 信号机设置地点

（二）信号机柱的选择

高柱信号机具有显示距离远、观察位置明确等优点，因此色灯信号机应尽量选用高柱信号机，尤其是《技规》规定的显示距离较远的信号机，更应选用高柱信号机。

为了提高通过能力，进而提高运输效率，进站、接车进路、正线出站、通过、预告信号机，应尽量采用高柱信号机。进站、预告、通过采用矮型信号机必须经有关部门批准。带容许信号的通过信号机、四显示自动闭塞区段的两方向出站信号机，以及带调车信号的两方向出站兼发车进路信号机、带调车信号的接车进路信号机、带调车信号的两方向出站信号机兼接车进路信号机、进站复示信号机、遮断信号机及其预告信号机必须采用高柱信号机。设在牵出线上、岔线入口处的调车信号机也应采用高柱信号机。

高柱信号机的设置受到建筑接近限界的影响。另外考虑到不影响到发线的有效长等因素，允许无通过进路的到发线的出站、发车进路信号机，道岔区内的调车信号机，可设矮型信号机。出站、调车复示信号机可设矮型信号机。至于各种高柱信号机机柱类型（长度）埋深及机构安装尺寸，各种矮型信号机的混凝土基础、埋深及机构安装尺寸，见《铁路信号施工规范》的有关规定。

（三）信号机的建筑限界

任何信号机不得侵入铁路建筑接近限界。《技规》规定：对于正线信号机和通行超限货物列车的站线信号机，限界所属轨道中心至信号机突出边缘的距离为 2 440 mm，站线信号机为 2 150 mm。在曲线线路上，应按有关规定进行加宽，各种高柱信号机，其机柱、梯子、机构的安装，均不得侵入建筑接近限界。在非电力牵引区段，直线线路高柱信号机的建筑接近限界为机柱中心至所属线路中心的距离，限界 2 440 mm 时，对应为 2 630 mm，限界 2 150 mm 时，对应为 2 340 mmn。矮型信号机机构中心距所属线路中心，三显示、四显示（含带进路表示器）、五显示出站或进路信号机，调车车信号机为 2 029 mm，带进路表示器的三显示出站或进路信号机为 2 163 mm，复示信号机为 2095 mm。在电力牵引区段，直线线路高柱信号机机柱中心至所属线路中心距离为 2 900 mm（线间距为 5 300 mm 时），高柱出站信号机与邻近线路中心的距离，限界 2 440 mm 时为 2 630 mm，限界 2 150 mm 时为 2 400 mm。

（四）交流电力牵引区段信号机设置

进站、预告、通过信号机与接触网支柱同侧设置时，信号显示距离不应受接触网设备的影响，如会影响，信号机安装方式可做适当调整。

在站内相邻两到发线（只有一条线通行超限货物列车）的线间设置高柱出站信号机时，两线间距离不得小于 5 300 mm；在相邻两条线路（均通行超限货物列车）的线间设置高柱信号机时，两线间距离不得小于 5 530 mm。

高柱信号机安装限界达不到《铁路信号施工规范》的要求时，在满足"建筑接近限界"的条件下，需采取措施。设在直线部分的高柱色灯信号机，可与接触网施工单位进行密切配合调整来解决安全距离问题；设在曲线部分的高柱色灯信号机，可加装防护网或机构背板缩小 100 mm 来解决安全距离问题。

信号机的金属体外缘部分（主要是背板）与接触网带电部分的距离不得小于 2 m；与回流线距离在 1 m 以内时，应加绝缘防护，但不得小于 0.7 m。

二、信号机的设置

（一）进站信号机

进站信号机如图 2-4-2 所示。

（a）　　　　　　　　　　（b）

图 2-4-2　进站信号机

1. 进站信号机的作用

防护车站，指示进站列车的运行条件；完成连锁任务，保证接车进路的安全可靠。车站在列车的入口处都必须装设进站信号机。

资源 2-8 进站信号机
设置示意图

2. 进站信号机的设置

进站信号机应尽量避免设在停车后启动困难的上坡道、地势险峻地点、隧道里、桥梁以及在列车停车后不能全部出清桥梁和隧道的地点。

进站信号机的设置示意图如图 2-4-3 所示。规定进站信号机设置在距最外方进站道岔尖轨尖端（顺向为警冲标）不少于 50 m 的地点，这是为了满足调车作业的需要，即一台机车挂一节或两节车辆由一股道转向另一股道的转线作业时，不致越出进站信号机。对于经常利用正线进行调车作业的车站，或因制动距离的需要，可适当延长进站信号机距最外方进站道岔尖轨尖端（顺向为警冲标）之间的距离，一般不超过 400 m，因为该距离延长，会影响车站的通过能力，又不便于管理。在确定信号机设置位置时，除满足信号显示距离要求外，还应考虑到该信号机不致被认为是邻线信号机。

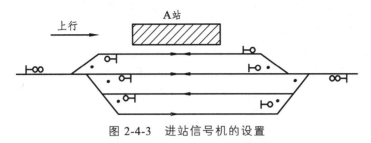

图 2-4-3　进站信号机的设置

反向进站信号机：为适应双线双向运行的需要，在进站信号机同一坐标处，出站口增设反方向进站信号机，反方向进站信号机通常设于线路右侧。

资源 2-9　进站信号机

3. 进站信号机的显示含义

1）进站色灯信号机（半自动闭塞、三显示自动闭塞区段）

一个绿色灯光：准许列车按规定速度经正线通过车站，表示出站及进路信号机在开放状态，进路上的道岔均开通直向位置，如图 2-4-4（a）所示。

一个黄色灯光：准许列车经道岔直向位置，进入站内正线准备停车，如图 2-4-4（b）所示。

两个黄色灯光：准许列车经道岔侧向位置，进入站内准备停车，如图 2-4-4（c）所示。

一个黄色闪光和一个黄色灯光：准许列车经过 18 号及其以上道岔侧向位置，进入站内越过次一架已经开放的信号机，且该信号机所防护的进路，经道岔的直向位置或 18 号及其以上道岔的侧向位置，如图 2-4-4（d）所示。

一个红色灯光：不准列车越过该信号机，如图 2-4-4（e）所示。

一个绿色灯光和一个黄色灯光：准许列车经道岔直向位置，进入站内越过次一架已经开放的接车进路信号机，准备停车，如图 2-4-4（f）所示。

一个红色灯光及一个月白色灯光：准许列车在该信号机前方不停车，以不超过 20 km/h 速度进站或通过接车进路，并须准备随时停车，如图 2-4-4（g）所示。

2）四显示自动闭塞区段进站色灯信号机

一个绿色灯光：准许列车按规定速度经道岔直向位置进入或通过车站，表示运行前方至少有三个闭塞分区空闲，如图 2-4-4（a）所示。

一个黄色灯光：准许列车按限速要求越过该信号机，经道岔直向位置进入站内正线准备停车，如图 2-4-4（b）所示。

两个黄色灯光：准许列车按限速要求越过该信号机，经道岔侧向位置进入站内准备停车，如图 2-4-4（c）所示。

一个黄色闪光和一个黄色灯光：准许列车经过 18 号及其以上道岔侧向位置，进入站内并越过次一架已经开放的信号机，且该信号机所防护的进路，经道岔的直向位置或 18 号及其以上道岔的侧向位置，如图 2-4-4（d）所示。

一个红色灯光：不准列车越过该信号机，如图 2-4-4（e）所示。

一个绿色灯光和一个黄色灯光：准许列车按规定速度越过该信号机，经道岔直向位置进入站内，表示次一架信号机开放一个黄灯，如图 2-4-4（f）所示。

一个红色灯光及一个月白色灯光：准许列车在该信号机前方不停车，以不超过 20 km/h 速度进站或通过接车进路，并须准备随时停车，如图 2-4-4（g）所示。

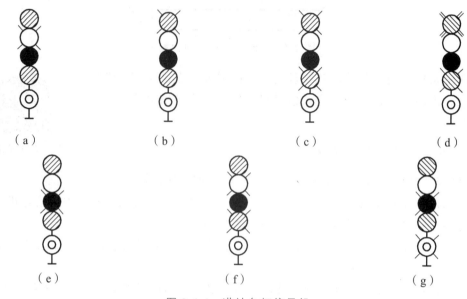

| （a） | （b） | （c） | （d） |

| （e） | （f） | （g） |

图 2-4-4　进站色灯信号机

（二）出站信号机

四显示自动闭塞出站信号机如图 2-4-5 所示。

图 2-4-5　四显示自动闭塞出站信号机

资源 2-10　四显示自动闭塞出站信号机

带进路器的四显示自动闭塞出站信号机如图 2-4-6 所示。

资源 2-11　带进路的四
显示自动闭塞出站信号机

图 2-4-6　带进路器的四显示自动闭塞出站信号机

三显示自动闭塞区段带调车信号和进路表示器的出站信号机如图 2-4-7 所示。

图 2-4-7　三显示自动闭塞区段带调车信号和进路表示器的出站信号机

1. 出站信号机的作用

防护区间，作为列车占用区间的凭证，具有以下作用：指示列车
可否由车站开往区间；与敌对进路相联锁，信号开放后保证发车进路
安全可靠；指示列车站内停车的位置，防止越过警冲标。

资源 2-12　三显示自动
闭塞区段带调车信号和进
路表示器的出站信号机

2. 出站信号机的设置

出站信号机设在车站的每一条发车线路的警冲标内方（对向道岔为尖轨尖端外方）3.5～
4 m 处，这是因为列车或调车车列占用轨道电路时，其最后车辆的尾部不能侵入警冲标内方，
否则将发生侧面冲突，最外车轮至车钩的距离不大于 3.5 m。

3. 出站兼调车信号机

在装有调车信号机的车站，发车进路的始端往往也是调车进路的始端，所以出站信号
机一般兼作调车信号机，叫作出站兼调车信号机。

4. 出站信号机的显示含义

1）半自动闭塞区段出站信号机

一个绿色灯光：准许列车由车站出发；

一个红色灯光：不准列车越过该信号机；

两个绿色灯光：准许列车由车站出发，开往次要线路；

一个白色灯光：在兼作调车信号机时，表示准许越过该信号机调车。

2）三显示自动闭塞区段出站信号机：

一个绿色灯光：准许列车由车站出发，表示运行前方至少有两个闭塞分区空闲；

一个黄色灯光：准许列车由车站出发，表示运行前方有一个闭塞分区空闲；

一个红色灯光：不准列车越过该信号机；

两个绿色灯光：准许列车由车站出发，开往半自动闭塞区间；

一个白色灯光：在兼作调车信号机时，表示准许越过该信号机调车。

3）四显示自动闭塞区段出站信号机

一个绿色灯光：准许列车由车站出发，表示运行前方至少有三个闭塞分区空闲；

一个绿色灯光和一个黄色灯光：准许列车由车站出发，表示运行前方有两个闭塞分区空闲；

一个黄色灯光：准许列车由车站出发，表示运行前方有一个闭塞分区空闲；

一个红色灯光：不准列车越过该信号机；

两个绿色灯光：准许列车由车站出发，开往半自动闭塞区间；

一个白色灯光：在兼作调车信号机时，表示准许越过该信号机调车。

（三）进路信号机

1. 进路信号机的作用

对于有几个车场的车站，为指示列车由一个车场开往另一个车场，应设进路信号机。

进路信号机按用途可分为：

接车进路信号机——对到达列车指示运行条件；

发车进路信号机——对出发列车指示运行条件；

接发车进路信号机——对到达及出发列车指示运行条件。

当同一信号机具有多种意义兼有多种作用时，应称其全名，如出站兼接发车进路信号机。

2. 进路信号机的设置

（1）对于接车进路信号机来说，与进站信号机的设置方法相同；

（2）对于发车进路信号机来说，与出站信号机的设置方法相同；

（3）对于接发车进路信号机：当两个车场间线路较长时，为了提高车站通过能力，除在车场入口处的正线上装设接车进路信号机外，还应在相邻车场的出口处的正线上装设发车进路信号机；当两个车场间紧密衔接，在车场入口处不能装设接车进路信号机时，可在相邻车场出口处的正线上装设接发车进路信号机。

在车场前或引向不同车场的分歧道岔前的信号机为接车进路信号机，如图 2-4-8 中的 XL。当为纵列式车场时，一个车场的前方衔接另一车场或线路，则该车场正线上的信号机为接发车进路信号机，如 $X_{I_{II}}$；到发线上的信号机构为发车进路信号机，如 X_{I_1}、X_{I_3}。站内正线上具有通过性质的信号机亦按接发车进路信号机设置。

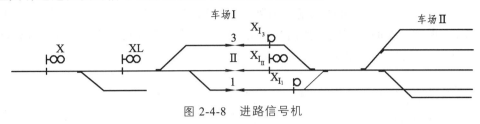

图 2-4-8　进路信号机

3. 进路信号机的显示意义

1）接车进路信号机

显示与进站信号机相同，兼作调车信号机时，点亮一个月白色灯光，准许越过该信号机调车。

2）发车进路信号机

一个绿色灯光：准许列车由车站经正线出发，表示出站和进路信号机均在开放状态；

一个黄色灯光：准许列车运行到次一架信号机之前准备停车；

一个绿色灯光和一个黄色灯光：表示该信号机列车运行前方至少有一架进路信号机在开放状态；

一个红色灯光：不准列车越过该信号机。

兼作调车信号机时，一个白色灯光表示准许越过该信号机调车。

注意：同时具有接车和发车进路功能的接发车进路色灯信号机的显示与接车、发车进路色灯信号机相同。

（四）通过信号机

车站与车站之间的区域称为站间区间。为行车安全，一个区间内每一条线路在同一时间只能被一趟列车占用。如果区间的距离较长，就会影响线路的通过能力。因此，使用非自动闭塞的区段，可以在较长区间内设置一个线路所，线路所与两相邻车站构成非自动闭塞区段的所间区间。在线路所处设置信号机，该信号机就为通过信号机，如图 2-4-9 所示。

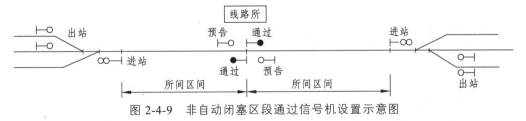

图 2-4-9　非自动闭塞区段通过信号机设置示意图

当半自动闭塞的通过能力不能满足运输需求时，就需要采用自动闭塞，再扩大列车行车的密度。

自动闭塞区段的通过信号机设置示意图如图 2-4-10 所示。将区间划分成若干个闭塞分区，在每个闭塞分区的入口处设置通过信号机进行防护。闭塞分区划分得越短，即分区数越多，线路的通过能力也就会越大。但闭塞分区的长度受列车速度、牵引重量和制动性能等因素限制的。对于三显示自动闭塞，两列列车间以间隔三架通过信号机运行；对于四显示自动闭塞，两列列车间以间隔四架通过信号机运行。为了保证行车安全，我国的铁路《技规》要求闭塞分区的长度不得小于 1 200 m。

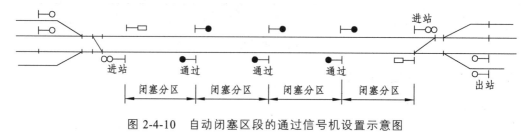

图 2-4-10　自动闭塞区段的通过信号机设置示意图

1. 通过信号机的作用

用来防护所间区间（两线路所之间或线路所与车站之间的区间）和防护闭塞区间，指示列车能否进入该信号机所防护的所间区间或闭塞分区。

2. 通过信号机的位置设置

通过信号机设在自动闭塞区段的闭塞分区分界处（第一离去闭塞分区除外，因其邻接车站，由出站信号机防护，不设通过信号机），以及非自动闭塞区段的所间区间的分界处。为了节约投资和方便维修，上、下行方向的通过信号机在不影响行车效率和司机瞭望信号的条件下，应尽可能并列设置。在确定通过信号机的具体设置位置时，应综合考虑：

（1）避免设在列车停车后、启动时容易发生车钩断裂的地点。

（2）应尽量避免设在货物列车停车后启动困难的上坡道上。遇到特殊情况，必须设在上坡道上货物列车停车后起动困难的地点时，该通过信号机应装设容许信号，但进站信号机前方的第一架通过信号机不得装设容许信号（进站信号机前方第一架通过信号机，因已接近车站，列车在进站信号机外停车的机会较多，如允许后续列车通过该信号机，容易发生追尾事故）。

（3）不准许设在隧道内及大型桥梁上。

3. 通过信号机的显示含义

1）半自动闭塞区段

一个绿色灯光：准许列车按规定速度运行；

一个红色灯光：不准列车越过该信号机。

2）三显示自动闭塞区段

一个绿色灯光：准许列车按规定速度运行，表示运行前方至少有两个闭塞分区空闲；

一个黄色灯光：要求列车注意运行，表示运行前方有一个闭塞分区空闲；

一个红色灯光：列车应在该信号机前停车；

一个红灯和一个蓝灯：容许信号显示一个蓝灯，准许列车在通过信号机显示红灯的情况下不停车，以不超过 20 km/h 的速度通过，运行到次架通过信号机，并随时准备停车。

3）四显示自动闭塞区段

一个绿色灯光：准许列车按规定速度运行，表示运行前方至少有三个闭塞分区空闲；

一个绿色灯光和一个黄色灯光：准许列车按规定速度运行，要求注意准备减速，表示运行前方有两个闭塞分区空闲；

一个黄色灯光：要求列车减速运行，按规定限速要求越过该信号机，表示运行前方有一个闭塞分区空闲；

一个红色灯光：列车应在该信号机前停车；

一个红灯和一个蓝灯：容许信号显示一个蓝灯，准许列车在通过信号机显示红灯的情况下不停车，以不超过 20 km/h 的速度通过，运行到次架通过信号机，并随时准备停车。

通过信号机实物如图 2-4-11 所示。

图 2-4-11　通过信号机

资源 2-13　通过信号
机设置图

（五）遮断信号机

1. 遮断信号机作用

为防护平交道口、桥梁、隧道以及塌方落石等危险地点而设置的信号机，叫作遮断信号机，如图 2-4-12 所示。

图 2-4-12　遮断信号机

资源 2-14　遮断信号
机设置图

2. 遮断信号机的设置

在繁忙的平交道口上，若汽车或拖拉机等机动车因故障停留在道口，或道口上散落有货物，一时又移不开时，为了能指示列车在道口外方停车，需要设立遮断信号机。

在较大的桥隧建筑物和可能危及行车安全的塌方落石地点，一般均设有固定值班的看守人员，昼夜巡视。为在发生危及行车安全的情况时及时向列车发出停车信号，要求列车在障碍地点前方停车，也需要设置遮断信号机。

由于遮断信号机的位置设置复杂，与其他信号机间的关系和距离多变，所以遮断信号机与其他信号机、区间闭塞或机车信号间不设联锁关系，应成为一个独立的、完整的、自成系统的安全防护的信号系统。遮断信号机仅防护本线路，当有多条线路时均应单独设置，而且线路两个方向亦必须分别设置。

通过信号机不准兼作遮断信号机使用。因为通过信号机是非绝对信号，而遮断信号机是绝对信号，两者性质不能混淆，更何况通过信号机在停车后启动困难的区段可装设容许信号，此时通过信号机显示红灯或显示不明时，也允许列车以不大于 20 km/h 的速度通过该信号机，更没有起到遮断作用。

为了与一般信号机区分开，遮断及其预告信号机采用方形背板、单显示机构，并在机柱上涂有黑白相间的斜线。它的设置地点距离防护地点不得少于 50 m。

3. 遮断信号机的显示

点亮一个红灯：表示运行前方危险，不准许列车越过该信号机；

不着灯：不起信号作用。

（六）预告信号机

1. 预告信号机的作用

信号显示直接关系到行车的安全和效率，也有利于改善乘务人员的劳动条件，而地面信号又常常受到地形条件和气象条件的影响，以至信号显示距离有时难以满足运营要求。因此，对进站、通过、遮断等绝对信号机，应根据实际需要装设预告信号机，预先告诉司机主体信号机的状态，以防止冒进绝对信号。

2. 预告信号机的设置

半自动闭塞区段、自动站间闭塞区段的进站信号机应设预告信号机或接近信号机，遮断信号机和半自动闭塞区段线路所的通过信号机均应装设预告信号机，以预先了解主体信号机的显示状态。

列车运行速度不超过 120 km/h 的区段，预告信号机距其主体信号机的距离按规定不得少于 800 m，以满足列车制动距离的要求。当预告信号机的显示距离不足 400 m 时，为了让司机预先有足够的时间确认信号，预告信号机距其主体信号机不得少于 1 000 m。

矮型设于桥隧上须经批准后才能采用。遮断信号机的预告信号机是高柱，和遮断信号机一样，机柱涂以黑白相间的斜线，一个单显示机构，方形背板。

3. 预告信号机的显示

预告信号机仅反映其主体信号机的开放或关闭两种状态，而不能反映主体信号机的显示内容。

1）预告信号机为二显示信号机，有黄、绿两种色灯

一个绿色灯光：主体信号机在开放状态；

一个黄色灯光：主体信号机在关闭状态。

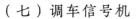

资源 2-15　预告信号机设置图

2）遮断信号机的预告信号机

显示一个黄色灯光：表示遮断信号机显示红色灯光；

不着灯：不起信号作用。

（七）调车信号机

1. 调车信号机的作用

调车信号机用于指示站内各种调车作业，如编组、解体、摘挂、转线、车辆的取送、转场、机车出入库、专用线出入线及平面溜放等，指示调车机车能否越过该信号机进行调车。

2. 调车信号机的设置

凡有调车作业的集中联锁的车站（场）均应设置调车信号机。调车信号机的设置应根据车站的调车作业过程和调车工作的繁忙程度、站内必要的平行进路和较短的机车走行距离而确定。但是，不宜采用单纯增加调车信号机和过多、过密地划分轨道电路的办法，这样不但要增加工程投资，造成设备多而复杂，还给长期的维修工作带来不良后果。

调车信号机的设置一般应考虑下列几种情况：

（1）出站及接、发车进路信号机均应设有调车信号的显示，以满足调车作业之需。

（2）尽头线、机车出入库线、机待线、专用线、牵出线、段管线及编组线等通向集中联锁区的入口处，均应装设调车信号机。单向运行的双线发车口内、进站信号机内方、单向运行的正线股道不发车端也应设调车信号机。这类信号机统称为尽头线调车信号机。

（3）在咽喉区应设置起转线、平行作业、减少调车车列走行距离等作用的调车信号机。举例站场中（请扫描信号平面布置图二维码获取），D_9、D_{11}、D_8、D_{12} 用于转线作业；D_5 是为进行平行作业而设置的信号机；D_7、D_{13}、D_{10}、D_{12} 可起到减少车列走行距离的作用。

设于咽喉区的调车信号机称为咽喉区调车信号机。按设置情况，咽喉区调车信号机分单置、并置和差置三种。在线路一侧单独设置的称为单置调车信号机，如举例站场的 D_{11}、D_{13}；在线路两侧并列设立的称为并置调车信号机，如 D_7 与 D_9；两架背向调车信号机之间可构成不小于 50 m 的无岔区段时，称为差置调车信号机，如 D_5 与 D_{15}。

3. 调车信号机的显示含义

调车信号机设有白、蓝两个色灯。

一个月白色灯光：准许越过该信号机调车；

资源 2-16　车站信号平面布置图

一个月白色闪光灯光：装有平面溜放调车区集中联锁设备时，准许溜放调车；

一个蓝色灯光：不准越过该信号机调车。

（八）驼峰信号机

1. 驼峰信号机的作用及设置

驼峰信号机是为了在驼峰调车场指挥调车机车进行推送解体作业而设置的信号机，设置在峰顶平台处。驼峰信号机的设置如图 2-4-13 所示。

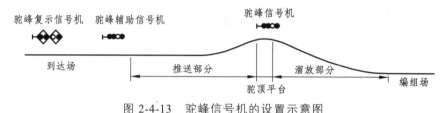

图 2-4-13　驼峰信号机的设置示意图

驼峰信号机必须采用高柱信号机，两个二显示机构，自上而下是黄、绿、红、月白。

2. 驼峰信号机显示

一个绿色灯光：准许机车车辆按规定速度向驼峰推进；

一个绿色闪光灯光：指示机车车辆加速向驼峰推进；

一个黄色闪光灯光：指示机车车辆减速向驼峰推进；

资源 2-17　驼峰信号
机设置图

一个红色灯光：不准机车车辆越过该信号机或指示机车车辆停止作业；

一个红色闪光灯光：指示机车车辆自驼峰返回；

一个白色灯光：指示机车到峰下；

一个白色闪光灯光：指示机车车辆去禁溜线。

（九）驼峰辅助信号机

1. 驼峰辅助信号机的作用及设置

在整个推峰解体过程中，调车机车位于车列尾部，为让机车司机看清信号显示，在到发线适当位置，可以设置驼峰辅助信号机。若驼峰辅助信号机仍然不能满足要求时，可装设驼峰复示信号机。驼峰辅助信号机可兼作出站或发车进路信号机。驼峰辅助信号机或驼峰辅助兼出站信号机必须采用高柱信号机，机构和灯光与驼峰信号机相同。驼峰辅助信号机及驼峰复示信号机设置示意图如图 2-4-14 所示。

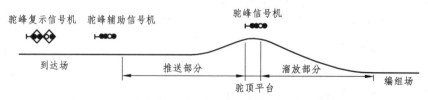

图 2-4-14　驼峰辅助信号机及驼峰复示信号机的设置

2. 驼峰辅助信号机的显示含义

（1）一个黄色灯光：指示机车车辆向驼峰预先推送；

（2）当办理驼峰推送进路后，其灯光显示与驼峰信号机的显示相同；

（3）到达场的驼峰辅助信号机平时显示红色灯光，对到达列车起停车信号的作用。

（十）复示信号机

1. 复式信号机的作用与设置

进站、出站、进路信号机及线路所通过信号机，因受地形、地物影响达不到规定的显示距离时，在其前方适当的地点应装设复示信号机。

设在车站岔线入口处的调车色灯信号机，达不到规定的显示距离时，根据需要可装设调车复示信号机。

进站、出站、进路及调车色灯复示信号机均采用方形背板，以区别于一般信号机。除进站复示信号机采用灯列式结构外，其余均为单机构、单显示。

2. 复式信号机的显示含义

进站复示信号机如图 2-4-15 所示。

（a）　　　　　　　　　　　　（b）

图 2-4-15　进站复示信号机的显示

1）进站色灯复示信号机显示

两个月白色灯光与水平线构成 60°角显示：表示进站信号机显示列车经道岔直向位置向正线接车信号[见图 2-4-15（a）]；

两个月白色灯光水平位置显示：表示进站信号机显示列车经道岔侧向位置接车信号[见图 2-4-15（b）]；

无显示：表示进站信号机在关闭状态。

2）出站及进路色灯复示信号机显示

一个绿色灯光：表示出站或进路信号机在开放状态；

无显示：表示出站或进路信号机在关闭状态。

资源 2-18　进站复示
信号机设置图

3）调车色灯复示信号机显示信号

一个月白色灯光：表示调车信号机在开放状态；

无显示：表示调车信号机在关闭状态。

（十一）机车信号机

机车信号机是设于机车司机室内的信号机，机车信号的显示应与线路上列车接近的地面信号机显示含义相符合。

机车信号显示及信息定义表 2-4-1 所示。出站信号机、接发车进路兼出站信号机显示双绿灯，表示向次要线路发车且该线路为半自动闭塞，但并非一定经道岔侧向。若经道岔侧向，机车信号显示双半黄灯；若经道岔直向，则可显示绿灯。但机车信号与列车接近的地面信号显示未能做到完全一致，其原因主要与红灯显示有关。在地面信号显示红灯的区段和列车冒进信号时，机车信号应有不同的灯光显示向司机发出告警，并用此条件向列车运行监控装置或列车运行超速防护系统提供信息。警告显示宜采用红色灯光，然而机车信号只有一个红灯，不能满足两种情况的要求，为此增加一个半黄半红灯，半黄的含义是注意减速，半红的含义是停车。该显示满足安全要求。而列车冒进信号时，机车信号显示红色灯光，指示立即停车。进站信号机的引导信号、通过信号机的容许信号和红灯同时显示。为与红灯相区别，此时机车信号显示半红半黄闪光。而未设计半红半月白和半红半蓝的原因是避免机车信号灯位过多，多灯位信号机不便安装，也影响瞭望。所以，信号机也未设计双绿显示。双半黄色闪光和带"2"字的黄色闪光都具有预告的意义，故设计为闪光。机车信号机实物如图 2-4-16 所示。

图 2-4-16　机车信号机

资源 2-19　机车信号示意图

表 2-4-1　机车信号显示及信息定义

机车信号显示	信息定义		
	四显示自动闭塞区段	三显示自动闭塞区段	半自动闭塞区段
绿灯	准许列车按规定速度运行		
半绿半黄灯	准许列车按规定速度注意运行	准许列车按规定速度注意运行（仅适用于进站越场接车）	
黄灯	要求列车减速到规定的速度等级并越过接近的显示一个黄色灯光的地面信号机	要求列车注意运行	
双半黄灯	要求列车限速运行，表示列车接近的地面信号机开放经道岔侧向位置的进路		
带"2"的黄灯	要求列车减速到规定的速度等级并越过接近的地面信号机，并预告次一架地面信号机显示 2 个黄色灯光	要求列车注意运行，预告次一架地面信号机显示 2 个黄色灯光	

双半黄色闪光	要求列车限速运行，表示列车接近的地面信号机开放 18 号及以上道岔侧向位置进路，且次一架信号机开放经道岔直向或 18 号及以上道岔侧向位置进路；或者表示列车接近设有分歧道岔线路所的地面信号机开放 18 号及以上道岔侧向位置进路	
带"2"的黄色闪光	要求列车减速到规定的速度等级并越过接近的地面信号机，并预告次一架地面信号机显示一个黄色闪光和一个黄色灯光	要求列车注意运行，预告次一架地面信号机显示一个黄色闪光和一个黄色灯光
半红半黄	要求及时采取停车措施	
半红半黄闪光	表示列车接近的进站或接车进路信号机开放引导信号或通过信号机显示容许信号	
红灯	要求列车立即采取紧急停车措施，表示列车已越过地面上显示红色灯光的信号机	
白灯	不复示地面上的信号显示，机车乘务人员应按地面信号机的显示运行；双线双向自动闭塞反方向按站间闭塞运行	不复示地面上的信号显示，机车乘务人员应按地面信号机的显示运行
无显示	机车信号机在停止工作状态	

三、信号显示距离

信号的显示距离是指从机车上以人的目力能够连续地清楚辨认信号显示的线路距离。

各种信号机及信号表示器在列车规定分级制动距离小于 800 m（列车速度为 120 km/h 时的紧急制动距离）的显示距离规定如下：

（1）进站通过、遮断信号机的显示距离不得少于 1 000 m。对进站通过遮断信号机的显示距离应严格要求，列车紧急制动距离 800 m 加上司机确认信号和开始制动距离 200 m，共 1 000 m，以保证机车司机确认红灯信号后并紧急制动，能使列车在信号机前方安全停车。在装设此类信号机时应设法选择适当地点尽可能使其显示距离达到标准。因条件限制在地形、地物影响视线的地方，如在山区弯道多、曲线半径小、隧道接连不断的不利条件下，显示距离实在无法达到标准时，考虑到它们均设有预告信号机，因此允许显示距离降低到不小于 200 m。

（2）高柱出站、高柱进路信号机的显示距离不得少于 800 m，矮型出站、矮型进路信号机的显示距离不得少于 200 m。因出站和进路信号机前方已有进路或进站信号机起到预告显示的作用，并且这些信号机所处的地形、地物复杂易受各种条件影响，妨碍视线，所以对它们的显示距离规定较低。高柱出站信号机、高柱进路信号机一般设于正线，防护接车进路，有指示列车通过的意义，列车速度较高，故规它们的显示距离不小于 800 m。矮型出站、矮型进路信号机设于侧线，列车出发的速度较低，故规定它们的显示距离不得小于 200 m。

（3）预告信号机的显示距离不得少于 400 m。预告信号机本身没有停车信号显示，仅仅预告主体信号机的显示。预告信号机的显示距离在最坏条件下，规定不得小于 200 m。

（4）调车、复示信号机、容许、引导信号及各种表示器的显示距离不得少于 200 m。调车信号机调车速度低；复示信号机是一种附属性的信号机，用来复示主体信号机的显示状态；司机在看到容许信号及引导信号显示之前，已经看到了主体信号机要求停车的信号显示，而且它们的允许通过速度都很低（不大于 20 km/h），并随时准备停车；各种信号表示器仅起表示作用，而且机构的光学设备也十分简单，所以这些信号机和信号表示器的显示距离要求不小于 200 m 即可。

列车运行速度在 120 ~ 160 km/h 时采用四显示自动闭塞，其速度等级一般分三级。例如，速度分为 140 ~ 110 ~ 0 km/h 三级，110 ~ 140 km/h 和 0 ~ 110 km/h 就是一个速度级差，一个闭塞分区的长度只需满足一个速度等级所需的制动距离就可以，所以原来规定的信号显示距离也就适应了提速后的需要。

任务五　信号表示器的设置及意义

信号表示器用以表示某些与行车有关设备的位置和状态，或表示信号显示的某些附加意义的铁路信号机具，它和信号机不同的是，它没有防护（进路和区间等）意义。信号表示器常用的有：道岔表示器、发车表示器、车挡表示器、脱轨表示器、发车线路表示器、调车表示器、水鹤表示器。

一、道岔表示器

道岔表示器用在非集中联锁车站上表示该道岔的开通方向，以便车站扳道及有关行车调车人员确认道岔开通方向是否正确。

资源 2-20　各类表示器

道岔表示器的显示含义：

（1）昼间无显示，夜间为紫色灯光：表示道岔位置开通直向，如图 2-5-1 所示。

（a）　　　　　　　　　　　（b）

图 2-5-1　道岔表示器显示状态

（2）昼间为中央划有一条鱼尾形黑线的黄色鱼尾形牌，夜间为黄色灯光：表示道岔位置开通侧向，如图2-5-2所示。

（a）　　　　　　　　　　　　　　（b）

图2-5-2　道岔表示器的显示状态

（3）在调车区为集中联锁时，进行连续溜放作业的分歧道岔应有道岔表示器，平时无显示，当进行溜放作业时，其显示方式如下：

紫色灯光：表示道岔开通直向，如图2-5-3（a）所示；

黄色灯光：表示道岔开通侧向，如图2-5-3（b）所示。

（a）　　　　　　　　　　　　　　（b）

图2-5-3　进行连续溜放作业的分歧道岔表示器

二、脱轨表示器

脱轨表示器设在集中联锁以外的脱轨器、脱轨道岔及引向安全线、避难线的道岔上，表示线路的开通或遮断。当线路遮断时，机车乘务员应引起注意。

脱轨表示器的显示含义：

（1）昼间为带白边的红色长方牌，夜间为红色灯光：表示线路在遮断状态，如图2-5-4所示。

（2）昼间为带白边的绿色圆牌，夜间为月白色灯光：表示线路在开通状态，如图2-5-5所示。

（a）　　　　　　　　　　　　（b）

图 2-5-4　脱轨表示器表示线路遮断的显示

（a）　　　　　　　　　　　　（b）

图 2-5-5　脱轨表示器表示线路在开通状态的显示

三、进路表示器

进路表示器通常装在连接两个或三个运行方向的出站信号机上，用以区分发车进路的开通方向。进路表示器仅在其主体信号机开放后，才能着灯，用于区别进路开通方向或双线区段反方向发车，不能独立构成信号显示。

1. 两个发车方向的显示

当信号机在开放的条件下，分别按左、右两个白色灯光，区别进路开通方向。

2. 三个发车方向的显示

信号机在开放状态及机柱左方显示一个白色灯光：表示进路开通，准许列车向左侧线路发车；

信号机在开放状态及机柱中间显示一个白色灯光：表示进路开通，准许列车向中间线路发车；

信号机在开放状态及机柱右方显示一个白色灯光：表示进路开通，准许列车向右侧线路发车。

3. 四个及以上发车方向的显示

进路表示器按灯光排列表示，四个发车方向（A、B、C、D 方向）的进路表示器设置如图 2-5-6 所示。

（a）　　　　　　　　　　　　（b）

图 2-5-6　四个发车方向的进路表示器设置示意图

四个发车方向（A、B、C、D 方向）的进路表示器显示方式如下：

信号机在开放状态及表示器左方横向显示两个白色灯光：表示进路开通，准许列车向左侧 A 方向线路发车；

信号机在开放状态及表示器左方斜向显示两个白色灯光：表示进路开通，准许列车向左侧 B 方向线路发车；

信号机在开放状态及表示器右方斜向显示两个白色灯光：表示进路开通，准许列车向右侧 C 方向线路发车；

信号机在开放状态及表示器右方横向显示两个白色灯光：表示进路开通，准许列车向右侧 D 方向线路发车。

4. 双线区段仅用于区分反方向发车的显示

信号机在开放状态且表示器不着灯：准许列车正方向发车；

信号机在开放状态及表示器显示一个白色灯光：准许列车反方向发车。

四、发车表示器

发车表示器一般装于旅客站台列车出发一端的雨棚下（见图 2-5-7），经常不着灯；着灯时显示一个白色灯光，表示本次列车的运转车长，已准许向区间发车。

不许发车的线路，所属该线路的发车线路表示器不能着灯。

图 2-5-7　发车表示器

五、发车线路表示器

发车线路表示器是在线群出站信号机开放的情况下，补充说明允许某条线路发车所用的表示器。线群出站信号机开放，允许调车场的列车往区间发车，由于调车场有多条调车线，为防止停留在调车线上不应出发的列车抢道先行，在允许直接发车的调车线上均装设了发车线路表示器，平时不点灯。在线群出站信号机开放后，以及进路上道岔位置正确的条件下，相应调车线上的发车线路表示器点亮月白色灯光，表示该股道列车可以发车。

发车线路表示器在线群出站信号机开放后显示一个白色灯光，表示准许该线路上的列车发车，如图 2-5-8 所示。

图 2-5-8　发车线路表示器

对于不许发车的线路，所属该线路的发车线路表示器不能着灯。

发车线路表示器可用于驼峰调车场，作为调车线路表示器，显示一个白色灯光，表示准许调车。

六、调车表示器

调车场因受地形、地物影响，调车机车司机瞭望调车指挥人的手信号有困难时，需设置调车表示器。调车表示器由调车指挥人使用，代替调车指挥人的手信号。

调车表示器的显示：

调车表示器可向前后两个方向单独显示；

当向调车区显示一个白色灯光时，准许调车机车车辆由调车区向牵出线运行；

当向牵出线显示一个白色灯光时，准许机车车辆向调车区运行；

当向牵出线方向同时显示两个白色灯光时，准许机车车辆自牵出线向调车区溜放。

七、车挡表示器

车挡表示器设置在线路终端的车挡上，昼间一个红色方牌，夜间显示一个红色灯。安全线及避难线可不设置车挡表示器。

八、水鹤表示器

水鹤臂管横在线中上方导致侵入建筑接近限界，妨碍机车车辆的通过。司机确认线路上方有水鹤表示器后应及时停车。

任务六　信号机及表示器的命名

不同用途的信号机设置地点不同，命名也不同。

一、进站信号机

进站信号机的命名是按列车运行方向进行的，上行用 S 表示，下行用 X 表示。若在车站一端有多个方向的线路接入，则在 S 或 X 的右下角加上该信号机所属线路名的汉语拼音字头，如东郊方面的下行进站信号机为 X_D；汉口方面的上行进信号机为 S_H。若在同一方向有几条线路引入，出现并置的进站信号机时，则应加缀区间线路名称（单方向可不加）或顺序号，如山海关方面的上行进站信号机编为 S_{S2}、S_{S4}；北京方面的下行进路信号机为 X_{B1}、X_{B2}（上行用双数，下行用单数）。反方向进站信号机用 S_F、X_F 表示。

二、出站信号机

出站信号机按列车运行方向命名，上行用 S 表示，下行用 X 表示，在名称的右下角加股道号，如 S_1、X_3 等。线群出站信号机应加所属线群的股道号，如 $S_{5\sim8}$，有数个车场时，则先加车场号，再在右下角缀以股道号，如 S_{I2}、X_{II3}。

三、接车进路信号机

接车进路信号机按列车运行方向命名，上行为 SL，下行为 XL。当有并置或连续布置的接车进路信号机时，则在其右下角加顺序号，如 SL_2、SL_4、XL_1、XL_3 等（上行用双数，下行用单数）。

四、发车进路信号机

发车进路信号机按列车运行方向命名，上行用 S 表示，下行用 X 表示，并在 S 或 X 右下角先加车场号，再加股道号。如 I 场的上行 3 股道发车信号，信号机为 S_{I3}，II 场下行 4 股道发车进路信号机为 X_{II4}。

五、调车信号机

调车信号机的编号用 D 表示，并在其右下角缀以顺序号。从列车到达方向顺序编号，上行咽喉用双号，下行咽喉用单号，如 D_1、D_3、D_2、D_4 等。若有数个车场时，则每个车场所属的调车信号机均用百位数字表示，以百位数表示车场，如 I 场的 D_{101}、D_{103}，II 场的 D_{202}、D_{204} 等。如同一咽喉区调车信号机超过 50 架时，则超出部分的调车信号机编为 D_{1101}、D_{1103}、D_{2100}、D_{2102} 等，此时千位数表示车场号。

六、预告信号机

预告信号机的编号，第一个字母为 Y，后面缀以主体信号机的编号，如 YX_D；接近信号机的编号，第一个字母为 J，后面缀以主体信号机的编号，如 JX 或 JS。

七、复示信号机

复示信号机的编号，第一个字母是 F，后缀以主体信号机的编号，如进站复示信号机 FX，出站复示信号机 FS_{II}，调车复示信号机 FD_{103}。

八、通过信号机

自动闭塞区段的通过信号机的名称以该信号机所在地点坐标公里数和百米数表示，下行编为奇数，上行编为偶数，例如在"100 km + 350 m"处的并置通过信号机，下行方向的编为 1003，上行方向的编为 1004。区间正线有分歧道岔的通过信号机，包括自动闭塞和非自动塞区段的，以 T 字母命名，并在其右下角缀以运行方向，如 T_S、T_X，当有数架并存时，再加缀顺序号，如 T_{S2}、T_{S4}、T_{X1}、T_{X3}（上行用双数，下行用单数）。

九、发车线路表示器

发车线路表示器以 XB 表示，加在 S（表示上行）X（表示下行）的前面，在 S 或 X 的右下角缀以线路号，如 XBS_5 表示上行 5 股道的发车线路表示器。

十、发车表示器

发车表示器以 B 表示，加在所属出站信号机的前面，如 BS_3 表示上行 3 股道出站信号机的发车表示器。

进路表示器、道岔表示器不单独命名，与所属信号机或道岔的名称和编号相同。

任务七　信号机的维护

一、标准化作业总则

（一）集中检修标准化作业准备工作

（1）召开班前分工会。做到分工明确、责任明确、工作量明确、安全措施明确、双人作业。检修工具和安全防护用品状态完好，作业人员能正确使用，并按规定着装。

（2）材料：白布、棉纱、各种开口销、螺帽、弹垫、平垫、机油等，根据作业需要备齐。

（3）工具：联系电话、测试仪表、设备钥匙、个人工具、检修所需的专用工具。

（二）电务基本安全制度和作业纪律

1. 三不动

（1）未登记联系好不动。

（2）对设备性能、状态不清楚不动。

（3）正在使用中的设备（指已办理好进路或闭塞的设备）不动。

2. 三不离

（1）工作完了，不彻底试验良好不离。

（2）影响正常使用的设备缺点未修好前不离。

（3）发现设备有异状时，未查清原因不离。

3. 四不放过

（1）事故原因分析不清不放过。

（2）没有防范措施不放过。

（3）事故责任者和职工没有受到教育不放过。

（4）事故责任者没有受到处理不放过。

4. 三预想

（1）工作前预想：联系、登记、检修准备、防护措施是否妥当。

（2）工作中预想：有无漏修、只检不修及造成妨害的可能。

（3）工作后预想：是否检和修都彻底，复查试验、加封加锁、消记手续是否完备。

5. 电务工作人员作业纪律

（1）严禁甩开联锁条件，借用电源动作设备。

（2）严禁采用封连线或其他手段封连各种信号设备电气接点。

（3）严禁在轨道电路上拉临时线构通电路造成死区间，或盲目用提高轨道电路送电端电压的方法处理故障。

（4）严禁色灯信号机灯光灭灯时，用其他光源代替。

（5）严禁甩开联锁条件，人为构通道岔假表示。

（6）严禁未登记要点使用手摇把转换道岔。

（7）严禁代替行车人员按压按钮、转换道岔、检查进路、办理闭塞和开放信号。

（8）严禁偷点、抢点作业。

6. 电务现场作业控制制度

（1）指定专人负责室内联系登记要点防护工作，经车站值班员签认后，方可上道作业。防护员必须按"三通知"（邻站报开、信号开放、列车接近）的要求，提前 5 分钟将列车或车辆动态信息准确地通知到现场作业人员。联系应使用标准用语，语义简明、确切，做到互相复诵。

（2）现场作业人员必须服从室内防护员指挥，及时恢复设备、及时停止作业、及时下道避让。下道后，人和设备机具材料均不得侵限。

（3）电务天窗点外作业：不影响电务设备机械强度、电气特性，进行道岔缺口检查、道岔转换试验、轨道电路电压测试、主副灯丝转换试验、各部螺栓检查紧固等不影响电务设备正常使用的作业，在行车设备检查登记簿登记后由车站值班员掌握安排。严禁利用速度为 160 km/h 及以上的列车与前一趟列车之间的间隙时间作业，其他维修项目必须纳入天窗。

（4）电务天窗点内作业：天窗命令下达后，防护员应及时通知所有作业人员，开始天窗点内作业。每个单项作业完毕后，由作业组长或工长验收为达标，试验良好后方可销记。

二、色灯信号机集中检修标准化作业程序

资源 2-21　信号机检修流程视频

（一）色灯信号机集中检修标准化作业程序（天窗外）

色灯信号机天窗点外检修标准作业程序如图 2-7-1 所示。

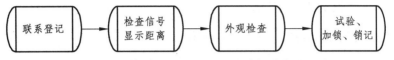

图 2-7-1　色灯信号机天窗点外检修标准作业程序

色灯信号机天窗点外检修作业内容如表 2-7-1 所示。

表 2-7-1　色灯信号机天窗点外检修作业内容

程序	项目	天窗点外检修内容
一	联系登记	1. 指定专人负责联系登记要点防护工作； 2. 联系登记，经车站值班员同意并签字后方可开始作业
二	检查信号 显示距离	1. 信号显示距离检查； 2. 影响信号显示的杂物、杂草清理
三	外观检查	1. 基础稳固，硬化面完好，机柱正直； 2. 各种箱盒（含继电器箱）外部检查； 3. 机构、机柱及梯子机械强度检查； 4. 各部螺丝紧固注油，开口销，加锁检查
四	试验、加锁、销记	试验良好，销记

（二）色灯信号机集中检修标准化作业程序（天窗内）

色灯信号机天窗内检修标准作业程序如图 2-7-2 所示。

图 2-7-2　色灯信号机天窗内检修标准作业程序

色灯信号机天窗点内检修作业内容如表 2-7-2 所示。

表 2-7-2　色灯信号机天窗内检修作业内容

程序	项目	天窗点外检修内容
一	联系登记	1. 指定专人负责联系登记要点防护工作； 2. 联系登记，经车站值班员同意并签字后方可开始作业
二	箱盒、机构内部检修	1. 箱盒（含继电器箱）机构内部清扫，图物核对；配线端子、器材安装、防尘防水、熔断器容量检查，不良整修。 2. 主副灯丝转换及报警试验，电气特性测试
三	试验、验收、加锁、销记	1. 工长或作业组长验收，验收内容：主副灯丝转换试验、电气特性、信号显示距离； 2. 试验良好，加锁、销记

三、色灯信号机的维护周期

（一）信号机日常养护、集中修周期

目前信号机日常养护的周期为：站内每月 2 次，区间每月 1 次。

信号机集中修的周期为：一年一次。

（二）信号机器材入所修、更换周期

信号机器材入所修、更换周期表如表 2-7-3 所示。

表 2-7-3　信号机器材入所修、更换周期表

设备名称	顺号	器材名称	型号	更换周期/年	寿命/年
色灯信号机	1	变压器		故障修	15
	2	智能点灯单元		故障更换	10
	3	色灯信号机透镜组、LED 发光盘		不良更换	
	4	信号机灯泡	双丝转换带报警	红 2，其他故障更换	
			双丝转换无报警	0.5	
			调车	故障换	
			双灯泡双丝定焦盘灯组	故障修	
机车信号机	1	灯泡	发光二极管	故障换	
			白灯	0.5	
			其他灯泡	1	

四、色灯信号机集中检修质量标准

（一）信号机设置要求

信号机（含信号表示器，下同）的设置位置和显示方向，应使接近的列车或车列容易

辨认信号显示并不致被误认为是邻线的信号机。信号机的显示，均应达到最远。曲线上的信号机，应使接近的列车尽量不间断地看到其显示（受地形、地物限制的除外）。

（二）信号显示距离标准

各种信号机表示器，在正常情况下的显示距离：

（1）进站、通过、接近、遮断信号机，不得小于 1 000 m。

（2）高柱出站、高柱进路信号机，不得小于 800 m。

（3）预告、驼峰、驼峰辅助信号机，不得小于 400 m。

（4）调车、矮型进站、矮型出站、矮型进路、复示信号机、容许、引导信号及各种表示器，不得小于 200 m。

在地形、地物影响视线的地方，进站、通过、接近、预告、遮断信号机的显示距离，在最坏条件下，不得小于 200 m。

（三）信号机的安设应符合的要求

（1）水泥信号机柱不得有裂通圆周的裂纹，裂纹超过半周的应采取加固措施；纵向裂纹时，钢筋不得外露；机柱顶端须封闭，不得进雨雪。

（2）水泥信号机柱的埋设深度为柱长的 20%，但不得大于 2 m；卡盘的埋深应符合安装标准和设计要求；机柱周围应夯实，并硬面化。

（3）设在路堤边坡的信号机，如有影响信号机稳固的因素时，应以砌石或围桩加固。当用片石、水泥砂浆砌围，砌围边缘距信号机柱边缘不小于 800 mm。

（4）信号机梯子中心线与机柱中心线应一致，梯子无过甚弯曲，支架应水平安装。

（四）色灯信号机的其他要求

（1）同一机柱上的色灯信号机构，其安装位置应保证各灯显示方向一致；两个同色灯光的颜色应一致。

（2）信号机构的灯室之间不应窜光，并不应因外光反射而造成错误显示。

（3）信号机构的光源应正确调整在透镜组的焦点上。

（4）机构门应密封良好，且开启灵活。

（5）机构的各种透镜、偏散镜不得有裂纹和影响显示的剥落。

（6）双丝灯泡的自动转换装置，当主丝断丝后，应能自动转至副丝，有断丝报警功能的，应报警。

（7）信号机名称和反向预告标牌应清晰完好。

（8）信号机灯泡主灯丝断丝后应及时更换。

（9）色灯信号机灯泡的端子电压为额定值的 85%~95%（调车信号为 75%~95%，容许信号为 65%~85%）。

（五）色灯信号机灯泡的要求

发现色灯信号机灯泡有下列任一情况时不准使用：

（1）主、副灯丝同时点亮，或其中一根灯丝断丝。

（2）灯泡漏气，冒白烟，内部变黑。

（3）灯口歪斜、活动或焊口假焊。

（六）信号点灯单元的要求

点灯单元安装牢固，不得松动。当主灯丝断丝时，能自动转换点亮副灯丝，且报警。

（七）电气特性测试项目及标准

（1）点灯变压器（点灯单元）Ⅰ、Ⅱ次侧电压，灯丝继电器交直流电压。

（2）主副灯丝点灯端电压。12 V 灯泡端电压为 10.2 ~ 11.4 V（调车信号机为 9 ~ 11.4 V）。

（3）FDZ 发光盘专用点灯装置（LED）。输入交流 176 ~ 235 V 时，其输出直流电压 12 ± 1（V）。

（4）区间通过信号机点灯电流，单灯位大于 93 mA。

（5）机构引入线全程对地绝缘，电缆全程对地绝缘测试。

（6）电气特性不良、查找处理。

（7）地线、防雷元件测试，不良整修更换（每年 4 月底前完成）。

复习思考题

1. 固定信号是如何分类的？

2. 透镜式色灯信号机由哪些部件组成？各有什么作用？

3. 简述透镜式色灯信号机光系统的基本原理。

4. 组合式色灯信号机和透镜式色灯信号机相比有何不同？有何优点？

5. 简述色灯信号机检修作业程序及技术标准。

6. 铁路信号灯泡有哪几种？如何判别信号灯泡的主灯丝和副灯丝？

7. LED 色灯信号机有哪些优点？

8. 信号机位置的设置有哪些原则要求？何时采用高柱信号机？何时采用矮型信号机？

9. 简述各种信号机的作用及对设置位置的要求。

10. 信号机和信号表示器有何不同？各种信号机及信号表示器如何命名？

11. 各种信号机定位如何显示？对它们的关闭时机有怎样的规定？

12. 何为降级显示？举例说明。

13. 简述各种信号机的显示意义。

14. 简述机车信号机的显示意义。

15. 对信号显示距离有哪些规定？

项目三　轨道电路

任务一　轨道电路概述

轨道电路是以铁路线路的两根钢轨作为导体，两端加以电气绝缘或电气分割，并接上送电设备和受电设备构成的电路。轨道电路作用：用来监督线路的占用情况，将列车运行与信号显示等联系起来，即通过轨道电路向列车传递行车信息；是铁路信号的重要基础设备，它的性能直接影响行车安全和运输效率。

一、组成原理

轨道电路是以铁路线路的两根钢轨作为导体，两端加以机械绝缘（或电气绝缘），并用引接线连接信号电源和接收设备所构成的电气回路。轨道电路由钢轨、轨道绝缘、轨端接续线（减少两条钢轨接头处的电阻而增加的连线）引接线（将设备接向钢轨所需的连线）送电设备及受电设备等主要元件组成，如图 3-1-1 所示。

轨道电路按照电压的送电顺序，分为送电设备、线路和受电设备三部分。

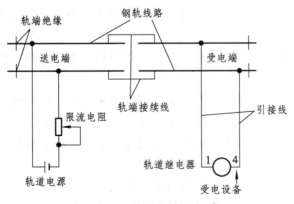

图 3-1-1　轨道电路的组成

资源 3-1　轨道电路现场实物图

送电设备在送电端，由轨道电源和限流电阻组成。轨道电源提供轨道电路工作电源，限流电阻保护电源不致因为负荷而损坏，同时保证列车占用轨道电路时，轨道继电器可靠落下，应注意限流电阻是按规定固定使用的，不允许私自调整。需要特别注意的是：在轨道电路中，送端限流电阻是固定使用的。

受电设备在受电端，一般采用继电器，称为轨道继电器，由它来接收轨道电路的信号电流。

钢轨是轨道电路的导体，为减小钢轨接头的接触电阻，增设了轨端接续线。钢轨绝缘是为分割相邻轨道电路而装设的。两绝缘节之间的钢轨线路，称为轨道电路的长度。

送端设备包括了引接线、中连板、扼流变压器箱、信号变压器箱以及信号变压器箱内的保险管、送端轨道变压器和限流电阻等。

受端室外设备类似于送端室外设备，不同的是，受端的信号变压器箱内没有限流电阻。

受端室内设备主要有轨道继电器、防护盒和防雷保护器（也称防雷补偿器）。

二、基本工作原理和状态

轨道电路的基本工作状态分为调整状态、分路状态和断轨状态三种（见图 3-1-2），受道砟电阻、钢轨阻抗和电源电压的影响最大。

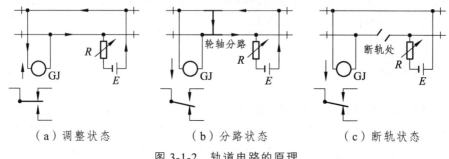

（a）调整状态　　　　　（b）分路状态　　　　　（c）断轨状态

图 3-1-2　轨道电路的原理

（一）调整状态

列车未进入轨道电路，即线路空闲时，电流通过轨道继电器线圈，使它保持在吸起状态，也称之为调整状态。

轨道电路的调整状态，就是轨道电路完整和空闲、接收设备（如轨道继电器）正常工作时的状态，即定位状态。

在调整状态时，电流通路：轨道电源→送端的变压器、限流电阻、引接线→钢轨（含轨端连接线）→受端的引接线、变压器→轨道继电器线圈，使得轨道继电器有电吸起。

在调整状态时，轨道继电器从钢轨上接收到的电流越大，它的工作就越可靠。但这个电流值将随着道砟电阻、钢轨阻抗、发送电压的变化而变化。

调整状态的最不利条件是：发送电压最低、钢轨阻抗最大、道砟电阻最小，同时轨道电路长度为极限长度。在最不利条件下，轨道电路接收设备应能可靠工作，反映轨道电路的空闲状态。

（二）分路状态

当列车进入轨道电路，即线路被占用时，轨道电路分路，电流同时通过轮对和轨道继电器，由于轮对电阻比继电器线圈电阻小得多，形成很大的分流作用，并使电源输出电流显著加大，限流电阻上的压降随之增大，减少送向两根钢轨间的电压，因而流经轨道继电器的电流减少到它的落下值，使轨道继电器释放衔铁，轨道继电器可靠落下，称之为分路状态。

轨道电路分路状态，就是当轨道电路区段有车占用时，接收设备（如轨道继电器）应被分路而停止工作的状态。

在分路状态时，轨道电源通过送端的限流电阻、引接线，在钢轨处被轮对短路形成送端方向的短路电气回路，轨道继电器线圈无电流通过而落下。

当列车占用轨道时，它的轮对在两钢轨之间形成的电阻，按一般电路的分析，可看成是短路作用。但轨道电路是低电阻电路，所以列车占用时，只能看成两钢轨间跨接了一个分路电阻，故称分路状态。

分路状态的最不利条件是：发送电压最高、钢轨阻抗最小、道砟电阻最大、列车分路电阻也最大（车轻、轮对少、车轮与钢轨接触面不洁）。在分路状态的最不利条件下，轨道电路接收设备应能可靠地停止工作，反映轨道电路区段有车占用。

（三）断轨状态

轨道电路的断轨状态是指轨道电路的钢轨在某处折断时的情况，此时继电器应可靠落下。

此时钢轨虽已折断，但轨道电路仍可通过大地构成回路，接收设备中还会有一定值的电流流过。为了确保安全，断轨时接收设备应不能工作。

断轨状态的最不利条件是，断轨时轨道电路的参数变化使轨道接收设备中获得最大电流。它除了与钢轨阻抗模值最小、发送电压最大有关外，断轨地点和道砟电阻的大小也有一定的影响。有两个使接收设备中电流最大的最不利数据——临界断轨地点和临界道砟电阻。

除了上述三种基本状态，还有短路故障状态。当轨道电路区段无列车占用时，由于钢轨辅助设备的不正常接触，或外界短路线造成两根钢轨之间短路（此时的短路也是分流），使 GJ 由于得不到足够的电流而失磁落下衔铁，并且闭合其后接点，称为短路故障状态。

三、轨道电路作用

（一）监督列车的占用

利用轨道电路监督列车在区间或列车和调车车列在站内的占用情况，反映该线路是否空闲，为开放信号、建立进路或构成闭塞提供依据；还利用轨道电路的被占用关闭信号，把信号显示与轨道电路是否被占用结合起来。

（二）传递行车信息

例如，移频自动闭塞利用轨道电路中传递不同的频率来反映前行列车的位置，决定各信号机的显示，为列车运行提供行车命令。

轨道电路中传送的行车信息，还为列车运行自动控制系统直接提供控制列车运行所需要的前行列车位置、运行前方信号机状态和线路条件等有关信息，以决定列车运行的目标速度，控制列车在当前运行速度下是否停车或减速。即轨道电路广泛作为传递行车信息的通道。

（三）断轨检查

轨道电路电流流过钢轨。在钢轨断轨情况下，电流通过径路中断，由于道砟电阻的大小和断轨地点问题，轨道继电器仍然有电流流过，但不足以保持继电器吸起，轨道电路显示红光带。

四、对轨道电路要求

（1）当轨道电路空闲且设备良好时，轨道继电器应可靠吸起。

（2）轨道电路在任何一点被列车占用时，即使只有一个轮对进入轨道电路，轨道继电器应立即释放衔铁。

（3）当轨道电路不完整时，断轨、断线或绝缘破损，轨道继电器应立即释放衔铁，关闭信号。

（4）对某些轨道电路，还应实现由轨道向机车传递信息的要求。

五、轨道电路分类

（1）按动作电源分类，分为直流轨道电路和交流轨道电路。

（2）按工作方式分类，分为开路式轨道电路（平时开路，继电器落下）和闭路式轨道电路（平时构成回路，继电器吸起）。

（3）按所传递的电流特性分类，分为连续式、脉冲式、计数电码式和频率电码式以及数字编码式。

连续式轨道电路传送连续的交流或直流电流。

脉冲轨道电路传送断续的电流脉冲。

计数电码轨道电路传送断续的电流，即由不同长度脉冲和间隔组合成电码。

移频轨道电路传送的是移频电流。

数字编码式轨道电路采用的不是单一低频调制频率，而是若干比特的一组调制频率。

（4）按分割方式分类，分为有绝缘轨道电路和无绝缘轨道电路。无绝缘轨道电路又分为电气隔离式、自然衰耗式和强制衰耗式。

（5）按使用处所分类，分为区间轨道电路和站内轨道电路。

（6）按轨道电路内有无道岔分类，站内轨道电路分为无岔区段轨道电路和道岔区段轨道电路。

（7）按适用区段分类，分为非电气化区段轨道电路和电气化区段轨道电路。

（8）按轨道电路利用钢轨作为通道的方式分类，分为双轨条轨道电路和单轨条轨道电路。

六、钢轨绝缘

（1）钢轨绝缘安装在轨道电路分界处，以保证相邻轨道电路之间可靠的电气绝缘，使它们互不干扰。

除了钢轨绝缘外，轨道电路区段的轨距杆、道岔连接杆、道岔连接垫板、尖端杆、转辙机的安装装置以及其他有导电性能的连接两钢轨的配件，均应装设绝缘并应保持绝缘良好。否则，任一连接杆绝缘不良，都会破坏轨道电路的正常工作。

钢轨绝缘受机车车辆的频繁冲击，又处于日晒雨淋、酷暑严冬的环境中，是轨道电路的薄弱环节。制作钢轨绝缘的材料主要有钢纸板、玻璃布板、尼龙塑料板等，此外还有适合提速线路使用的胶接钢轨绝缘。

钢轨绝缘由轨端绝缘、槽型绝缘、绝缘套管（绝缘管、绝缘垫圈）等组成。槽型绝缘按分段形式，可分为一段（整体式）二段、三段三种；按轨型分为 P-43 kg，P-50 kg 和 P-60 kg 三种。

（2）安装要求参照《信号维护规则》。

钢轨绝缘应做到钢轨、槽型绝缘、钢轨连接夹板（鱼尾板）相吻合，轨端绝缘安装应与钢轨保持平直。采用高强度钢轨绝缘时，每根螺栓紧固后的扭矩为 43 kg/m，50 kg/m 钢轨应不小于 700 N·m，60 kg/m 及其以上钢轨应不小于 900 N·m。

（3）装有钢轨绝缘处的轨缝应保持在 6～10 mm，两钢轨头部应在同一平面上，高低相差不大于 2 mm，在钢轨绝缘处的轨枕应保持坚固，道床捣固良好。

（4）轨道电路钢轨绝缘的设置应符合下列要求：

在道岔区段，设于警冲标内方的钢轨绝缘，除了双动道岔渡线上的绝缘外，其安装位置距离警冲标不得小于 3.5 m，当不得已必须装于警冲标内方小于 3.5 m 处时，应按照侵入限界考虑。

轨道电路的两钢轨绝缘应设在同一坐标处，当不能设在同一坐标处时，其错开的距离（死区段）应不大于 2.5 m。对旧结构道岔，道岔内的死区段不大于 5 m。

设于信号机处的钢轨绝缘，应与信号机坐标相同。当不能设在同一坐标时，应符合下列要求：进站、接车进路信号机和自动闭塞区间并置的通过信号机处，钢轨绝缘可设在信号机前方 1 m 或后方 1 m 的范围内。

出站（包括出站兼调车）或发车进路信号机、自动闭塞区间单置的通过信号机处，钢轨绝缘可设在信号机前方 1 m 或后方 6.5 m 的范围内。

集中联锁车站的牵出线、机待线、出库线、专用线或其他用途的尽头线入口处的调车信号机前方，应设轨道电路，其长度不得小于 25 m。

列车运行速度不超过 120 km/h 时，非自闭区段的集中联锁车站进站预告信号机处的钢轨绝缘，宜安装在预告信号机前方 100 m 处。

异型钢轨接头处，不得安装绝缘。

在平交道口处的钢轨绝缘，应安装在公路路面两侧外部小于 2 m 处，桥梁（隧道）护轮轨两端应安装钢轨绝缘，护轮轨超过 200 m 时，每根护轮轨间隔 200 m 增加 1 组钢轨绝缘。

七、站内轨道电路划分和命名

轨道电路之间采用钢轨绝缘把两个轨道电路隔离成互不干扰的独立的电路单元。每个轨道电路单元称为轨道电路区段。轨道电路划分为许多区段，以保证轨道电路的可靠工作、满足排列平行进路的需要和便于车站作业。

（一）划分原则

信号机的内外方应划分为不同的区段：

凡是能平行运行的进路，应用钢轨绝缘将它们隔开，形成不同的轨道电路区段。

在一个轨道电路区段内，单动道岔最多不超过 3 组，复式交分道岔不得超过 2 组。

有时为了提高咽喉使用效率，把轨道电路区段适当划短，使道岔能及时解锁，立即排列别的进路，但列车提速以后，为了保证机车信号的连续显示，又不希望轨道电路区段过短。

（二）命名原则

1. 道岔区段轨道电路是根据道岔编号来命名的

只包含一组道岔的轨道电路，用其所包含的道岔编号来命名，如 3DG、1DG；包含两组道岔的轨道电路，用两组道岔编号连缀来命名，如 7-9DG、13-19DG；包含三组道岔的轨道电路，则以两端的道岔编号连缀来命名，如 11-27DG，包含了 11、23、27 号 3 组道岔。

2. 无岔区段命名有不同的情况

对于股道，以股道号命名，如 I G、II G。

进站信号机内方及双线单方向运行的发车口的无岔区段，根据所衔接的股道编号加 A（下行）咽喉及 B（上行）咽喉来表示。上行咽喉发车口处的无岔区段衔接股道为 II G，该无岔区段即称为 II AG。

半自动闭塞区间进站信号机外方的接近区段，用进站信号机名称后加 JG 来表示，若信号机是 XD，则为 XDJG；或用预告信号机名称 YXD 来命名，如 YXDG。

差置调车信号机之间的无岔区段，以两端相邻的道岔编号写成分数形式来表示。如 D5、D15 间的 1/19 WG，D4、D6 间的 2/20 WG。

牵出线、机待线、机车出入库线、专用线等调车信号机外方的接近区段，用调车信号机编号后加 G 来表示，如 D18 调车信号机的 D18G。

八、一送多受轨道电路

设置一个送电端，在每个分支轨道电路的另一端各设一受电端。各分支受电端轨道继电器的前接点，串联在主轨道继电器电路之中。当任一分支分路时，分支轨道继电器落下，其主轨道继电器也落下。

（1）与到发线相衔接的道岔轨道电路的分支末端，应设受电端。

（2）所有列车进路上的道岔区段，其分支长度超过 65 m 时，在该分支的末端应设受电端。

（3）一送多受轨道电路最多不应超过三个受电端。

（4）任一地点有车占用时，必须保证有一个受电端被分路。

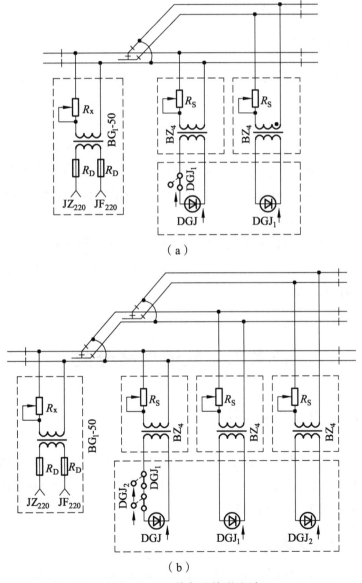

（a）

（b）

图 3-1-3 一送多受轨道电路

九、轨道电路应用

（一）区间轨道电路应用

区间的轨道电路通常是与自动闭塞制式相一致的轨道电路。

为了监督区间是否空闲，半自动闭塞区段也装设有长轨道电路。位于区间的道口，其接近区段必须装设轨道电路（通常称之为接近轨，XJG 或是 SJG）。

按照自动闭塞通过信号机的设置划分闭塞分区，每个闭塞分区就有其轨道电路。在半自动闭塞区段，区间一般不设轨道电路，只在进站信号机的外方设有接近区段的轨道电路，以通知列车的接近以及构成接近锁闭。

（二）站内轨道电路应用

对于电锁器的车站，正线及到发线接车进路的股道上，必须装设轨道电路，进站信号机内方还设有为半自动闭塞通知出发或到达用的轨道电路。在驼峰调车场，除推送进路设有轨道电路外，峰下每组分路道岔、警冲标处均设有轨道电路。

对于电气集中联锁来说，列车进路和调车进路都必须安装轨道电路；牵出线、机待线、出库线、专用线以及其他用途的尽头线入口处和调车信号机前方，虽不在进路之内，也应装设一段长度不小于 25 m 的轨道电路，用来保证信号开放后机车车辆接近时完成接近锁闭，及时了解上述线路是否有车接近或占用。

对于机车信号来说，各种制式的区间轨道电路和站内电码化以后的轨道电路，就是其地面发送设备，也就是信息来源。对于列车运行超速防护来说，带有编码信息的轨道电路是其车地之间传输信息的通道之一。

任务二　轨道电路分类

一、工频交流连续式轨道电路

交流连续式安全型整流轨道电路：由于该轨道电路的轨道继电器线圈的串联电阻值为 480 Ω，因此该轨道电路又称为"480"型轨道电路。因为该轨道电路电源的频率为 50 Hz，故该轨道电路只能应用于非电化区段。

（一）50 Hz 工频轨道电路的组成

50 Hz 工频轨道电路由钢轨、轨端接续线、电源引接线、送电设备、受电设备、钢轨绝缘等组成。其电路如图 3-2-1 所示。

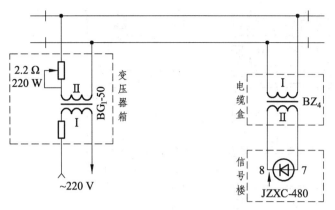

图 3-2-1　50 Hz 工频轨道电路

（二）50 Hz 工频轨道电路工作原理

BG5 型轨道变压器一次侧得到 220 V 交流电压，从二次侧得到适当的低电压，经限流电阻降压后送至送电端轨面，由钢轨绝缘将其与相邻区段隔离，只能沿着钢轨向受电端传输，受电端钢轨绝缘再将其与相邻区段隔离，只能经钢轨引接线送至 BZ4 型变压器一次侧，低压经 20 倍放大，从二次侧向设于室内的 JZXC-480 型继电器送电，经继电器内部整流成直流电压，使继电器励磁吸起。此时，整个轨道电路成调整状态。当车辆占用区段后，轮轴将轨面电压短路，BG5 型轨道变压器二次侧电压基本上全加到限流电阻上，BZ4 型变压器二次侧只能得到小于 2.7 V 的残压，JZXC-480 型继电器失磁落下，此时，整个轨道电路成分路状态。

电源采用交流，钢轨中传输的是交流，继电器接受的交流，但 GJ 的动作电源是直流。

当电路完整且无车占用时，GJ↑，其交流电压应为 10.5 ~ 16 V。

当轨道有车占用时，GJ↓，GJ 的交流残压此时应低于 2.7 V。

（三）各部件的作用

1. 轨道变压器

BG1-50 型变压器主要用于 JZXC-480 型交流轨道电路送端，其一次侧额定电压为 220 V，额定电流 0.25 A，空载电流不大于 0.02 A。二次侧额定电流为 4.5 A，二次侧可以依据所连接的端子不同，获得 0.45 ~ 10.80 V 各种不同的电压值，它的二次通过限流电阻接到轨面上。

BG1-50 型变压器结构如图 3-2-2 所示。

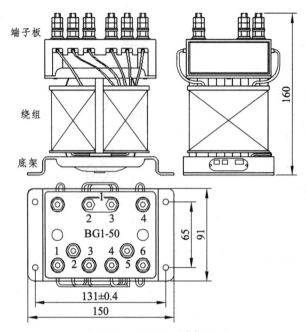

图 3-2-2　BG1-50 型变压器

资源 3-2　变压器实物图

2. 中继变压器

BZ4 型变压器用于轨道电路的受电端，其一次、二次变比为 1∶20。它的一次接到轨面，交流电压一般在 0.7～0.9 V；它的二次端子接电缆返回室内动作 JZXC-480 型轨道继电器，交流电压一般在 14～17 V。

作用：与轨道继电器配合使用，可以使钢轨阻抗和轨道变压器的阻抗相匹配。

3. 变阻器

型号为 R—2.2/220 型，阻值为 2.2 Ω，功率为 220 W，额定电流为 10 A，允许温升为 105 ℃。

作用如下：

（1）保护轨道变压器不致过载损坏。

（2）调整轨道继电器端电压。

当用于轨道电路送端时为限流电阻，主要是限制送端变压器二次电流，提高轨道电路灵敏度，并对轨道电路送端电压具有微调作用。当用于一送多受轨道电路的受端时为平衡电阻，主要是把轨道电路各分支轨面的电压经调整后送到中继变压器一次，使中继变压器二次电压达到平衡，便于调整轨道电路参数，同时对轨道继电器交流端电压具有微调作用。

4. 绝　缘

钢轨绝缘安装在相邻轨道区段的分界处，作用是划分各轨道区段，保证相邻轨道电路之间的电气绝缘。

轨间绝缘是指安装在轨距杆、道岔连接杆、道岔连接垫板、尖端杆、转辙机的安装装置等处的绝缘，其作用是防止道砟电阻降为零。

资源 3-3　电气绝缘实物图

5. 轨道电路连接线

钢轨引接线是从电缆盒或变压器箱引接到钢轨之间的连线。它的一端用塞钉连接在钢轨上，而另一端则用螺栓连接在变压器箱或电缆盒上。引接线是用钢丝做成的，有些涂有防腐油，也有些采用外包聚氯乙烯绝缘保护套，分为 1.6 m 和 3.6 m 两种长度。

资源 3-4 轨道电路连接实物图

导接线装在两节钢轨的接头处，作用是保证信号电流在钢轨接头处能够稳定的流通。有塞钉式（现场广泛使用）焊接式两种。

道岔跳线用于沟通道岔区段轨道电路，也是由镀锌钢丝绳制成的，两端都焊接在塞钉。根据安装的地点不同，有三种规格：Ⅰ 型长 900 mm，Ⅱ 型长 1 200 mm（或 1 500 mm），Ⅲ 型长 3 000 mm（也有 3 300 mm 或 3 600 mm）。

6. 钢 轨

钢轨在轨道电路中起到传递电信息的作用。

7. 轨道继电器

轨道继电器的不同状态可以反映轨道的状况。

二、25 Hz 相敏轨道电路

（一）WXJ25 型微电子相敏轨道电路的组成及工作原理

WXJ25 型微电子相敏轨道电路的组成及工作原理如图 3-2-3 所示。

资源 3-5 送电端设备构成实物图

1. 送电端设备构成

（1）BE_{25}：送电端扼流变压器（电化区段扼流用，构通平衡牵引电流，变比固定为 1：3）。

（2）BG_{25}：送电端电源变压器（供电调整用）。

（3）RX：送电端限流电阻（限流、分压作用）。

（4）RD_1（10 A）RD_2（3 A）：断路器（3 A 保险：用于送电端过载保护用，防止一个送电电源短路影响一束轨道电源。10 A 保险：在有扼变的区段，轨道变压器与扼流变压器之间装设 10 A 保险，可安全渡过牵引电流的浪涌冲击）。

2. 受电端设备构成

（1）BE_{25}：受电端扼流变压器（电化区段扼流用，构通平衡牵引电流，变比固定 1：3）。

（2）BG_{25}：受电端中继变压器（受电端中继用，变比固定，有扼流区段 1：13.89，无扼流区段 1：50）。

资源 3-6 受电端设备构成实物图

（3）RD1：断路器。

（4）FB：防雷补偿器（过电压防护设备）。

（5）HF：可调相位防护盒。

（6）WXJ25 型微电子相敏接收器。

（7）执行继电器。

（8）R_S：受电端限流电阻（根据轨道电路的类型不同而加设）。

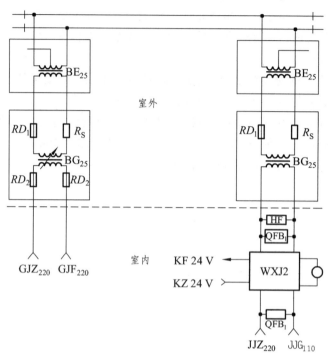

图 3-2-3　WXJ25 型微电子相敏轨道电路

（二）WXJ25 型微电子相敏轨道电路系统主要配套器材

1. 扼流变压器

扼流变压器在轨道电路中的作用是用以构通牵引电流，同时配合送电端供电变压器、受电端匹配变压器和 WXJ25 型微电子相敏接收器等设备，构成 WXJ25 型微电子相敏轨道电路系统。

资源 3-7　扼流变压器实物图

扼流变压器的接线图如图 3-2-4 所示。其牵引线圈分为上、下两部分，上部线圈的末端与下部线圈的始端互相连接，即图中的 3，也叫中性点（简称中点）。当两根钢轨的牵引电流分别由上圈的始端 1 和下圈的末端 2 流入，由中点 3 流出时，因为上、下两线圈匝数相同，而两线圈中电流的方向相反，在同一铁心上两线圈所产生的磁通大小相等，方向相反，则信号线圈中不产生 50 Hz 感应电流。对 25 Hz 信号电流来说，是由一根钢轨流向另一根钢轨，从一个方向流经上、下牵引线圈，与信号线圈共同形成变压器。

WXJ25 型微电子相敏轨道电路的送电端和受电端使用同一类型的扼流变压器。

主要技术特性如下：

（1）BE1-400/25、BE1-600 /25、BE1-800/25 采用 400 Hz

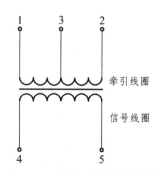

图 3-2-4　扼流变压器接线图

铁心，主要用于轨道电路实施移频电码化的区段。

（2）BE2-400/25、BE2-600/25、BE2-800/25 采用 50 Hz 铁心，用于一般轨道电路区段。400 A 供侧线区段，600 A 供正线区段，800 A 供靠近牵引变电所的区段。

（3）变比为 1：3（牵引线圈 8+8 匝，信号线圈 48 匝）。

（4）牵引线圈内部不平衡度不大于 1%。

（5）扼流变压器 BE25 型是没有空气间隙的磁饱和变压器，在不平衡电流为 50 A 时铁心即可饱和，变压器二次侧的开路电压不会超过 85 V，有利于保障人身的安全。

（6）扼流变压器经等阻线与钢轨连接，接线电阻不大于 0.1 Ω。

（7）牵引电流不平衡：BE 的牵引线圈的中性点 3 不可能完全达到理想的工艺标准，与钢轨连接的等阻线有长有短。

（8）不平衡电流太大时也会对 25 Hz 接收器产生误动，所以必须对其进行限制，一般小于 60 A。

采取的措施：提高工艺标准，使 BE25 两个牵引线圈达到平衡，牵引电流的牵引电阻小于 0.1 Ω，送受端信号设备统一定型。

扼流变压器维修注意事项：

在更换引入线、扼变、中心连接板时要加装短路保护线，配合工务换轨时，也要督促工务加装短路保护线，以免烧坏电务设备和造成人身伤亡事故。

2. 轨道变压器

WXJ25 型微电子相敏轨道电路的送电端和受电端使用同一类型的变压器，在 WXJ25 型微电子相敏轨道电路中作为送电端供电变压器或受电端 WXJ25 型微电子相敏接收器的匹配变压器。

资源 3-8 轨道变压器
实物图

BG2-130/25 采用 CD 型 400 Hz 铁心，主要用于移频电码化区段。

BG3-130/25 采用 CD 型 50 Hz 铁心。

轨道变压器用于送电端时作为供电变压器，根据轨道电路的类型和不同长度，供以不同电压。用作中继变压器时，为了使微电子相敏接收器的高阻抗与轨道的低阻抗相匹配，其变比是固定的（受端轨道变压器的变比应予以固定，不得调整，否则会使受电端连接器材的阻抗和轨道电路的匹配条件遭到破坏）；与扼流变压器连接时，变比采用 1/13.89；无扼流变压器直接与轨道连接时，变比采用 1/50。

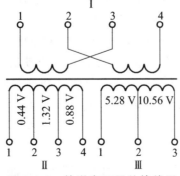

图 3-2-5　轨道变压器的接线图

3. 电 阻

R 是固定式电阻，有 0.2 Ω、0.4 Ω、0.5 Ω、1.1 Ω、2 Ω。

R_X 是送电端，带 BE 是 4.4 Ω，不带 BE 时，在 1/1 时是 0.9 Ω，1/多时是 1.6 Ω，在送电端作过载保护用，不得调整其阻值，否则影响到轨道电路的分路特性。

资源 3-9　电阻示意图

R_S 是受电端，只有在一送多受时，为了保证受电端接受电压平衡才在受电端有 R_S。

4. 防护盒

HF3-25 型防护盒是由电感和电容串联而成，并接在 WXJ25 型微电子相敏轨道接收端，对 50 Hz 信号电流呈串联谐振，相当于 20 Ω 电阻，对干扰电流起着减小干扰电压作用；对 25 Hz 信号电流相当于 16 μF 电容，起着减少轨道电路传输衰耗和相移的作用。

防护盒在电路中起的主要作用是：

（1）减少 WXJ25 型微电子相敏接收器上 50 Hz 牵引电流的干扰电压。

（2）对 25 Hz 信号频率的无功分量进行补偿。

（3）减少 25 Hz 信号在传输中的衰耗和相移，使轨道线圈电压和局部线圈电压产生较好的相位差，保证 WXJ25 型微电子相敏接收器正常工作。

通常采用 HF-3 型，当相位角过低时可改用 HF-4 型。

5. WXJ25 型微电子相敏接收器

"WXJ25 型微电子相敏接收器"由中国铁道科学研究院研制开发。WXJ25 型接收器在接收 25 Hz 为理想相角（90°）时，返还系数大于 90%，可靠工作值为 18 V，可靠不工作值为 10 V，应变时间小于 0.5 s。

资源 3-10　WXJ25 型微电子相敏接收器实物图

相敏接收器的优点：

（1）接收器的局部电源由原来的驱动方式改为采样方式，电源屏的局部电源的输出电流大大减小，接收器的工作电源为直流 24 V，每套耗电小于 100 mA。

（2）接收器的返还系数高，轨道电路的分路特性得到明显改善。

（3）接收器的可靠相位选择性和频率选择性，不仅可防止工频干扰，而且对于其他高频信号也具有较强的抗干扰能力。

（4）接收器监督指示灯的设置为现场故障分析处理提供了方便。电源灯：红色，工作灯：区段空闲为绿色，有车占用或者故障时为红灯。

当轨道电路同时满足以下三个条件时（前提是 WXJ25 型微电子相敏接收器自身工作正常），WXJ25 型微电子相敏接收器才输出控制电源，驱动最后执行继电器。

（1）轨道电压保持在 WXJ25 型微电子相敏接收器可靠工作值范围内。

（2）局部电压超前轨道电压相位 90°（理想相位角）。

（3）轨道电源频率是 25 Hz。

工作条件：

（1）工作电压：标准电压直流 24 V，21.6～27.6 V 也能正常工作。

（2）空闲状态下，输出电压 20～30 V。

（3）局部电源电压为 110 V，25 Hz。

（4）轨道接收端电压参照《轨道电路调整表》进行调整，一般调整在 20～25 V（应对残压进行测试，保证不超标）；局部电压超前轨道电压的理想相位角为 90°（70～110°）。

端子分配如图 3-2-6 所示。

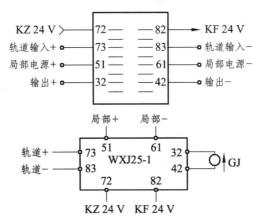

图 3-2-6　WXJ25 型微电子相敏轨道电路接收器

WXJ25 型接收器的最后执行继电器为 JWXC-1700 安全型继电器，轨道电路在一送多受时，每个分支用一个微电子相敏接收器和执行继电器，在主接收器的执行继电器的吸起回路中串接其他分支执行继电器的前接点。

三、50 Hz 相敏轨道电路

（一）50 Hz 相敏轨道电路概述

在该轨道电路内传输和赖以工作的信号频率是 50 Hz，接收器对该信号的相位有一定要求，即当接收器收到合适的相位时，才能正常工作，一般称其为具有"相敏"特性。所以该制式轨道电路的核心部分是其轨道接收器，即二元二位轨道继电器。

资源 3-11　50 Hz 相敏轨道电路视频

50 Hz 相敏轨道电路制式的轨道继电器采用 JRJC 型交流二元插入式继电器，又称为 50 Hz 的二元二位相敏继电器，该轨道继电器既具有频率选择特性，又具有相位选择特性。

依靠频率选择性，二元二位相敏轨道继电器在接收到直流牵引电流时不会产生错误动作。只有在其局部线圈侧加上 50 Hz、220 V 交流电压，而该继电器的轨道线圈侧又接收到由钢轨内传送来的轨道信息，并且其频率为 50 Hz、相位又合适时，继电器才能正常工作，这些特性缺一不可。

直流牵引区段的钢轨内虽然流通的是直流电流，但该直流电流通常是靠三相全波整流取得，这使牵引变电所的输出端，除有牵引机车需要的直流分量外，还有对信号设备会产生有害影响的波纹电压。因而在电力牵引供电回路中会产生各种小的交流电流。同时因为电力机车牵引控制的需要，譬如列车启动、停车、调节不同的运行速度、列车载重量的变化等，以及牵引供电中直流斩波技术设备的使用，这些因素的存在均会引起牵引供电回路内直流电流的变化，它也使钢轨回路内产生了丰富的谐波成分。如果 50 Hz 谐波成分的干扰量足够动作一般的单元继电器时，就会因此产生误动，使设备失去安全保证。正因为如此，我国铁路部门的电力牵引区段不允许使用交流连续式轨道电路（又称交流整流型轨道电路），而使用的是单元的整流型继电器。

据了解，北京地铁"车场电气集中联锁"设备中，曾经使用了单轨条交流连续式轨道电路，为防护牵引谐波电流的干扰，在其轨道电路的接收器（轨道继电器）的前级设置了滤波器。但是，一般滤波器是由电容、电感元件构成，以信号设备的要求衡量，则它属于非安全元件，因为当它们发生故障是无法保证设备导向安全的。

正因为该轨道电路制式不仅具有频率选择性，又具有相位选择性，所以它就能较好地防护来自牵引电流的各种谐波干扰。在上海、广州地铁，长春、大连、北京、广州、深圳、南京等城市轨道交通的车辆段或正线已经广泛采用了此轨道电路系统，经过几年来的应用实践表明，不仅没有发生制式上的问题，而且具有设备简单、维修方便的优点。可见，该制式在现阶段是车场电气集中设备中较为理想的轨道电路制式。

本制式轨道电路的局部电源和轨道电源是采用同一个工频交流电源，故两者的相位要么同相、要么反相。由于该轨道电路制式具有相位选择性，也即对局部线圈和轨道线圈间的相位有一定的要求，因此必须考虑信号在传输过程中的相移问题。在研制 50 Hz 相敏轨道电路系统时，应采取相应措施，使轨道继电器接收到符合相位要求的信号。

另外，本制式轨道电路要适用于直流牵引区段，由于在牵引轨条内有大量的直流牵引电流流过，如前所述，轨道电路是利用铁路线路的钢轨为导体工作的电路系统，故该制式轨道电路的轨道变压器是并接在牵引轨条和非牵引轨条之间的，于是在轨道电路送、受电端的轨道变压器和非牵引轨条间构成了一条牵引电流的分支电路，因而在轨道变压器中有一定量的直流牵引电流流过并对其磁化。因此，本制式轨道电路的轨道变压器必须考虑直流电流的磁化作用，不能使用一般普通型的轨道变压器（包括电源变压器和中继变压器），必须研制适用于经一定量的直流电流磁化后、仍能正常工作的新型专用送、受电端轨道变压器。

本制式轨道变压器能适用在直流磁化电流不大于 5 A 的条件下，确保轨道电路系统正常工作。

本制式轨道电路在室外的主要设备为送电端轨道电源变压器和受电端轨道中继变压器等，它们分别置于室外的轨道电路送、受电端变压器箱内；室内除需要设置相应的 50 Hz 电源设备，分别为其送电端供给电源和为受电端的二元轨道继电器供给局部电源外，还需设置二元二位相敏轨道继电器和与其配套的电路组合，作为受电端的接收设备，构成轨道电路系统。

相敏轨道电路系统制式简单，使用方便，维修周期长，便于设计、施工和维修。

（二）50 Hz 相敏轨道电路信号传输中的相移问题

50 Hz 相敏轨道电路中轨道继电器的理想角为"局部电流导前轨道电流 90°"。实际应用中两者间的相位关系不可能正好符合理想角，这是因为轨道电路在传输过程中存在着各种不同的因素和条件，因此实际的相位角与理想角之间一定会有一个差值，这个差值被称为"失调角"。由前述公式可知，失调角大到一定程度必会导致正转矩下降，继电器可能吸不起来，甚至可能产生负转矩，因此必须采取相应的措施，尽量缩小失调角，使其限制在一定范围内，根据最不利条件下的轨道电路计算，一般希望其为 ±20°，才能保证系统电路的正常工作。

由此可知，使轨道电压的相位和局部电压的相位达到理想角十分重要，25 Hz 相敏轨道电路在电源屏内部，通过变频机及定相电路，确保其输出的局部电源电压相位导前轨道电源电压相位 90°，这是该制式轨道电路正常运作所必要的保证措施。而向 50 Hz 相敏轨道电路提供的为 50 Hz 的电源，因其电源无须变频，所以电源屏直接取自 50 Hz 工频电源，比较简单，造价也较低，也不设移相定相电路，屏内的轨道和局部电源都取自于同一个工频交流电，因此该两者在相位上的关系只能是同相或者反相。因此必须采取措施，即进行"调相"使轨道电路信息在系统传输过程中自然产生相移，最后使轨道线圈电流落后于局部线圈电流的相位，其相位差尽量接近理想角。调相的方法有多种，但经过比选后，本制式采取的具体措施为：在受电端二元轨道继电器的轨道线圈侧回路内串接电容进行调相。经计算分析，该方案切实可行。为了尽量和现有器材相配套，采用电容串联调相法。采用该方法后，失调角可以限制在 ±20°以内。

（三）WXJ50 型微电子相敏轨道电路

WXJ50 型微电子相敏轨道电路接收器以微处理机为基础，采用数字处理技术对轨道电路中的信息进行分析，检出有用信息，除去干扰，完成 50 Hz 相敏轨道电路接收功能。

WXJ50 型微电子相敏轨道电路接收器取代原 JRJC 型二元二位相敏继电器，解决了原继电器接点卡阻、抗电气化干扰能力不强、返还系数低等问题，与原继电器的接收阻抗、接收灵敏度相同，提高了安全性和可靠性。

WXJ50 型微电子相敏轨道电路室内设备包括 WXJ50 型微电子相敏轨道电路接收器（WXJ50）和调相防雷变压器（TFQ）。WXJ50 接收器采用不同的组合配置，可以构成单套设备使用结构，也可以构成双套设备并联使用结构，以提高系统的可靠性，方便维修，其使用器材完全一致，只是组合配置不同。

1. WXJ50 型微电子相敏轨道电路接收器技术条件

WXJ50 型微电子相敏轨道电路接收器安装在安全型继电器罩内，采用继电器插座。其端子分配如图 3-2-7 所示。

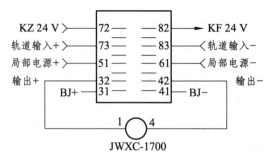

图 3-2-7　WXJ50 型微电子相敏轨道电路接收器端子图

WXJ50 型微电子相敏轨道电路接收器工作电源为直流（24±3.6）V，交流分量不大于 1 V，可由电源屏供给，也可另加独立整流电源供给。每套接收器耗电小于 100 mA（包括驱动 JWXC-1700 型轨道继电器的电流）。

WXJ50 型微电子相敏轨道电路接收器局部电源为 110 V/50 Hz，由电源屏或另加独立电源供给（当电源屏没有 110 V 输出时，每个咽喉采用一个 BG2-300 变压器供电，设置在继电器架上）。每套接收器局部输入阻抗为 30 kΩ，输入电流约为 3.7 mA。

WXJ50 型微电子相敏轨道电路接收器的最后执行继电器为 JWXC-1700 安全型继电器。轨道接收阻抗：$Z=（500±20）Ω，θ=0°$。

轨道接收信号与局部电源为理想相位 0° 时，工作值为（12.5±1）V，返还系数大于 80%。轨道电路具有可靠的绝缘破损防护性能。

轨道输入采用防雷变压器，具有较强的雷电防护能力。

防雷补偿器（TFQ）也安装在安全型继电器罩内，每个继电器罩安装 2 套设备，供两段轨道电路使用，其电路图及接线端子如图 3-2-8 所示。其中"轨道输入 +"和"轨道输入 –"接轨道电路，"轨道输出 +"和"轨道输出 –"接 WXJ50 接收器的"73""83"端子。

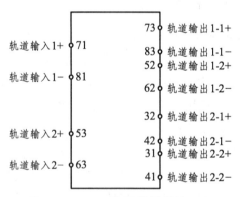

图 3-2-8　TFQ 防雷补偿器端子图

2. WXJ50 型微电子相敏轨道电路

WXJ50 型微电子相敏轨道电路的每段轨道电路使用两套 WXJ50 接收器，共同驱动一个轨道继电器，其两套设备中只要有一套正常工作，就能保障系统正常运行，进一步提高了系统的可靠性；如果其中一套发生故障，及时报警，通知维修人员进行维修，而且对其中单套维修时，不影响系统使用，方便现场维修。

WXJ50 型微电子相敏轨道电路每个组合安装 4 段轨道电路设备和 1 个报警盒（BJH）。报警盒也安装在安全型继电器罩内，其接线端子如图 3-2-9 所示，其中报警输入接各微电子相敏接收器"BJ-"，报警电源接各微电子相敏接收器"BJ +"，报警盒上有报警表示灯，能明确显示哪个设备发生故障，并使报警继电器（BJJ）吸起报警，报警盒的"报警输出 +"接 KZ24 V，本车站所有报警盒的"报警输出 –"并联，接报警继电器（JWXC-1700）的线圈"1"、线圈"4"接 KF24 V（每个车站采用一个 BJJ，全站 BJH 并联使用）。

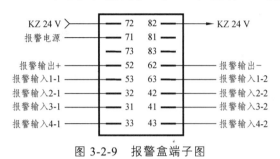

图 3-2-9　报警盒端子图

3. 设备的构成

50 Hz 相敏轨道电路原理图如图 3-2-10 所示。

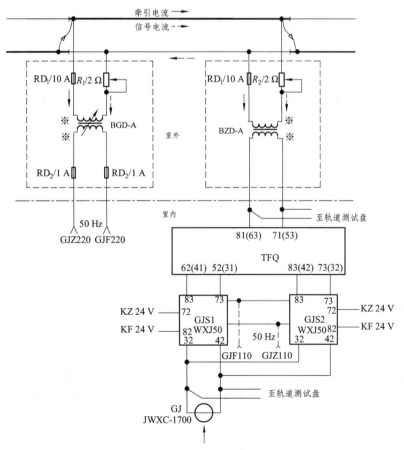

图 3-2-10　50 Hz 相敏轨道电路原理图

WXJ50：50 Hz 微电子相敏接收器；

BJH：50 Hz 微电子相敏接收器报警盒；

TFQ：调相防雷器；

BGD-A：直流电化送电端电源变压器；

BZD-A：直流电化受电端中继变压器；

R_1、R_2（R1-4.4/440）：送、受电端防护电阻（送电端 R_1 同时又是限流电阻）；

RD_1、RD_2、RD_3：熔断器。

WXJ50 型微电子相敏轨道电路室内设备包括 WXJ50 型微电子相敏轨道电路接收器（WXJ50）和防雷补偿器（TFQ）。

四、移频轨道电路

（一）铁路移频信号的原理

移频信号全称为移频键控信号（Frequency-Shift Keying），利用高频信号承载低频信号，具有抗干扰能力强、传输距离远等优点，是现代铁路机车行驶中的速度控制信号。它可以准确确定列车的位置，与铁路机车安全运行有密切的关系。

在目前铁路移频自动闭塞系统中，采用的主要是移频键控信号。发送设备产生的高频正弦波（载波）经过低频矩形波调制成上下边频交替变化的移频信号，发送至钢轨，通过钢轨线路传输，接收端接收移频信息经解调后，根据低频信号控制机车。而移频键控信号广泛采用相位连续、二元键控的形式。当调制信号输出脉冲时，载频信号的频率为 f_1，当调制信号间隔时，载频信号的频率为 f_2。钢轨线路传送的是一种由 f_1 和 f_2 交替变换的移频波（调制波），其交替变换的速率即是调制信号的频率。移频信号波形如图 3-2-11 所示。

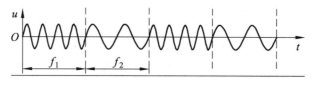

f_1——上边频；f_2——下边频。

图 3-2-11　移频信号波形图

我国国产移频信号，载频为 550 Hz、650 Hz、750 Hz、850 Hz，频偏为 55 Hz，调制频率为 11 Hz、15 Hz、20 Hz、26 Hz。现在以 650 Hz 载频为例，f_1 为 650+55=705 Hz，f_2 为 650−55=595 Hz，即频偏位 ±55 Hz。为防邻线及相邻闭塞分区的信号干扰，载频频率在 550 Hz、650 Hz、750 Hz、850 Hz 4 种中选择，低频频率为 9.0～28.0 Hz 共 18 种，相邻低频频率间隔有 0.5 Hz、1 Hz 和 1.5 Hz 3 种。根据技术标准，低频频率变化不大于 ±0.12%，载频频率变化不大于 ±0.15 Hz。则对应的 FSK 信号的时域表达式为

$$f_{FSK}(t) = A_0 \cos[2\pi f_0 t + x(t)]$$

信号波形如图 3-2-12 所示。

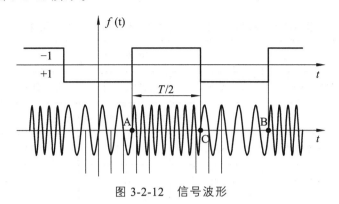

图 3-2-12　信号波形

（二）ZPW-2000 A 无绝缘自动闭塞

1. ZPW-2000 A 型无绝缘移频自动闭塞系统特点

（1）保持 UM71 无绝缘轨道电路整体结构上的优势。

（2）解决了调谐区断轨检查，实现轨道电路全程断轨检查。

（3）减少调谐区分路死区。

（4）实现对调谐单元断线故障的检查。

（5）实现对拍频干扰的防护。

（6）通过系统参数优化，提高了轨道电路传输长度。

（7）提高机械绝缘节轨道电路传输长度，实现与电气绝缘节轨道电路等长传输。

（8）轨道电路调整按固定轨道电路长度与允许最小道砟电阻方式进行。既满足了 $1\,\Omega\cdot\mathrm{km}$ 标准道砟电阻、低道砟电阻最大传输长度要求，又为一般长度轨道电路最大限度提供了调整裕度，提高了轨道电路工作稳定性。

（9）用 SPT 国产铁路数字信号电缆取代法国 ZCO3 电缆，减小铜芯线径，减少备用芯组，加大传输距离，提高系统技术性能价格比，降低工程造价。

（10）采用长钢包铜引接线取代 $75\,\mathrm{mm}^2$ 铜引接线，利于维修。

（11）系统中发送器采用"N+1"冗余，接收器采用成对双机并联运用，提高系统可靠性，大幅度提高单一电子设备故障不影响系统正常工作的时间。

2. ZPW-2000 A 自动闭塞系统原理

（1）ZPW-2000 无绝缘轨道电路分为主轨道电路和小轨道电路两部分，小轨道电路视为列车运行前方主轨道电路的所属"延续段"，轨道电路发送器产生的移频信号既向主轨道接收器传送，也向调谐区小轨道传送（钢轨是无绝缘的），由相邻区段的接收器进行处理，形成小轨道电路继电器执行条件再送到本区段接收器，因此本区段接收器同时接收到主轨道移频信号及小轨道继电器的执行条件，判断无误后驱动轨道电路继电器吸起，并由此来判断区段的空闲与主用情况。

（2）ZPW-2000 A 无绝缘轨道电路传输长度要求如表 3-2-1 所示。

表 3-2-1　ZPW-2000 A 无绝缘轨道电路传输长度要求

载频	道岔电阻				
	1.0 Ω·km	0.6 Ω·km	0.5 Ω·km	0.4 Ω·km	0.3 Ω·km
	轨道电路传输长度/m				
1 700 Hz	1 500	824	674	574	424
2 000 Hz	1 500	824	674	574	424
2 300 Hz	1 500	824	624	524	424
2 600 Hz	1 460	774	624	524	424

注意，轨道电路有三种情况：

（1）电气绝缘节-电气绝缘，由空心线圈-空心线圈组成。

（2）电气绝缘节-机械绝缘节，由空心线圈-机械绝缘节空心线圈组成。

（3）机械绝缘节-机械绝缘节，由机械绝缘节空心线圈-机械绝缘节空心线圈组成。

这三种轨道电路的传输长度是一致的。

3. ZPW-2000 A 自动闭塞设备的组成

1）室外设备

室外设备主要由发送端调谐单元、匹配变压器、接收端调谐单元、空芯线圈、轨道电路通道设备（钢轨、钢包铜连接线、补偿电容）机械绝缘节、数字电缆、通过信号机以及其他辅助设备组成。

资源 3-12　ZPW-2000A
自动闭塞室外设备示意图

2）室内设备

室内设备主要由发送器、电缆防雷模拟盘（分发送和接收端各设 1 个）衰耗器（或衰耗盘）组成。

3）室外辅助设备

室外辅助设备主要由禁停标志板、反向预告标、正向预告标等设备组成。

资源 3-13　ZPW-2000A
自动闭塞室内设备示意图

4）设备组成框图

设备组成框图如图 3-2-13 所示。

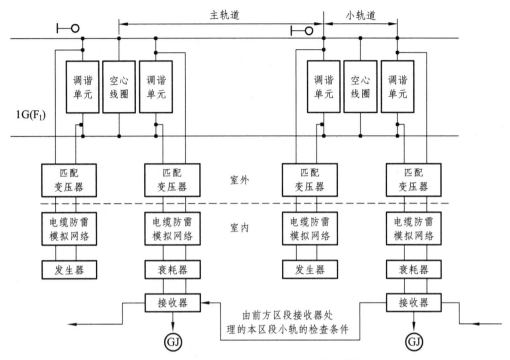

图 3-2-13 ZPW-2000 A 自动闭塞设备的组成

4. ZPW-2000 A 自动闭塞各种设备作用

1）发送器

发送器用于产生高精度、高稳定的移频信号；产生足够功率的输出信号，额定输出功率 70 W（400 Ω 负载），最大输出功率 105 W；调整轨道电路，可根据轨道电路的具体情况，通过输出端子的不同连接，获得 10 种不同的发送电平；对移频信号进行自检测，故障时给出报警及 "$N+1$" 冗余运用的转换条件。目前根据设计需要共产生 8 种载频信号，18 种低频信息。

（1）低频信号。低频信号为 $10.3+N \times 1.1$ Hz，（$N=0 \sim 17$）。即 10.3 Hz、11.4 Hz（L）、12.5 Hz、13.6 Hz（LU）、14.7 Hz（U2）、15.8 Hz、16.9 Hz（U）、18 Hz（U/U）、19.1 Hz、20.2 Hz、21.3 Hz、22.4 Hz、23.5 Hz、24.6 Hz（引导时机车信号 HUS）、25.7 Hz、26.8 Hz（H/U）、27.9 Hz（反向码 B）、29 Hz。注意：U2 码是进站信号机开放双黄灯（侧线接车），外方第一架通过信号机亮一个 U 灯，列车在 2 接近区段就接收到 U2 码。

（2）载频信号（8 种）。频率信号分别是 1700-1（1 701.4 Hz）、1700-2（1 698.7 Hz）、2000-1（2 001.4 Hz）、2000-2（1 998.7 Hz）、2300-1（2 301.4 Hz）、2300-2（2298.7 Hz）、2600-1（2 601.4 Hz）、2600-2（2 598.7 Hz）。注：-1 为 +1.4 Hz，-2 为 −1.3 Hz。下行线使用 1700-1、1700-2、2300-1、2300-2，上行线使用 2000-1、2000-2、2600-1、2600-2。发送器载频频率的设置如图 3-2-14 所示。

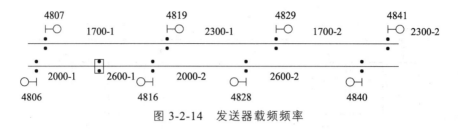

图 3-2-14 发送器载频频率

2）接收器

接收器用于对主轨道电路移频信号的解调，并配合与送电端相连接小轨道电路的检查条件，动作继电器；实现对与受电端相连小轨道电路移频信号的解调，给出小轨道电路执行条件，送至相邻轨道电路接收；检查轨道电路完好，减少分路死区段长度，还用接收门限控制实现对 BA 断线的检查。

3）电缆模拟网络盘

电缆模拟网络盘用以调整区间轨道电路传输的特性，可视为室外电缆的一个延续，通过调整六节电缆模拟网络补偿电缆，使补偿电缆和实际电缆的总长为 10 kM、12.5 kM、15 kM，达到阻抗匹配；用作对传输电缆引入至室内的雷电防护，横向压敏电阻是用于对室外通过传输电缆引入的雷电冲击信号的防护，而低转移系数防雷变压器用于对雷电冲击信号的纵向防护（纵向为低转移系数的防雷变压器，横向为带劣化显示的压敏电阻）。

4）衰耗盘

衰耗盘用作对主轨道及调谐区小轨道电路正、反向的调整，给出发送器、接收器的电源电压、功出电压和轨道继电器电压测试条件，给出发送器、接收器的故障报警、轨道状态和正反向运行指示等。

5）匹配变压器

匹配变压器用于钢轨与 SPT 数字电缆的匹配连接，安装时与调谐单元背靠背装在一起。

6）空芯线圈

① 用作平衡两钢轨的牵引电流；② 实现上下行线间的等电位连接，保证维修人员安全；③ 改善电气绝缘的 Q 值，保证工作稳定性；④ 还可作为调谐区两端设备纵向防雷的接地连线。它设置于两调谐单元的中心。

7）补偿电容 CBG

当轨道电路较长时（超过 300 m），钢轨呈现较高的感抗值，如感抗值高于道砟电阻时，则钢轨对信号传输有影响。为消除此影响，在发送端与接收端之间每隔一段距离加装一补偿电容进行补偿，保证信号的传输。补偿电器作用：保证轨道电路信号传输距离；保证接收端移频信号的信干比；实现轨道电路分路及断轨检查。

8）电气绝缘节

电气绝缘节用于两相邻轨道电路间传输信息的隔离。调谐单元设备分为 F_1 型（设置 L_1、C_1 两元件）、F_2 型（设置 L_2、C_2、C_3 三元件），F_1 型用于 1 700 Hz、2 000 Hz 的送受端，F_2 型用于 2 300 Hz、2 600 Hz 的送受端。

任务三　轨道电路分析

一、轨道电路的基本工作状态与基本参数

（一）轨道电路的基本工作状态

轨道电路有三种工作状态，为调整状态、分路状态和断路（轨）状态。这三种状态又各自有不同的工作条件和最不利工作条件，最不利工作条件包括调整状态下的钢轨阻抗最大、道砟电阻最小、电源电压最小，分路状态下的钢轨阻抗最小、道砟电阻最大、电源电压最大，断路状态下的钢轨阻抗最小、电源电压最大、临界断轨点和临界道砟电阻最大等。但无论哪一种状态，主要因素为三个变量，即轨道电路的道砟电阻、钢轨阻抗和电源电压。

（二）轨道电路分路灵敏度

1. 列车分路电阻

列车占用轨道电路时，列车轮对跨接在轨道电路的两根钢轨上构成轨道分路，这个分路的轮轴电阻就是列车分路电阻，它是由车轮和轮轴本身的电阻和轮缘与钢轨头部表面的接触电阻组成。由于轮缘与钢轨头部表面的接触电阻很小，因此车轮和车轴形成的电阻比接触电阻小很多，可以忽略不计。实际上列车分路电阻就是轮缘与钢轨头部的接触电阻，它是纯电阻。

列车分路电阻与钢轨上分路的车轴数、车辆的载重情况、列车的行驶速度、轮缘装配质量、钢轨表面的洁净程度、是否生锈，有无撒沙及其他油质化学绝缘层等因素均有关系，它的变化范围很大，可以从千分之几欧变化到 0.06 Ω，对于轻型车辆或轨道车还要更大。

2. 分路灵敏度

当轨道电路被列车车轮或其他导体分路，恰好使轨道电路继电器线圈电流减少到落下值时的列车分路电阻值（或导体的电阻值）就是该轨道电路的分路灵敏度。

3. 极限分路灵敏度

在轨道电路上各点的分路灵敏度不同，对于某一具体轨道电路来说，它的分路灵敏度应该以最小的分路灵敏度为准，称为极限分路灵敏度。

4. 标准分路灵敏度

我国现行规定标准分路灵敏度为 0.06 Ω，和国际上规定的分路灵敏度是一致的。任何轨道电路在分路状态最不利的条件下，用 0.06 Ω电阻进行分路时，轨道继电器应释放衔铁（连续式轨道电路）或不吸起（脉冲式），否则不能保证分路状态的可靠工作。

（三）轨道电路的参数

1. 道砟电阻

在轨道电路电能传输中，电流是由一根钢轨经过枕木、道砟以及大地漏泄到另一根钢轨上的漏泄电阻，该泄漏电阻称为道砟电阻，如图 3-3-1 所示。

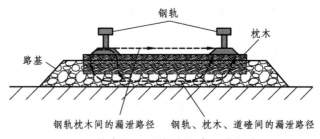

图 3-3-1　道砟电阻（轨道电路漏泄电流图）

这些漏泄电流是沿着轨道线路均匀分布在各个点上的，因此轨道电路在电能传输上，属于均匀传输线。由图 3-3-2 可以看出，沿线各点的电压，不是按直线的规律，而是以双曲线函数的规律下降的（见图 3-3-3）。这是因为每一个单位长度中都有漏泄电流，所以使轨道电流逐渐减小，电压也逐渐下降，只有在没有漏泄的情况下，沿线路各点的电压才按照直线规律传输。

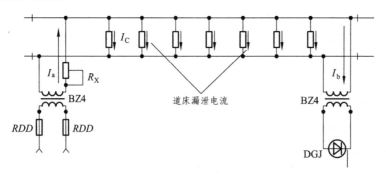

图 3-3-2　泄漏电流

资源 3-14　道砟电阻及泄漏电流

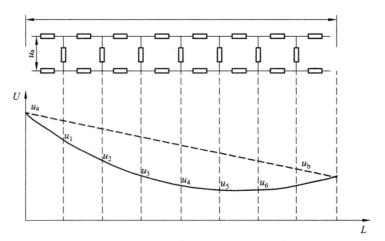

图 3-3-3　轨道电路泄漏电流分布规律图

道砟电阻与道砟材料、道砟层的厚度、清洁度，枕木的材质和数量、土质以及因气候影响的温度、湿度等有很大的关系，尤其是在气候变化时，道砟电阻也随之变化。对某一轨道电路来说，它的道砟电阻受外界影响可以从每千米 1~2 Ω变化到每千米 100 Ω，通常在夏季湿热，降雨 8~10 sin 时的道砟电阻最低，而严冬季节道砟冰冻时的道砟电阻最高。

我国大部分铁路线路是碎石道砟，在区间道砟表面清洁时，单位道砟电阻都高于 1 Ω，目前，我国现行规定标准如表 3-3-1 所示。

表 3-3-1　单位道砟电阻　　　　　　　　　　　　　　单位：Ω/km

道床种类	交流（50 Hz）	直流
区间碎石	1.0	1.2
站内碎石	0.6	0.7
混合道床	0.4	0.5

由于我国南北方地质和气候差异很大，道床状态也比较复杂。沿海地区属于盐碱地区；西北地区属于戈壁沙滩道床；隧道内潮湿腐蚀，道砟电阻低于国家标准值；站内道床排水能力差，站场肮脏，还有的有矿渣和化学污染，造成道床电阻可低到 0.2 Ω/km。在这些地方，要保证轨道电路稳定工作，就须要采用实际的最小道砟电阻进行设计与计算。

道砟电阻越小，两根钢轨间的电导（电阻的倒数称为电导，它是表征材料导电能力的一个参数，用 G 表示，$G = 1/R$；电导的单位是西门子，用符号 S 表示）越大，泄漏电流也越大，轨道电路工作也越不稳定。因此，要提高轨道电路工作质量，应该尽可能地提高最小道砟电阻，例如提高道床的排水能力、定期清筛道砟和更换陈腐的轨枕等。

钢轨间的分布电容也是与道床性质（介质状态）和使用电流频率有关，频率一般在千赫以下，因分布电容很小，普通轨道电路可以忽略不计，但在 UM71 轨道电路中也是一个需要考虑的范围，尤其是在有护轮轨的处所，当护轮轨绝缘破损时相当于两轨间放入了一个宽大的铁板，形成"有电介质的平行板电容"，在轨间高频率的信号辐射下，使得轨间阻抗变小，电导增大，泄漏电流增大，轨面电压降低，影响轨道电路信号传输。

近年来，我国铁路已大量采用混凝土轨枕。试验表明混凝土轨枕的导电率受环境、温度、湿度的影响比木枕要大，采用这种轨枕后，钢轨间的分布静电容也比较显著，因此它的最小道砟电阻会有所降低，分布电容也不容忽视，不过改进轨枕上的扣件和轨枕的连接方式，以及改善绝缘垫板的材质，可以在一定程度上提高它的最小电阻值。

2. 钢轨阻抗

钢轨阻抗包括钢轨条本身阻抗和两节钢轨连接处的各种阻抗，如图 3-3-4 所示。

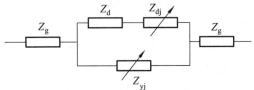

Z_g—钢轨轨条本身阻抗；Z_d—钢轨导接线阻抗；
Z_{dj}—导接线与钢轨间的接触电阻；Z_{yj}—鱼尾板与钢轨间的接触电阻。

图 3-3-4　钢轨阻抗构成图

在钢轨阻抗（电阻阻抗下节讨论）构成的各个元素中，各连接处的接触电阻随着接触面的大小，清洁程度、接触压力等因素改变也会改变。它在整个接头阻抗中占主要成分，在直流和低频交流时，不易精确计算，实际上钢轨阻抗只能通过多次实际测量来确定，目前我国采用的单位钢轨阻抗标准值如表 3-3-2 所示。

表 3-3-2   我国采用的单位钢轨阻抗标准值

接续线型式	电源种类	钢轨阻抗/（Ω/km）	
		区间	车站
塞钉式（接续线直径为 5×2）	交流（50 Hz）	1.0	1.2
	直流	0.6	0.8
焊接式（0.508×7×19）	交流（50 Hz）	0.8	0.8
	直流	0.2	0.2
焊接长钢轨	交流（50 Hz）	0.65	0.65

二、轨道电路的极性交叉

（一）极性交叉的定义和要求

目前，我国所采用的轨道电路，大部分都是以轨道绝缘分割的。绝缘两侧要求轨面电压具有不同的极性（直流）或相反的相位（交流），即轨道电路要"极性交叉"。

站场平面示意图上，接通电源正极的轨条用粗线表示，接通负极性的则用细线表示。采用交流供电时，粗细线代表两种相差 180°的相位，由假定的正极与负极构成，一般称为 GJZ 和 GJF。

交流或直流供电的轨道电路，在轨道绝缘的两侧，都要按极性交叉的原则进行配置。目的是要遵循故障-安全的原则。闭路式轨道电路故障-安全原则要求，在发生故障时，设备应自行转向安全的位置，即轨道继电器衔铁应当可靠地处于落下状态。

（二）极性交叉的作用

轨道电路如果不按"极性交叉"的要求来配置极性，当相邻两区段中有一个区段为轮对所占用时，则在绝缘破损的情况下，经破损处电流在两个区段形成的回路中串电流将使相邻两区段发生电流相加的现象，如图 3-3-5 所示。占用区段虽然处于分路状态，但由受端与占用列车构成的电路是并联电路，受电端仍然能接收到部分电流，轨道继电器就会在串电流的作用下有可能保持在吸起状态，这是不安全的。

资源 3-15   极性交叉
知识点图

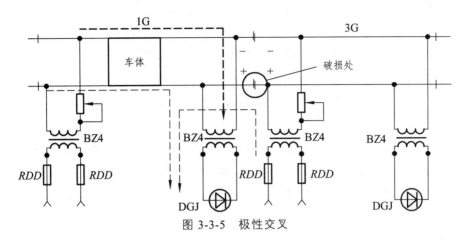

图 3-3-5　极性交叉

　　按照"极性交叉"来配置后，在绝缘破损的条件下，轨道继电器线圈中的电流就呈现相抵（即相减）状态（见图 3-3-6），在有车占用状态下，串电流将占用区段剩电流全部抵消，使占用区段轨道继电器不可能吸起。

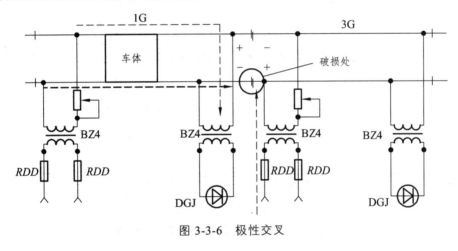

图 3-3-6　极性交叉

　　两个轨道区段都处于空闲的状态下时，绝缘破损后，由两个轨道区段分别提供的电源向轨道继电器输送的电流相反，只要调整得当，两区段的继电器衔铁也都会落下，以实现故障-安全原则。

　　由交流供电时，产生的结果和直流供电时的情况一样，也是相加或相减的关系。不同的是，交流供电的轨道电路是以相位交叉防护配置的。

　　有些类型的轨道电路，如交流计数电码轨道电路和移频轨道电路等，尽管也都是属于交流供电的范畴，但由于电路设计中的特殊情况，而无法构成极性交叉。这一类电路的轨道绝缘破损时，相邻的轨道电路也会串通而互相送电（移频电路里讲）。为防止可能出现的恶性后果，须采用另一种防护措施，方法是：在相邻轨道电路发送不同周期的电码信息，用不同的频率来加以区分，如移频轨道电路（包括 UM71、ZPW-2000 等轨道电路）。

三、站内轨道电路的配置与极性交叉的方法和步骤

目前，我国铁路上站内轨道电路，大多数是交流（工频）轨道电路。极性交叉是这种电路必须遵循的原则。

在无分支的线路上，极性交叉的配置比较简单，只要依次变换相邻轨道电路上的供电电源极性，就可以达到目的。

在车站有分支的线路上，要配置极性交叉就比较困难，分极绝缘（道岔绝缘）配置在道岔的直向与侧向（直股与弯股）是不同的。配置这样的轨道电路极性交叉，开始从某一端是能够实现的，到最后一段就有可能达不到极性交叉的目的了，所以应该有一个正确的配置方法。下面以图 3-3-7 为例，介绍具体配置方法与步骤。

1. 画单线平面图

根据车站单线平面图，按照信号工程的要求及原则画单线平面图。股道和道岔区段用绝缘分隔开来，以构成各自独立的轨道电路区段，道岔绝缘画在哪一侧都可以。

2. 划分网孔回路

如图 3-3-7 所示，在道岔绝缘处的锐角与道岔绝缘的后面用线画圆角，就形成了多个网孔回路。

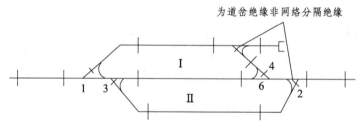

图 3-3-7 车站轨道电路的绝缘节位置设置

3. 判 别

根据前面划出的网孔回路，现在就可以判别出第 1 步中所划定的道岔绝缘位置，能否达到极性交叉的目的。对于图 3-3-7 中两个闭合的回路（网孔）Ⅰ和Ⅱ，当回路中的轨道绝缘为偶数时，说明极性交叉正确，为奇数时，则为不正确。被红线圆角隔开的绿色的道岔绝缘不应计入。由图 3-3-7 可看出，在Ⅰ和Ⅱ两个回路内，一个有 5 组绝缘，另一有 4 组绝缘（严格地讲，单线图上的一组绝缘，实际上是代表着双线布置图中的两组绝缘，奇、偶数问题是指单线图而言的），而第一个回路中轨道电路是奇数，所以不能实现极性交叉配置的要求。其原因可以用图 3-3-8 说明。

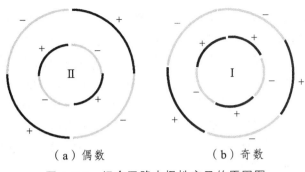

（a）偶数　　　　　　　　（b）奇数

图 3-3-8　闭合回路内极性交叉的原因图

　　上述的闭合回路可以看作是一个闭合的圆环，如按偶数分段（即单线中的轨道绝缘为偶数），是可以做到按正、负极性交替来布置；如果按奇数来分段，那就实现不了极性交叉的关系了。

　　在上述回路Ⅰ中，如果将 6 号道岔的轨道绝缘不放在直向位置而放在渡线上时，回路Ⅱ中仍旧是四组绝缘，回路Ⅰ中就有六组绝缘（偶数）了，因而可以实现极性交叉的配置。由上述分析可知，对于轨道绝缘为奇数的回路，通常都可以利用挪动道岔绝缘位置的办法，使之达到偶数。在车站线路比较简单的情况下，或没有特殊的要求时，要作出极性交叉并不难。但有时因站形复杂，各回路之间又会互相牵制，或因区段上装有机车信号等设备的原因，道岔绝缘不允许装设在正线上，就使回路的绝缘只能是奇数，从而无法实性交叉。对于无法配出极性交叉的情况，还要达到极性交叉的目的，也可采用"人工极性交叉"方法，如图 3-3-9 所示。

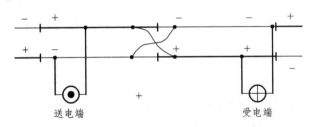

送电端　　　　　　　　　　　受电端

图 3-3-9　轨道电路的人工极性交叉

　　由图 3-3-9 可知，在只有奇数轨道绝缘的闭合回路中，选择适当的地段，增加两组绝缘和连接线，把轨道电路极性颠倒过来，这实际上就是在单线的平面图内，使奇数的闭合回路变成为偶数。

四、极性交叉实际运用效果的分析

　　极性交叉的作用，是要在绝缘破损的时候，相邻轨道电路的轨道继电器衔铁都能够可靠的落下，以实现故障-安全原则。但在实际的工作条件下，即使按极性交叉的原则配置，也未必能做到在绝缘破损时，轨道继电器都会可靠的落下。其原因是各个轨道电路的送、受电端，不能按照理想的要求排列，再加上轨道电路的长短不一，使得在绝缘两侧的两个轨面电压值，难以完全相等，所以绝缘破损后，故障-安全要求就往往不易满足。当轨道绝缘的两侧都是受电端时，两侧轨道电路如果调整得当，绝缘节两侧的轨面电压可能会大致相等，则在轨道绝缘破损后，该处的两个轨道继电器都会落下；如果调整不当，或因两轨道电路的具体条件（如长度及分支等原因）所限，致使绝缘两侧轨面的电压不等，或送电端虽然反相，但经线路传输后相位相差未必为 180°，在相差颇为悬殊的情况下，一旦绝缘破损，总的轨面电压虽然会相减，但相减之后仍可能有一个比较高的电压值，这个数值也许足以使轨道电路衔铁保持在吸起的位置；如果两侧分别为送电端，两侧的电压就更难一致。因此，要达到极性交叉的要求，还必须使各轨道电路的送、受电端的位置适宜，并把各轨道电路的供电电压调整得当。

任务四　轨道电路的检修与测试

一、25 Hz 相敏轨道电路

（一）设备的调整

25 Hz 相敏轨道电路由于采用集中调相方式，电源屏输出的局部电源相位角恒超前于轨道电源 90°，因而不需要对轨道电路进行个别调相。在一般情况下，轨道电源经轨道电路的各个环节传输后，到达轨道继电器轨道线圈时将会产生一定相移，从而造成一定的失调角。但失调角并不大，即使是一送多受的轨道电路，在某些情况下其失调角偏大一些，但仍可以用调整防护盒的方法来调整失调角。调整 25 Hz 相敏轨道电路时，应主要参考调整电压表，对照检查微电子接收器的轨道线圈的端电压是否能够满足技术标准的要求，视道砟电阻的情况判断是否符合规律。25 Hz 相敏轨道电路调整注意事项如下：

（1）送电端限流电阻的数值以及受电端轨道变压器的变比，应按原理图的规定加以固定，不应作为轨道电路的调整手段进行调整。在调整前，应首先检查送电端限流电阻和受电端轨道变压器的变比是否符合原理图的规定，然后再调整供电变压器的二次电压，使之满足轨道电路的工作要求。

（2）在调整轨道电路前，应检查元件间是否按同名端相连，和轨道的连接是否符合相位交叉的要求；在调整供电变压器时，也应注意不要将同名端接错。如果同名端接错，会出现相位接反了，结果就是室内轨道电压正常，但轨道继电器不能吸起。解决方法：在送电端将 II 次侧两个输出线颠倒一下就行了。

（3）对于一送多受的轨道电路，随道岔布置的不同，分路最不利地点也不同，故检查分路除应在送电端和所有受电端进行外，还需在岔尖及其他地点检查，如带无受电分支，还应在无受电分支的末端检查，必须保证所有受电端都符合分路检查的要求。

（4）应检查电码化机车入口电流是否符合要求。1 700 Hz、2 000 Hz、2 300 Hz 为 500 mA，2 600 Hz 为 450 mA。

（二）设备维修

因为维修的设备是已投入正常使用的设备，我们日常巡视、检查、测试的内容，要根据《维规》所规定的Ⅰ级测试内容表进行。

（三）室内测试内容

1. 25 Hz 轨道电源屏的测试

（1）交流输入电压、电流为日测。

25 Hz 轨道电源屏技术指标中，输入额定电压 220 V 时允许输入电压波动：160～260 V；输入电流无表头时，可用钳型电流表在输入端子线上测试，为半年测。

资源 3-16　25 Hz 相敏轨道电路测试

（2）输出电压、电流。

轨道电源输出为（220±6.6）V，局部电源输出为（110±3.3）V，电流看表头。

有微机监测的每天只调看微机一次。

2. 轨道接收电压的测试

有微机监测的每天只调看微机，没有微机的每天在轨道测试盘上人工测试，观察有无变化，是否需要调整，并做好记录。

3. 轨道电缆绝缘测试

轨道电缆绝缘测试为月测。

4. 分路残压测试

分路残压测试为半年测。如果残压超标大于 10 V，则要在《行车设备检查登记簿》上登记，按照分路不良的管理办法处理。

用 0.06 Ω 标准分路电阻线在轨道电路送、受电端轨面上分路时，电子接收器的轨道接收端电压应不大于 10 V，输出端电压为 0，继电器可靠落下。

（四）室外测试的内容（25 Hz 相敏轨道电路Ⅰ级测试）

1. 送电端

（1）变压器Ⅰ、Ⅱ次电压测试。一次电压由室内分线盘送出，因站场大小不同有两束（$GJZ_{1,2}$）或四束（$GJZ_{1,2}$　$GJZ_{3,4}$）供电，为干线供电方式，每束因供的区段多少不同，要求电源屏到室外送端变压器Ⅰ次，电缆压降不大于 30 V，即Ⅰ次电压不低于 183 V。变压器二次电压因区段的长短不同而不同。两线制电码化区段，采用室内调整变压器进行轨道电路的调整，所以送电端轨道变压器也是固定变比使用，变比为 1∶13.89。

（2）扼流变压器，不平衡电流，不平衡率。

不平衡电流为两抗流线有车时通过的电流 I_1、I_2。I_1、I_2 之差不大于 20 A，不平衡率为

（$I_1 - I_2$）/（$I_1 + I_2$）×100%，应小于 5%。

（3）限流器电压，限流电阻为压降，阻值为 4.4 Ω 放在最大位置不允调整。

（4）轨面电压测试。

2．受电端

测试内容为轨面电压，不平衡牵引电流，不平衡率，受电端Ⅰ次、Ⅱ次测电压，方法与送电端一样。

受电端变压器Ⅱ次端子用Ⅲ$_1$、Ⅲ$_3$，变比为 1：13.89，一般不能调整。

送、受端测试完后，对照电压看逻辑关系是否正确。

3．机车信号入口电流

机车信号入口电流，应在机车入口端测试。

1）电码化范围

（1）列车进路为直进直出时，为接发车进路中的所有区段。

（2）列车进路为弯进直出时，为股道和所有发车进路中的区段。

（3）列车直进弯出时，为所有接车进路中的区段。

（4）弯进弯出时，只有股道区段。

简单地说，电码化范围就是正线各区段（包括股道）和侧线股道。

2）ZPW-2000 机车入口电流值

1 700 Hz、2 000 Hz、2 300 Hz 为 500 mA，2 600 Hz 为 450 mA。

3）测试方法

机车入口电流测试用 0.06 Ω 分路线在机车入口端分路，用钳型表测试，移频信号应用移频专用表测试，如果达不到上述标准，室内可调发送功出。

股道因为两头发码，测下行入口电流时应甩开上行变压器Ⅱ次线头，测上行时甩开下行变压器Ⅱ次线头，否则两头发码。因为股道上电码化是两端都发码，所以测试股道上机车信号入口电流时，为避免另一端电码化的干扰，需要关闭另一端的电码化发送盒和相应的+1 发送盒，或者断开机车入口端轨道变压器的Ⅱ次侧端子。

4．轨道绝缘测试检查

用交流 2.5 V 挡，分别测绝缘夹板对钢轨两端的电压，正常时夹板不带电，如果一边绝缘破损，则夹板对另一边钢轨有电压，就需分解检查。

5．极性交叉检查

25 Hz 相敏轨道电路特点之一是具有相位选择性，因而在绝缘节处实行极性交叉后，对钢轨绝缘破损有可靠的防护作用，如图 3-4-1 所示。

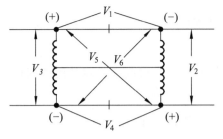

图 3-4-1　极性交叉电压

用交流 2.5 V 挡测试：

（1）$V_1 > V_5$ 或 $V_1 > V_6$ 或 $V_4 > V_5$ 或 $V_4 > V_6$ 成立时，有极性交叉。

（2）$2V_1 > V_2$ 或 $2V_1 > V_3$ 或 $2V_4 > V_2$ 或 $2V_4 > V_3$ 时，有极性交叉。

无扼流时检查方法与有扼流时相同。

6. 分路残压测试

用标准的分路线（0.06 Ω）在轨道电路送受端分路，室内微电子相敏接收器轨道接收端电压不大于 10 V，无直流输出，执行继电器可靠落下。

如果残压超标，应分析其原因，并登记进行处理。

（五）维修调整

（1）新设备投入使用后，钢轨塞钉头生锈，导电不良，造成轨道继电器电压下降，时高时低，易受过车影响，要立即查找处理，不能盲目升高送电端电压处理故障。轨道电路送、受电端扼流变压器至钢轨的接线电阻不大于 0.1 Ω。轨道电路送、受电端轨道变压器至扼流变压器的接线电阻不大于 0.3 Ω。

（2）限流电阻，接线接触不良，造成室内电压变化。

（3）下雨后道床漏泄增大，室内电压下降，要注意观察

（4）工务清筛道床后漏泄减小造成室内电压升高，如果超标应向低调整。

（5）更换微电子相敏接收器后，个别轨道继电器端电压也有微量变化。

（6）室外更换扼流变压器后，电压正常，轨道继电器不吸说明相位反了，倒扼流变压器Ⅱ次端可恢复正常，如果送受端同时更换扼流后，应测试与相邻区段的极性交叉是否正确。

（7）XB 箱内更换完配线，造成有交流电压，但继电器不吸，同样是相位反了，倒变压器二次配线，即可正常。

（8）站内正线移频区段及股道：

25 Hz 相敏轨道电路的调整应照铁运〔2006〕127 号《信号维护规则技术标准》4.3.2 的规定进行调整，一般情况下，道岔区段和无岔区段为 18～23 V，到发线 18～25 V，1 000 m 以上为 20～26 V；

（六）室外设备调整情况

1. 电码化区段

在室内用 BMT-25 型调整变压器进行调整，室外设备固定端子使用。

1）送电端

I 次侧：封连 I_2—I_3，使用 I_1、I_4；

II 次侧：使用 III_1、III_3；

R_X；固定在 4.4 Ω。

2）受电端

I 次侧：封连 I_2—I_3，使用 I_1、I_4；

II 次侧：使用 III_1、III_3；

多受区段进行 R_S 粗调（1.1 Ω），然后细调平衡。

2. 非移频区段

在室外送电端用 BG-25 型轨道变压器进行调整，受电端固定端子使用。

1）电化区段

（1）送电端。

I 次侧：封连 I_2—I_3，使用 I_1、I_4；

II 次侧：II_Z、II_K；

R_X；固定在 4.4 Ω。

（2）受电端。

I 次侧：封连 I_2—I_3，使用 I_1、I_4；

II 次侧：使用 III_1、III_3；

多受区段进行 R_S 粗调（1.1 Ω），然后细调平衡。

2）非电化区段

（1）送电端。

I 次侧：封连 I_2—I_3，使用 I_1、I_4；

II 次侧：II_Z、II_K；

R_X；固定在 2.2 Ω。

（2）受电端。

I 次侧：封连 I_2—I_3，使用 I_1、I_4；

II 次侧：使用 III_1、II_3，封连 II_4—III_2；

多受区段进行 R_S 粗调（0.2 Ω），然后细调平衡。

（七）WXJ25 型微电子相敏轨道电路故障处理

1. 判断 25 Hz 相敏轨道电路故障范围

分线盘测试时，如果电压高于平时值，测试盘处无电压，则是室内开路故障；如果电压低于平时值，则甩开软线，测量电缆电压大幅度上升，则为室内短路故障；电压上升幅度不大，则为室外故障。

2. 故障处理的方法

1）室内故障

当从分线盘判断确认为受电端室内有问题时，应首先查看 WXJ25 型微电子相敏接收器的表示灯的显示情况，绿灯不亮，重点检查防护盒及测试相位角，当输入条件都满足时，检查 WXJ25 型微电子相敏接收器自身工作情况。如果绿灯亮并有直流控制电源输出，再检查执行继电器（轨道继电器）励磁电路。

2）室外故障

电码化区段查找室外故障时首先应排除移频信号的干扰。室外故障不外乎两类，即开路故障和短路故障。测量送电端限流电阻上的电压值是迅速准确判断轨道电路是开路故障还是短路故障最有效的方法。当测得的数值比正常值低或为零则为断线故障，当测得的数值比正常值高或与送电端轨道变压器二次侧大致相等时则为短路故障。

（1）开路故障。

开路故障点前的电压升高，开路故障点后电压降低或为零。

（2）短路故障。

短路点前面电流较大，短路点后面电流突然变小，轨面电压会大幅度下降甚至为零值。使用轨道电路故障测试仪。

3）查找故障基本步骤

（1）测试送电端轨面电压，与平时记录比较，如果高于平时记录，则为受电端或线路上有开路，如接续线短缺或接触不良、断轨、钢丝绳（即引接线或跳线）与钢轨虚接、受电端 10 A 防雷断路器或各处端子虚接等。

（2）测试送电端轨面电压，与记录比较，如果低于记录，则从送电端开始查找，首先测试变压器次电压，计算变比是否正确。变比不正确，则更换变压器；变比正确，则看电压是否变化。电压升高，则为送电端 XB1 箱或扼流处有开路或虚接造成，可以断开轨道端的 10 A 断路器。如果电压变化不大，则为 XB1 内部短路，重点检查配线；如果电压变化大幅度上升，则为后面短路，下一步可以在扼流信号线圈处甩开电缆，接通送电端 10 A 断路器。如果电压与断开断路器时电压相比有变化，则为电缆问题。如果测电缆电压基本等于断开断路器时断路器两侧电压，则说明电缆正常。此时应进一步向后查找，查找线路时重点用轨道电路故障测试仪测电流。如果送电端轨面电流增大，则短路点在后面；如果送电端轨面电流较小，则为扼流变压器短路，此时可以配合万用表测变比，无论是电压还是电流都应满足 1 : 3 的关系。

（3）重点检查钢丝绳防混包胶及工务扣件、道钉的影响，特别注意供电未停电的情况下严禁甩开钢丝绳。对扼流变压器的重点检查有是否绝缘破损、接箱体等现象。测试牵引线圈两个半圈电压是否平衡，牵引圈、中心连接板对扼流箱体电压一般为 2 ~ 10 V，且几个端子基本一致。如果到现场后电压正常，可以在晃动扼流变压器芯同时测各处电压，容易发现问题，但要注意未要点时不能动。如果未发现异常，下一步查找受电端 XB1 箱内设备，可以先断开 10 A 断路器。如果扼流、轨面电压均大幅度上升，则为受电端箱内短路；如果变化不大，则在扼流变压器信号圈甩下电缆查找，原理同送电端。

（八）故障查找案例

案例 1：查找开路故障。

某区段测试盘测试电压降低，原来为 22 V，现在为 17 V，且不稳定，到送电端测试轨面电压为 1.2 V，比原来 0.7 V 高出 0.5 V。可以确定送电端基本正常，向受电端方向查找，轨面电压一直未变。当测试到受电端扼流牵引线圈时，电压为 0.7 V，可以确认为牵引线圈至钢轨间钢丝绳虚接。经查找为长钢丝绳塞钉虚接所致。

案例 2：查找室外短路故障。

（1）某站 7DG 区段红光带，送电端轨面电压为 0.2 V。甩开送电端扼流适配器信号线圈端子上的电缆，测试电缆上的压降，若与变压器次侧电压相同，说明箱内设备正常。测试送电端钢轨电流为 2 A 左右，判断扼流变压器正常，确认为线路某处或受电端短路。利用轨道电路故障测试仪沿着轨条测试，线路上电流基本不变，为 2 A 左右，确认为受电端短路。在受电端甩开 10 A 断路器，信号圈电压变化不大，变比变小，确认受电端扼流内部短路造成，更换后正常。

（2）某站 10DG 区段红光带，送电端轨面电压为 0.2 V，与上面的方法相同，确认为线路或受电端短路。利用轨道电路故障测试仪查找，到 10 号道岔一组绝缘前后测试电流明显变化，靠近送电端时电流为 2 A 左右，靠近受电端时为 0.4 A 左右，确认为此绝缘接头处有短路。会同工务部门分解绝缘正常，经查找为辙岔开叉处有铁销短路造成。

二、ZPW-2000 A 型无绝缘轨道电路

（一）主要技术条件

1. 发送器

（1）低频频率：$10.3+n \times 1.1$ Hz，$n=0 \sim 17$。

即 10.3 Hz、11.4 Hz、12.5 Hz、13.6 Hz、14.7 Hz、15.8 Hz、16.9 Hz、18 Hz、19.1 Hz、20.2 Hz、21.3 Hz、22.4 Hz、23.5 Hz、24.6 Hz、25.7 Hz、26.8 Hz、27.9 Hz、29 Hz。

（2）载频频率。

下行：1700-1（1 701.4 Hz）；　上行：2000-1（2 001.4 Hz）；
　　　 1700-2（1 698.7 Hz）；　　　　 2000-2（1 998.7 Hz）；
　　　 2300-1（2 301.4 Hz）；　　　　 2600-1（2 601.4 Hz）；
　　　 2300-2（2 298.7 Hz）。　　　　 2600-2（2 598.7 Hz）。

（3）频偏：±11 Hz。

（4）输出功率：不小于 70 W。

2. 接收器

轨道电路调整状态下：主轨道接收电压不小于 240 mV；主轨道继电器电压不小于 20 V（1 700 Ω 负载，无并机接入状态下）；小轨道接收电压不小于 33 mV；小轨道继电器或执行条件电压不小于 20 V（1 700 Ω 负载，无并机接入状态下）。

3. 工作电源

（1）直流电源电压范围：23.5 ~ 24.5 V。

（2）设备耗电情况：发送器在正常工作时负载为 400 Ω，功出为 1 电平的情况下，耗电为 5.55 A；当功出短路时耗电小于 10.5 A。

（3）接收器正常工作时耗电小于 500 mA。

4. 轨道电路

（1）分路灵敏度为 0.15 Ω，分路残压小于 140 mV（带内）。

（2）主轨道无分路死区；调谐区分路死区不大于 5 m。

（3）有分离式断轨检查性能；轨道电路全程断轨，轨道继电器可靠落下。

5. 补偿电容规格及技术指标

1 700 Hz：55 μF ± 5%（轨道电路长度 250 ~ 1 450 m）

2 000 Hz：50 μF ± 5%（轨道电路长度 250 ~ 1 400 m）

2 300 Hz：46 μF ± 5%（轨道电路长度 250 ~ 1 350 m）

2 600 Hz：40 μF ± 5%（轨道电路长度 250 ~ 1 350 m）

（二）ZPW-2000 A 设备测试

1. 衰耗盘测试（测试周期：季）

衰耗盘上共有 5 个指示灯，12 个测试孔。

5 个指示灯分别是：

发送工作灯——绿灯（正常）；

接收工作灯——绿灯（正常）；

轨道灯——绿灯（正常）；

正向灯——黄灯（正常）；

反向灯——反向运行时点亮。

12 个测试孔分别是：

SK1 "发送电源"——发送器 24 V 工作电源（23.5 ~ 24.5 V DC）；

SK2 "接收电源"——接收器 24 V 工作电源（23.5 ~ 24.5 V DC）；

SK3 "发送功出"——发送器输出电平测试，与调整表范围一致（用选频表按频率测试）；

SK4 "轨入"——接收器接收到的（主轨道与相邻小轨道叠加）主轨道输入电压与调整表范围一致，小轨道电压应大于等于 42 mV；

SK5"轨出1"——来自主轨道,即主轨道信号经过调整后的轨出电压与调整表范围一致(用选频表,按频率测试大于等于 240 mV),实际使用时调整在 500～650 mV,这样既可以避免外界干扰或主轨道接收电压发生波动时造成的故障,又不会造成分路残压超标;

SK6"轨出2"——来自小轨道,经过衰耗电阻分压后,按小轨道调整表连接相应端子(正向连接 a 列,反向连接 c 列)使轨出 2 输出范围在 110～130 mV。

SK7"GJ(Z)"——主机轨道继电器电压大于 20 V;

SK8"GJ(B)"——并机轨道继电器电压大于 20 V;

SK9"GJ"——轨道继电器电压大于 20 V;

SK10"XGJ(Z)"——主机小轨道继电器(或执行条件)电压大于 20 V;

SK11"XGJ(B)"——并机小轨道继电器(或执行条件)电压大于 20 V;

SK12"XGJ"——小轨道继电器(或执行条件)电压大于 30 V,空载大于 50 V。

2. 防雷电缆模拟网络盘的测试

网络盘正面有 3 个测试孔,分别测量的是:

电缆侧的电压;

设备侧的电压;

防雷侧的电压。

发送端模拟网络盘中的信息传输方向是从"设备"→"防雷"→"电缆",可以沿这个顺序进行测量,正常时"设备"处电压基本与功出电压相等,"防雷"处电压比"设备"处略高几伏,"电缆"处电压经模拟网络阻抗衰减降低为送向室外的几十伏,与零层(区间分线盘)送出电压相等。模拟网络盘电压的变化若有大幅度改变就证明其故障需要更换了。

接收端模拟网络盘中的信息传输方向是从"电缆"→"防雷"→"设备",沿这个顺序测量,正常时"电缆"处电压与零层(区间分线盘)接收电压相等,通常主轨十多伏,小轨几十至一百多毫伏,"防雷"处电压经模拟网络阻抗衰减后降为几伏,到"设备"处再降低一些,与衰耗盘上的轨入电压基本相等。

另外,模拟网络盘上插有带劣化显示的防雷单元,若击穿会有劣化显示(指示窗口由绿色变为红色),不影响设备正常工作,但要及时更换。

3. 轨道电路分路残压的测试

室外用 0.15 Ω 分路线进行测试,室内在轨出 1 插孔进行测试,不大于 140 mV(测试周期:季)。

4. 发送器、电码化发送器功出电压

符合设计发送电平规定的功出范围,如发送器设计发送电平为 3 级,其功出电压测试数据应为 128～135 V。

5. 分线盘电压、匹配变压器 E1、E2、V1、V2 电压

分线盘电压和匹配变压器 E1、E2 电压接近发送器功出电压,匹配变压器 V1、V2 电压约是 E1、E2 电压的 1/9。

6. 电容电压

电容 C_n 端电压测试点在电容塞钉头坐标处，电容 C_n 前电压、电容 C_n 后电压的测试点距电容坐标约 1 m,通过分析其补偿变化规律和实测确定,这三个数据正常时是逐渐升高的,升高幅度约为 0.05 ~ 0.1 V。

7. 轨道电路及站内电码化短路电流

载频频率为 1 700 Hz、2 000 Hz、2300 Hz 时均不小于 500 mA,载频频率为 2 600 Hz 时不小于 450 mA,为了保证机车信号设备可靠工作一般应调整在 1 000 mA 左右。

复习思考题

1. 简述轨道电路的基本原理。

2. 轨道电路的作用是什么？

3. 轨道电路如何分类,各种轨道电路在铁路信号中有哪些应用？

4. 站内轨道电路如何划分？怎么命名？

5. 交流连续式轨道电路由哪些部件组成？各起什么作用？

6. 简述交流连续式轨道电路的工作原理。

7. 什么是轨道电路的极性交叉？有何作用？如何配置？

8. 电气化牵引区段对轨道电路有哪些特殊要求？

9. 50 Hz 相敏轨道电路如何组成？有何特点？（包括继电式和微电子式）

10. 何谓移频轨道电路？有何用途？

11. 分析轨道电路的三种工作状态。

12. 何谓分路灵敏度、极限分路灵敏度和标准分路灵敏度？

13. 分析轨道电路的一次参数和二次参数。

项目四　计轴设备及应答器维护

任务一　计轴器设备维护

计轴设备是一种通过检测和比较进入和离开轨道区段的列车车轮轮轴数，来判断相应轨道区段的空闲/占用状态，并将判断的结果经继电器输出的轨道空闲检测设备。

一、计轴设备的概述

计轴设备的最大优势在于它与轨道和道床状况的无关性，这使其不仅具备检查长区间的能力，而且也解决了长期因道床潮湿和钢轨生锈影响地铁安全运行的困扰。

计轴器的故障-安全措施：当设备断电、重启后，所有区段会设置为占用状态；当列车驾驶出区间而计轴数比较结果不为零（可能为正数也可能为负数），此时该区段仍会处于占用状态，列车无法出清，需要由行车人员确认该区间无车后，先对区段进行预复位，然后正常通过一列列车，才能使区段空闲。

计轴设备装设在车辆段（车场）与正线交接点处和采用的某种形式的列车自动控制系统的轨道区段上（如轨道电路、轨间电缆、无线通信等），作为主设备故障情况下的备用设备使用。通过比较列车驶入和驶出某段线路的轴数，其作为检查区段的安全设备，其作用和轨道电路等效。在各种形式的列车自动控制系统设备的轨道区段上发生故障时，可用计轴设备检查列车的位置，构成"降级"信号。

在采用的某种形式的列车自动控制系统正常使用的情况下，计轴设备也向车站控制室和控制中心发送一些信息，供车站控制室和控制中心使用。

计轴设备缺点在于无"记忆性"轨道区段有车占用情况下，当停电后再恢复供电时，计轴信息会丢失，造成轨道区段无车的假象。使用计轴设备时，一定要采用不停电措施或者其他手段以保证运行安全。

二、计轴设备的原理及组成

1. 工作原理

计轴设备利用轨道传感器、计数器来记录和比较驶入和驶出轨道区段的轴数，以此确定轨道区段的占用或空闲。

当列车驶入时，车轮进入轨道传感器作用区，同时轮对经过传感器磁头，传感器向驶入端处理器传送轴脉冲，轨道区段驶入端处理器开始计轴，驶入端处理器首先判定运行方向，确定对轴数是累加计数还是递减计数。列车进入轨道区段，驶入端计轴器对轮轴进行累加计数，并发出区段占用信息，同时，驶入端处理器经传输线向驶出端处理去发送驶入轮轴数，当列车全部通过驶入端计轴点时，停止计数。当列车到达区段驶出端计轴点时，由于列车是驶离区段，驶出端计轴器进行减轴运算，同时再传送给驶入端处理器，列车全部通过后，两站的微机同时对驶入区间和驶离区间的轮轴数进行比较运算，两站一致时，证明进入区段的轮轴数等于离开区段的轮轴数，可以认为区段已经空闲，发出区间空闲信息表示，如果无法证明进入区段的轮轴数等于离开区段的轮轴数，则认为区间仍将处于占用状态。

2. 组　成

计轴设备由室内和室外设备两部分组成，如图 4-1-1 所示。室内设备有运算器、继电器等，或者采用微型计算机构成主机系统。室外设备有轨道传感器和电子连接箱。

计轴设备主要组成部分包括：

轨旁计轴点：主要用于产生车轴脉冲，包括轮轴传感器和电气连接箱。

信息传输部分：用来传递信息，包括传输线、防雷及线路连接设备。

计轴处理部分：主要功能是对计轴点产生的车轴脉冲进行计数、确定列车运行方向、比较计轴点入口点和出口点所记轴数以及记录计数结果。其包括计数、比较、监督、表示等装置。

资源 4-1　计轴设备

电源：提供可靠不间断的电能。

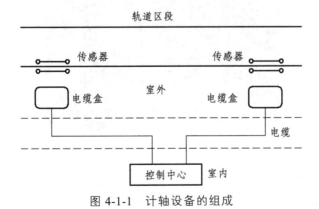

图 4-1-1　计轴设备的组成

1）轨道传感器

传感器系统的主要功能是采集轮轴信息并准确地把它变成可计数脉冲送给微机。传感器类型很多，按工作原理又分为变耦合式和变衰耗式。电磁式有源传感器由磁头、发送、接收三部分组成，其电路框图如图 4-1-2 所示。

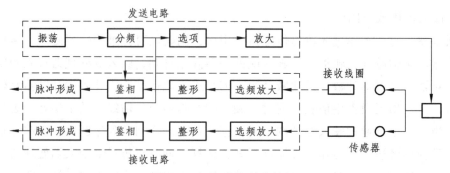

图 4-1-2　传感器电路框图

　　每套磁头包括发送和接收两个磁头，其实物如图 4-1-3 所示。磁头用以采集轮轴信息和鉴别列车运行方向，发送磁头 T_X 安装在钢轨外侧，接收磁头 R_X 安装在钢轨内侧。发送磁头的信号来自室内微机计轴箱的传感器板，然后由传感器发送电路分频、整形、功率放大，再经防雷单元隔离，由发送外线送给计轴点的两个发送磁头。通过磁场耦合，发送磁头与接收磁头之间形成磁通桥路，从而在调谐的接收线圈上获得一定的信号输出。无车轮经过传感器时，其产生的磁力线如图 4-1-4（a）所示，在接收线圈内感应的交流电压相位与发送电压相位相同。当车轮渐渐靠近时，其产生的磁力线如图 4-1-4（b）所示。当轨面有车通过时，轮缘改变了磁力线方向，T_X 产生的磁力线如图 4-1-4（c）所示，这样在 R_X 中产生的感应电压相位改变 180°。即车轮对载频信号进行了相位调制，在接收线圈内感应的交流电压相位与发送电压相反，这个载有"轮轴"信息的信号已调好并经传输电缆送到室内接收电路，经整形、检波后产生一个轴脉冲。

图 4-1-3　计轴器实物图

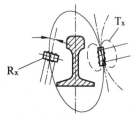 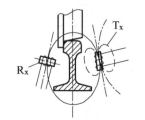 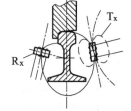

（a）没有车轮时　　　（b）车辆渐渐靠近　　（c）车轮处于磁头正上方

图 4-1-4　磁头磁力线示意图插入

由于两磁头轴脉冲产生的时间先后不同。两脉冲组合后形成具有五种形态的轴脉冲对，根据两脉冲的组合时序可确定列车的运行方向，从而产生相应的加轴或减轴运算。传感器轴脉冲形成过程的波形如图 4-1-5 所示。轴脉冲形成后，计轴过程完全由软件来完成。

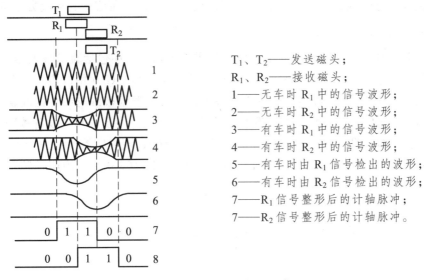

T_1、T_2——发送磁头；
R_1、R_2——接收磁头；
1——无车时 R_1 中的信号波形；
2——无车时 R_2 中的信号波形；
3——有车时 R_1 中的信号波形；
4——有车时 R_2 中的信号波形；
5——有车时由 R_1 信号检出的波形；
6——有车时由 R_2 信号检出的波形；
7——R_1 信号整形后的计轴脉冲；
7——R_2 信号整形后的计轴脉冲。

图 4-1-5　轴脉冲波形成

2）计轴处理部分

计轴处理部分接收来自计轴点的轴脉冲，对轮轴脉冲进行计算并进行校对，以防止两个线圈所计轴数不一致。区段（区间）一端的计轴系统将本系统所计轴数送给相应区段（或区间）的对方系统，并接收对方子系统送来的轴数；根据两段系统计轴数量是否一致确定区段的占用或空闲状态。计轴处理部分还要对计轴点进行监测，发现计轴点故障，显示计轴故障。另外，许多计轴设备还要为其他系统，如联锁系统、闭塞系统提供"轨道空闲"或"轨道占用"的表示信息，一般用 QGJ 表示，因此，计轴处理部分需要动作区间轨道继电器（QGJ）。由于 QGJ 直接表征轨道空闲/占用，为了满足故障-安全原则，计轴处理部分需要采用安全冗余机构，即其中一个 CPU 出错，不能导致计轴结果出现错误。因此，计轴处理部分一般采用 2 取 2 结构，以两套 CPU 为最小系统。

3）信息传输部分

一个区段（或区间）是否处于占用或空闲状态必须由该区段（或区间）两端计轴系统所计轴数共同判定。一般轴数相同为空闲，轴数不相同为占用。因此，两端计轴系统必须进行轴数互传，两端计轴系统的轴数互传是由传输子系统实现的。由于所传输的信息具有很高安全特性，因此要求传输子系统具有安全传输能力。

站间通信采用专用的通道。当采用实回线点对点直连时，最大距离一般为 10 km，通信接口设备为调制解调器；当采用光纤点对点直连时，最大距离一般为 60 km，通信接口设备为光电转换模块；当通道采用音频话路或其他通信中继设备时，距离一般不受限制，要求通道带宽不小于 64 kb/s。采取的安全措施包括：数据传输采用冗余方式，二组信息共用一条通道分时传递，接收端进行"二取二"确认，不一致则倒向安全；信息源经 CRC 生成器

（16 位）附加循环冗余码，到达接收方后经校验器校验；采用 ARQ 的发送等待技术，每次通信正确与否都将得到确认；接收方对安全信息进行多次重复确认，防止误动；接收方在规定的时间内不能正确收到对方的信息，将视为故障状态，倒向安全；采用专用通信协议，有效防止干扰或恶意侵入；为最大限度地保证系统的安全性，在信息的接收方不进行纠错。

4）输入输出部分

该部分一般有轴数显示模块，用来为值班员提供轴信息，还包括轨道继电器（QGJ）驱动及计轴设备正常继电器（JZCJ）驱动等部分。轨道继电器（QGJ）用以表示所监视的区段占用或空闲状态，是一个由故障-安全电子电路驱动的安全型偏极继电器（区间轨道继电器 QGJ）。当电路出现故障应当使得 QGJ 落下，以导向安全侧。为了区别"设备故障"和"区间占用"状态，一般还设有一个计轴设备正常继电器 JZCJ，该继电器也是一个由故障-安全电子电路驱动的安全型偏极继电器。计轴设备正常继电器 JZCJ 落下，说明计轴系统出现故障，无法判断所属区段（区间）的空闲与占用。

三、计轴设备主要技术条件及应用

（一）计轴设备主要技术条件

（1）轨道传感器应能在 0 ~ 200 km/h 速度下，可靠地采集车轴脉冲。

（2）设备应适用于电气化和非电气化牵引区段，并能与站内联锁设备构成闭塞系统。

（3）保证只有驶入车轴脉冲和驶出车轴脉冲一致时，才能给出轨道出清信号。

（4）设备系统任一部分出现故障时，应立即给出故障表示，即要有故障-安全措施。

（5）一旦计数错误，计数器应能恢复到零位。

（6）电源应连续稳定工作，一旦电源发生故障，计数器应显示区段占用状态。

（7）设备应能适应各种行车业务需要，如中途折返列车、站外调车等。

（8）对计轴设备计轴的平均正确计轴数 $\geq 1 \times 10^6$ 轴，平均无故障时间在 150 ~ 200 天。

（二）计轴设备与轨道电路比较

1. 优　点

（1）适用于道床状态差、道床泄漏电阻过低的轨道区段。

（2）可以检测钢轨生锈及轻车情况下的轨道区段占用/空闲。

（3）可以避免轨道电路由传输距离的限制而设置的多个轨道电路。

（4）不需要绝缘节。

2. 缺　点

（1）如果作为站内多区段轨道电路的替代，投入成本比轨道电路高。

（2）电源部分必须可靠确保不因电源瞬间中断造成轴信息的丢失。

（3）无法检测钢轨断轨。

（4）由于其他铁器如铁等在磁头上的动作可能造成错误计轴。

（三）计轴器的应用

（1）对于无岔区段，在其两端各设一个测轴点，如图 4-1-6（a）所示。对于数个无岔区段构成的带形区段，其测轴点的设置如图 4-1-6（b）所示。对于无岔区段构成的重叠区段，其测轴点的设置如图 4-1-6（c）所示。

（2）对于道岔区段，在其岔前、岔后直向和岔后侧向各设一个测轴点，如图 4-1-7（a）所示。对于交叉点，其测轴点的设置如图 4-1-7（b）所示。对于交叉渡线，其测轴点的设置如图 4-1-7（c）所示。

（3）对于轨道计轴区段，即采用计轴轨道检查装置检查空闲的轨道区段，考虑到轨道区段所有的入口和出口，测轴点的设置如图 4-1-8 所示。

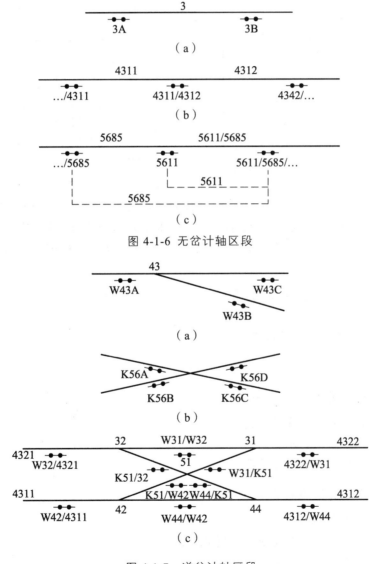

图 4-1-6 无岔计轴区段

图 4-1-7 道岔计轴区段

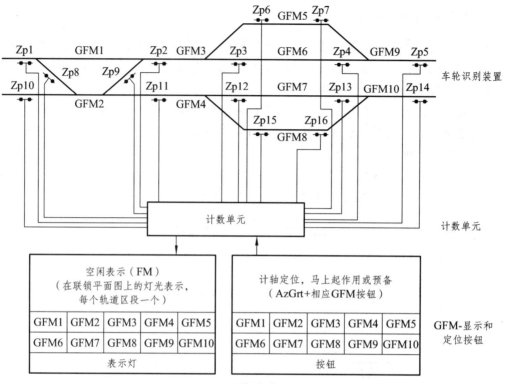

图 4-1-8　轨道计轴区段

　　计轴器可应用于半自动闭塞（用以构成自动站间闭塞）和自动闭塞区段（城市轨道交通中用于代替轨道电路），也可用于铁路道口的防护、驼峰编组场的高轴阻检查、测速、判定钩车数等，还可在行车指挥自动化、列车运行自动化方面作为校正里程的依据。

四、计轴设备检修及常见故障

（一）计轴设备检修及周期

计轴设备检修分为巡视检查，重点检修和年整治。

1. 巡视检查（周期为每日一次）

（1）检查设备外观，有无破损。

（2）检查室内轴显窗显示。

（3）询问车务值班人员使用情况。

2. 重点检修（周期为每月一次）

（1）同巡视检查全部内容。

（2）检查机械装置螺栓有无松动、裂缝及损伤。

（3）检查距轨面距离是否超限。

（4）检查磁头状态。

3. 年整治（周期为每年一次）

（1）同重点检修工作内容。

（2）电子盒检查、调整、清扫。

（3）油饰。

（二）计轴故障处理流程

计轴设备处理流程序如图 4-1-9 所示。

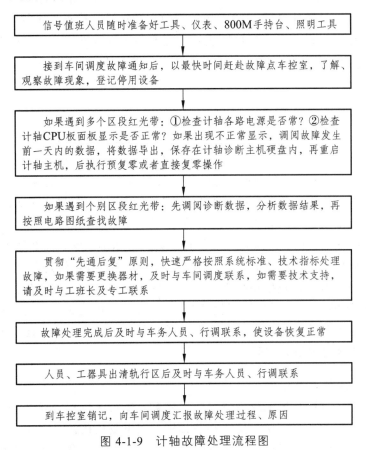

图 4-1-9　计轴故障处理流程图

（三）计轴设备常见故障

计轴设备经过长时间的发展之后，质量的安全性已经很高了，但是计轴设备还是经常会出现一些故障，计轴系统出现故障的时候通常都会表现在和其相连的连锁系统的人机界面以及微机监测告警信息当中。在发生故障的时候，人机界面上会出现下面一些信息：

（1）全部的联锁区域中的所有计轴轨道继电器在没有列车时落下，其表现是区段中没有列车但是还是显示红光带。

（2）一个或者几个计轴轨道继电器在没有列车时落下，其表现是相应区段列车已经出清，然而却显示为红光带。

（3）计轴区段受到干扰。

当发现上面一些问题的时候，要查看与其相应的轨道继电器的状态，对于一些常见的故障，我们给出了相应的处理流程。

1. 所有轨道继电器故障落下

当全部区段继电器在没有列车占用的情况下落下，通常会先判断是不是电源的问题。标准值是 DC 60 V 计轴主机电源，DC 120 V 室外计轴点电源，DC 24 V 为轨道继电器电源。可以在机柜 A 排端子输入电源，如果发现没有问题，那么就要检查计轴主机电源板和 CPU 板的工作状态，通过观察电源板、CPU 板的面板指示灯进行检查工作状态，如果发生了故障，那就要更换板卡，板卡不支持热插拔，一定要断电进行操作。断电的时间一定要超过 10 s，然后才可以重新启动计轴主机，确保计轴区段没有列车，然后才可以把区段进行复位的操作，让其恢复正常。

2. 个别轨道继电器故障落下

个别区段的继电器在没有列车占用落下时，通常要先检查并口板上相应区段的指示灯，如果指示灯显示正确，那么 TB-B 端子排对应区段保险管有可能已经坏掉，如果测量后确定保险管已经损坏，就要更换 250 mA 的保险管。接着检查故障区段对应的计轴点的 PDCU，如果红色的保险报警灯亮起，就意味着要更换 PDCU 保险，其标准是 315 mA。如果前面都没有发生故障，就需要对串口板进行检查，如果显示不正常，灯位不亮，那就要更换串口板，串口板是支持热插拔的，继续检查并扣板，如果显示不正常，那么就需要更换并扣板，并扣板也支持热插拔，到现在为止，如果故障还没有解决，有可能是室外计轴点的 EAK 以及计轴磁头有故障，就要检查模拟板以及评估板的指示灯，需要确定其已经插紧，如果还有问题，那么就要更换板卡。然后，测量磁头电器特性的相关数据，观察磁头的外观，确定计轴磁头设备是不是需要更换板卡。当上述的步骤都进行完了后，还需要对区段进行复位，这样整个工作才算最后处理完成。

3. 计轴区段受到干扰

在区段受到干扰且没有技术故障情况下，如果需要对区段直接复位，首先在复位之前确定故障区间之内没有列车占用，接着在并扣板上按下复位按钮，同时扭动复位钥匙，有效时间是 0.5 ~ 6 s，在直接复位以后，区间会立即空闲。如果操作不正确有可能会造成并扣板锁闭，万一锁闭就要马上拔下并扣板，10 s 以后再插上，接着进行复位操作。如果区段因为故障或者受到干扰而出现红光带现象同时还具有预复位的能力的话，首先按下 IBP 盘中的计轴复位按钮，与此同时还要按下全部复位的区段按钮，有效的时间是 0.5 ~ 6 s，并扣板中的 Input1 绿灯亮，灯亮的时间长度和按下复位按钮的时间是一样的。

状态继电器吸起的时间为 4 s，同时 IBP 盘中的区段按钮灯以及并口板中的 Output 1 显示灯也要常亮 4 s，当并口板中具有预复位能力的显示灯不亮，则就表明预复位成功。当列车经过这个区段以后，其轨道继电器会立即吸起。如果操作不正确也会有可能造成并口板锁闭，万一发生锁闭，就一定要拔下并口板，并扣板支持热插拔，10 s 以后再插上并口板进行复位。

任务二　应答器及地面电子单元（LEU）

应答器（Balise）也叫作查询应答器，是一种采用电磁感应原理构成的高速点式数据传输设备，是 ATP 系统的关键部件，用于在特定地点实现地面-列车间的数据交换。应答器为列车提供 ATP 所需的各种点式信息，包括进路长度、道岔长度、闭塞分区长度、坡度、曲线等，确保列车在高速运行状态下的安全。

一、查询应答器的组成

查询应答器系统包括地面设备和车载设备。地面设备主要指地面应答器，车载设备包括车载查询器主机和车载查询器天线。

（一）地面应答器

地面应答器储存特定的地面信息，通常放置在轨道中间。当列车经过地面应答器时，通过无线射频激活应答器，使其发射预置数据，从而使列车获得公里标、限速、坡度等信息，保障列车运行安全。

（二）车载设备

1. 车载查询器主机

车载查询器主机检查、校验、解码和传送接收到的报文，选择激活位于机车两端的任一天线，与列车运行控制系统进行单向或双向数据传输，并具有自检和诊断功能。

配合列车运行控制系统完成如下主要功能：

（1）自动区分上、下行列车的地面信息。

（2）生成机车信号、速度监督及自动停车。

（3）提供电子里程标校准列车位置。

（4）提供列车前方一定距离内的线路横纵断面的数据，如桥梁、信号机、标志牌等影响列车运行的信息。

（5）向地面有源应答器发送车次号信息。

2. 车载查询器天线

车载查询器天线置于机车底部，如图 4-2-1 所示。

图 4-2-1　车载查询器实物图

当天线的导体通过高频电流时,在其周围空间会产生电场与磁场,电磁场能离开导体向空间传播,形成辐射场。发射天线正是利用辐射场的这种性质,使车载主机传送的高频信号经过发射天线后能够充分地向空间辐射。

资源 4-2　车载查询器实物图

当地面应答器被激活后,应答器在其电磁波传播的方向发射另一个高频信号,天线就会产生感应电动势。此时与天线相连的接收设备的输入端就会产生高频电流。接收效果的好坏除了电波的强弱外,还取决于天线的方向性和与接收设备的匹配情况。查询器天线的外壳通常要由硬质材料作保护,防止异物撞击。

二、查询应答器的分类

(一)按照信息是否可变分类

1. 固定信息(无源)应答器

固定信息(无源)应答器如图 4-2-2 所示,具有密封元件、免维护、便于安装、可以重复编程(无接触)的特点。

资源 4-3　应答器

每个无源应答器预先固定写入一条应答器报文,列车经过该应答器时,固定发送预先写入的报文。

图 4-2-2　固定信息应答器

无源应答器用于发送固定不变的数据，如线路坡度、最大允许运行速度、轨道电路参数等信息。

2. 可变信息（有源）应答器

可变信息（有源）应答器如图 4-2-3 所示，其通过专用的应答器电缆与 LEU（轨旁电子单元）连接，根据 LEU 设备所发送的报文，变化地向列车传送应答器报文信息，主要是临时限速信息。有源应答器的报文应按应答器编码规则编制，内容包括编号、临时限速（至限速始点距离、限速去长度、限速速度）进路长度、线路载频、线路固定信息等。

图 4-2-3　可变信息应答器

（二）按照应用功能归类区分

按照应用功能归类区分，查询应答器可分为普通型、增长型和标定型。

（三）按照安装位置分类

按照安装位置分类，查询应答器分为中心安装式、侧面安装式、立杆安装式。

（四）应答器设置

应答器设于各进站端、出站端、区间适当位置及特殊地点，向车载设备传输定位信息、进路参数、线路参数、限速信息等。

三、应答器工作原理

（一）电磁感应的基本原理

车载天线与应答器之间是按电感耦合的原理进行工作的，如图 4-2-4 所示，当能量频率 ≤30 MHz 时，磁场起着主导作用，电场起着次要作用。

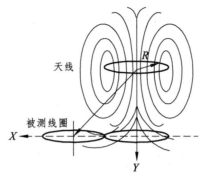

图 4-2-4　天线与应答器之间的作用原理图

为便于分析，将矩形线圈按面积等效成圆形线圈计算。

如果被测线圈沿 X 轴方向运动，那么场强 H 随着距离 X 的增加不断减弱。当被测线圈沿线圈 X 轴方向移动距离超过圆半径 R 时，场强急剧下降，为 60 dB/10 倍距离；当移动距离超过圆半径 $3R$ 时，场强的衰减变得比较平缓，约为 20 dB/10 倍距离。

当天线与应答器线圈垂直作用时，安装高度 Y 方向的场强曲线（H）可用下式计算：

$$H = \frac{I \cdot N \cdot Y^2}{2\sqrt{(R^2 + Y^2)^3}}$$

式中，N 为线圈匝数；R 为圆半径；Y 为 Y 轴偏离线圈中心的距离。

（二）应答器的工作电源

应答器的电源是由感应电压获取，在应答器线圈中，应答器最小动作磁场强度为 H_{min}，由下列公式求出：

$$H_{min} = \frac{\mu_2 \sqrt{\left[\dfrac{\omega \cdot L_2}{R_L} + \omega \cdot R_2 \cdot C_2\right]^2 + \left[1 - \omega^2 \cdot L_2 \cdot C_2 + \dfrac{R_2}{R_L}\right]^2}}{\omega \cdot \mu_0 \cdot A \cdot N}$$

式中，R_2 为输入电阻；R_L 为线圈电阻；N 为 1 匝；A 为面积；$\mu_0 = 1$。

上述两个公式是应答器设计的基础，在频率、线圈结构一定的条件下，可计算出应答器临界动作的最小磁场强度，进而得出天线发射功率。

（三）应答器工作原理

应答器的主要用途是向车载 ATP 控制设备提供可靠的地面固定信息和可变信息。应答器系统是一种采用电磁感应原理构成的高速点式数据传输设备，用于在特定地点实现地面与机车间的相互通信。安装于两根钢轨中心枕木上的地面应答器不要求外加电源，平时处于休眠状态，仅靠瞬时接收车载天线的功率而工作，并能在接收到车载天线功率的同时向车载天线发送大量的编码信息。安装于机车底部的车载天线不断向地面发送功率并在机车通过地面应答器时接收来自应答器的编码信息。

当列车经过无源应答器上方时，无源应答器接收到车载天线发射的电磁能量后，将其转换成电能，使地面应答器中的电子电路工作，把存储在地面应答器中的 1 023 位数据报文循环发送出去，直至电能消失（即车载天线已经离去）。

有源应答器通过与 LEU 的连接，可实时改变传送的数据报文。当与 LEU 通信故障时（接口 "C" 故障），有源应答器可以自动切换到无源应答器工作模式，发送预先存储在应答器中的默认报文。

如图 4-2-5 所示。无源应答器由两部分组成：一是接收能源天线和发送信息天线；二是信息储存装置。列车接通应答器时，首先通过能源无线发送变频能源给地面应答器，应答器通过能源接收天线接收高频能源并转变成电能提供给信息储存装置及发送天线；信息储存装置将信息编码通过发送天线送向机车查询器；机车查询器通过接收天线收到地面数据，这样耦合一次，即完成一次传送信息任务。

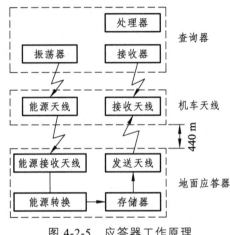

图 4-2-5 应答器工作原理

应答器数据传输如图 4-2-6 所示，当车载天线接近应答器时，应答器的耦合线圈感应到 27 MHz 的磁场，能量接收电路将其转化为电能，从而建立起应答器工作所需的电源，此时应答器开始工作。应答器控制模块是整个电路的控制核心，当电源建立后，首先判断由 C 接口来的数据是否有效，若该数据无效或无数据，控制模块使用存储在报文存储器中的数据，将其进行 FSK 调制后，输出到数据收发模块，经功率放大后，由耦合线圈发送。

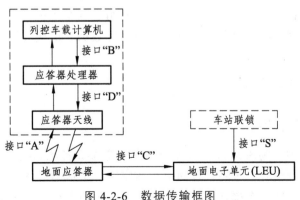

图 4-2-6 数据传输框图

只要电源存在，控制模块就不间断地发送，这意味着车载天线一直在应答器上方。当控制模块上电时，判断出 C 接口的数据有效，则控制模块将发送 C 接口传来的数据；如果 C 接口的数据无效，应答器发送默认报文，即使中间恢复 C 接口数据，应答器都不会改变，直至本次工作结束。当车载天线离开应答器上方后，应答器失去了电源，便停止数据发送。

查询应答器采用感应技术，对杂质超强的穿透力，能在速度高达 500 km/h 时工作，能量由 27 MHz 以下的信号提供，565 kb/s 的信息速率，具有 341 位或 1 023 位的报文长度。

四、查询应答器的主要特点

（1）无源应答器通常不要求提供外接电源（除有源应答器）。

（2）无源应答器可提供固定信息内容，如里程标、区间长度、限速值、坡道值等。

（3）可变编码应答器可提供实时信息，如股道号、进出站等。

（4）使用寿命长，基本无须维护，可节约维修资金。

（5）不受话路限制，传输信息量大，有利于实现系统故障-安全。

（6）不受频带限制，频率运用灵活。

（7）电磁场稳定，可以获得高质量的传输效果。

（8）一次性投资可服务于多种应用，实现少投入、多产出，经济效益显著。

五、应答器的传输信息

应答器向列控车载设备传送的信息主要包括：

（1）线路基本参数。如线路坡度、轨道区段等参数。

（2）线路速度信息。如线路最大允许速度、列车最大允许速度等。

（3）临时限速信息。当由于施工、天气等原因引起的对列车运行速度进行限制时，向列车提供临时限速信息。

（4）车站进路信息。根据车站接发车进路，向列车提供线路坡度、线路速度、轨道区段等线路参数。

（5）道岔信息。给出前方道岔侧向允许列车运行的速度。

（6）特殊定位信息。如升降弓、进出隧道、鸣笛、列车定位等。

（7）其他信息。固定障碍物信息、列车运行目标数据、链接数据等。

六、查询应答器的作用

（一）列车定位信标

列车在运行过程中，随着运行距离增加，列车定位设备测量的误差会不断增加，直接影响列车定位精度，沿线路上每隔一段固定距离安装一个地面应答器设备，当列车经过时，通过检测该定位点，获知列车确切位置，从而消除定位设备所产生的累积定位误差。

（二）线路地理信息车-地通信的信道

地面应答器可以把一些固定的地理信息，如列车运行前方的弯道曲率及长度、坡道坡度及长度、限速区段长度及限值等固定信息和位置信息一起存储在应答器中，传输到列车上。

（三）临时限速信息的传输通道

当由于施工作业或其他紧急情况出现时，会临时影响列车运行速度，由控制中心通过轨旁电子单元 LEU 将临时限速信息传送给地面应答器（有源应答器），当列车经过时传递给车载设备，从而完成对列车速度的控制，保证行车安全。

七、轨旁电子单元（LEU）

轨旁电子单元（LEU）是一种数据采集与处理单元，它和有源应答器相连。根据外界变化的条件，选择存储在 LEU 中的其中一条报文传送给地面有源应答器进行发送，或将外部发送的应答器报文直接向有源应答器传送。LEU 采集 8 路电压信号，16 路电流信号，采用故障接口输出，双通道故障安全设计，传输距离最大可达 3 000 m。

LEU 是故障安全型设备，为信号系统与应答器之间提供接口，主要有以下功能。

（一）接收外部发送的应答器报文并连续向应答器转发

当输入通道故障或 LEU 内部有故障时，向应答器发送预先存储的默认报文。当有车载天线经过有源应答器上方时，LEU 不转换新的报文。一台 LEU 可以同时向 4 台有源应答器发送 4 种不同的报文，进行设备自检及事件记录，并向外部设备上传。

LEU 工作原理如图 4-2-7 所示。

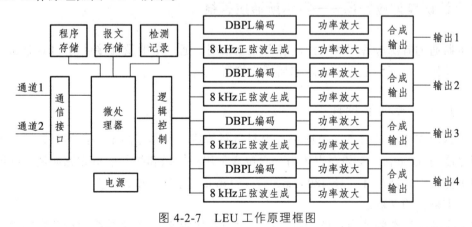

图 4-2-7　LEU 工作原理框图

（二）报文接收

微处理器通过通信接口周期性地从 TCC 接收报文，并把报文传送到逻辑控制单元，由逻辑控制单元把周期性的报文输入变为连续的报文输出。

如果由于通道故障或 LEU 内部故障，微处理器无法接收到正确的报文，此时，便从报文存储器中选择出相应的默认报文，并传送到逻辑控制单元。

在采用透明传输模式时，报文存储器只存储 LEU 的默认报文，即对每一路输出只存储一条默认报文。

输入通道和接口单元是双套同时工作的，即使有一路通道或接口电路发生故障，也不会影响 LEU 与 TCC 之间的通信。

安全通信协议保证了通信的可靠性，除采用常见的编码、帧结构定义和 CRC 校验外，其最大的特点是引入时间戳概念，从而确保了通信信息的正确性、实时性、完整性以及信息顺序的正确性。

（三）逻辑控制单元

微处理器收到报文后，把报文转储在逻辑控制单元中，逻辑控制单元相当于发送缓冲器，以 564.48 kb/s 的速率把这个 1 023 位的报文循环地输出。

逻辑控制单元中采用了现场可编程门阵列 FPGA，因此最大程度上减少了元件数量、缩小了体积、提高了可靠性和抗干扰能力。

逻辑控制单元除输出报文数据外，还产生 C6 接口所需要的 8.82 kHz 方波。

（四）功率放大

由于 C 接口定义的报文数据 C1 和接口供电信号 C6 在频率上相差很大，需要分别进行功率放大。将经过放大后的 C1 和 C6 信号偶合到一个变压器内，从而实现了在一对传输线上传送两种信号。

八、认识典型应答器——阿尔斯通应答器

阿尔斯通的有源应答器和无源应答器完全相同，通过电缆及插接件与 LEU 连接，作为有源应答器使用。下面主要介绍阿尔斯通应答器。

（一）应答器机械特性

应答器由壳体（黄盒子）电路板、灌封材料构成。壳体是玻璃纤维类材料热压而成，电路板厚度为 3.2 mm，安装在壳体内，它包含了用于发送和接收的电磁感应耦合线圈。

（1）应答器外部尺寸：长 480 mm，宽 350 mm，高 70 mm。

（2）重量：约 7 kg。

（3）应答器抗杂物能力：欧洲标准中，对应答器定义了 2 个等级的抗杂物能力，A 级和 B 级，A 级更为严格，其指标如表 4-2-1 所示。

表 4-2-1 应答器抗杂物 A 级参数

材料	规格	应答器的顶层/mm A 级
水	清澈的	200
	含 0.1%的 NaCl（重量）	100
雪	新鲜的，0 ℃	300
	潮湿的，含 20 %的水分	300
冰	无孔	100
道砟	石头	100
沙子	干燥的	20
	潮湿的	20
泥浆	不含盐	50
	含盐，0.5%的 NaCl（重量）	50
铁矿石	赤铁矿（Fe_2O_3）	20
	磁铁矿（Fe_3O_4）	20
铁尘	制动产生的铁粉	10
煤尘	含 8%的硫黄	10
油和油脂		50

（二）应答器运用环境

（1）运行温度范围：– 40 ℃ 到+70 ℃。

（2）冷却：自然对流。

（3）储存：-40 ℃ 到+70 ℃，在最后的检查和测试之后小于 5 年。

（4）震动：符合 EN 50125-3。

（5）抗震：根据标准 EN 60068-2-75，符合摆锤打桩机冲击试验，根据该标准的表 2，最高级别是 20 J。

（6）抵抗行人踩踏：应对以 2 000 N 的最大力在安装的应答器上行走的可能性。

（7）湿度范围：根据 EN 60721-3-4 表格 1，为等级 4K3。

（8）压力范围：根据 EN 60721-3-4 表格 1，为等级 4K3。

（9）风：根据标准 EN 60721-3-4 表 2（50 m/s），等级为 4Z5。

（10）防护等级：根据标准 EN 60529，为 IP68。

（11）太阳辐射：根据 EN 60721-3-4 表 1 分类，为 4K3。

（12）生物：根据 EN 60721-3-4 表 3 分类，为 4B2。

（13）机械：根据 EN 60721-3-4 表 5 分类，为 4S4。

（14）MTBF（平均无故障时间）：$\lambda = 2.869 \times 10^{-6}/h / +40\ ^\circ C$。

（15）使用年限：大于 20 年。

（16）安全：根据 EN50129，为 SIL4（电气系统）。

（三）应答器工作方式及功能

（1）接收电能信号：探测、解调远程能量信号。

（2）上行链路信号产生，该功能是应答器通过接口 A1 向车转载传送报文。

（3）启动时的方式选择，是发送自身存储的报文还是发送接口 C 来的报文。

（4）串音防护：对上行链路的限制。

（5）操作/编程模式的管理。

（6）接收来自接口 C 的数据。

（7）I/O 接口特性的控制。

（8）产生"列车通过"信号。

（四）无线编程

此功能允许对应答器进行无线编程和维护。执行这个过程不需要任何电缆的插拔，这就保证了安全等级。

无线编程具有下列功能：

1. 应答器报文的读写

编写的报文长度可以是 1 023 位或 341 位（分别有 830 位和 210 位用户位）。报文可以改写。

2. 应答器制造商数据的读出

包括制造商认证、序列号、制造日期等数据。

（五）电路板原理

电路板原理框图如图 4-2-8 所示，其工作过程如下：

当车载天线接近应答器时，应答器的耦合线圈感应到 27 MHz 的磁场，能量接收电路将其转化为电能，从而建立起应答器工作所需的电源，此时，应答器开始工作。

应答器控制模块是整个电路的控制核心，当电源建立后，它首先判断由 C 接口来的数据是否有效，若该数据无效或无数据，控制模块使用存储在报文存储器中的数据，将其进行 FSK 调制后，输出到数据收发模块，经功率放大后，由耦合线圈发送。只要电源存在，控制模块就不间断地发送，这意味着车载天线一直在应答器上方。

当控制模块上电时，判断出 C 接口的数据有效性，则控制模块将发送 C 接口传来的数据。

一旦控制模块做出报文选择（选择存储的数据还是 C 接口传来的数据），在这次上电的工作周期内，无论 C 接口数据有效与否，应答器都不会改变发送的数据。

当车载天线离开应答器上方后，应答器失去了电源，便停止数据发送。

C 接口工作电源仅用于该接口电路部分，不给控制模块和数据收发供电，因此，有源应答器也只有在车载天线出现时才发送数据。

制造数据存储器的数据只能被报文读写工具读取。

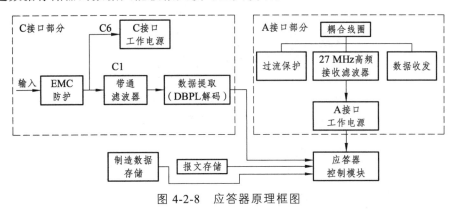

图 4-2-8　应答器原理框图

九、应答器安装、维护及故障处理

（一）应答器安装

应答器设备与一般信号设备不同，它可以分为写入数据前和写入数据后两个阶段。写入数据前的应答器是完全一样的，没有任何差别。写入数据后的应答器虽然从外表上每台应答器都一样，但内部数据各不相同，具有唯一性的。因此，对于每一台写入数据后的应答器的安装地点都是固定的，应该严格按照设计图纸的设计位置进行安装。

1. 应答器安装轴、角的定义

目前我国使用的是小型应答器，采用横向安装。应答器的表面及侧面，标有应答器安装的基准点，参照基准点对于横向安装的应答器其中各个参考轴的定义，如图 4-2-9 所示。

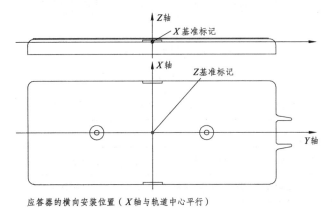

应答器的横向安装位置（ X 轴与轨道中心平行）

图 4-2-9　应答器坐标轴定义

应答器安装旋转角定义如图 4-2-10 所示。

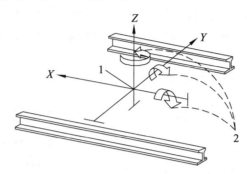

1—电气中心；2—旋转中心。

图 4-2-10　应答器安装旋转角定义

倾角：以 X 轴为旋转轴的角度偏离。

俯仰：以 Y 轴为旋转轴的角度偏离。

侧转角：以 Z 轴为旋转轴的角度偏离。

2. 安装要求

一般情况下，应答器安装点除满足经核准的安装材料的特殊要求外，在应答器周围如表 4-2-2 所描述的空间内应避免金属，如图 4-2-11 所示。

资源 4-4　应答器的安装

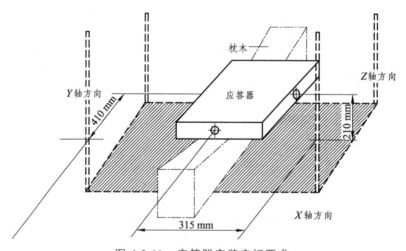

图 4-2-11　应答器安装空间要求

表 4-2-2　一般情况下应答器安装无金属距离要求

序号	名　　称	参数
1	从应答器中心至钢轨的横向无金属距离（Y 方向）	410 mm
2	从应答器中心沿着轨道中心的无金属距离（X 方向）	315 mm
3	应答器下面的无金属距离，从应答器的 X 基准标记测量	210 mm

当应答器安装在护轮轨处时，应答器中心至护轮轨轨基之间的横向无金属距离为320 mm。延应答器 X 轴方向，在基准点 ±300 mm 的范围内，应在每根护轮轨中断开至少20 mm 的间距，并安装绝缘节，减少护轮轨对应答器传输的影响，如图 4-2-12 所示。

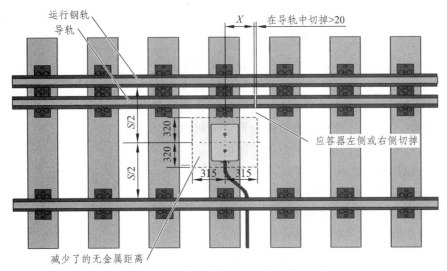

图 4-2-12 护轮轨情况下的无金属距离

应答器应安装在轨枕的中间，如图 4-2-13 所示。在应答器安装点满足无金属空间的要求下，角度、横向偏移和高度应满足表 4-2-3 的要求。

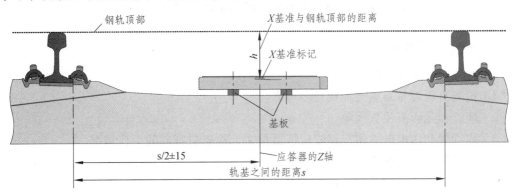

图 4-2-13 在轨道中的允许位置范围

表 4-2-3 应答器安装允许的误差

序号	名 称		参数
1	安装角度	以 X 轴旋转（倾斜）	±2°
2		以 Y 轴旋转（俯仰）	±5°
3		以 Z 轴旋转（偏转）	±10°
4	Y 轴方向允许的横向安装误差		±15 mm
5	应答器 X 基准标记和钢轨顶部的距离 h		93～150 mm

由于环境条件所限，应答器安装空间不能满足表 4-2-3 的无金属空间要求时，在线路速度不大于 180 km/h、线路曲线半径不小于 1 000 m 的条件下，Y 轴方向允许的横向安装误差可以增加到±40 mm，如果常规安装高度的下限增加 40 mm 时，横向安装误差可以增加到±80 mm。

3. 应答器具体的安装步骤

（1）按照图纸设计要求，实地测量，确定安装位置。
（2）选择应答器查看应答器编号是否与设计图纸一致。
（3）查看应答器安装地点是否满足应答器无金属空间的要求。
（4）查看枕木类型是否和安装架的型号是否相同。
（5）在需要安装应答器的枕木上做好标记。
（6）刨开道砟至漏出枕木底部。
（7）组装安装架，并与应答器相对固定。
（8）安装固定应答器于枕木之上。
（9）紧固安装螺丝，及防转处理。
（10）检查应答器安装是否满足安装要求。

十、应答器设备的维护及故障处理

应答器设备的维护可分为周期性维护和故障维护两个内容。

（一）周期性维护

周期性维护的主要内容如下：
（1）检查有源应答器电缆连接是否可靠。
（2）应答器是否有丢失现象。
（3）周期性利用电务检测车接收应答器报文，检查应答器的工作情况。
（4）应答器安装空间内金属物的清扫。
（5）大雪后应答器的清扫工作。

（二）故障维护

应答器相关设备直接涉及动车组运行安全，一旦发生故障，车载 ATP 系统根据其安全控制逻辑，采取转入部分模式（或出站后无法进入完全模式）预警、切除牵引、输出常用制动、输出紧急制动、切除故障系等方式，确保列车运行安全。

应答器故障主要有 3 类：

第 1 类为应答器报文数据错误，主要发生在新线开通、大修施工、地面列控中心软件升级等施工改造完成后的联调、联试阶段；

第 2 类为外界电磁干扰，该类故障在时间上没有明显规律，但发生地点及时机有一定规律性；

第 3 类为 BTM 主机或天线等硬件故障，一般在启机自检过程中能够被发现并克服。硬件故障点主要有以下几个：车载 ATP 系统 BTM 主机、接收天线及电缆故障，地面应答器损坏或故障，LEU 与有源应答器通信故障等。

应答器设备的故障维护采用更换的方式进行维护。当现场的设备故障后，应该利用报文读写工具，将故障应答器的报文写入新的备用应答器，并利用写好报文应答器换下对应的故障应答器。

（三）应答器故障判断

在故障维护的时候，首先应该对故障应答器进行确认，对于无源应答器需要利用报文读写工具读取报文，如果在应答器安装地点不能正确读取报文，则可以将应答器拆下，搬到别的地方进行读取，排除安装地点对应答器传输的影响。当在各种情况下都不能正确读取报文时，可判断为应答器故障。

对于有源应答器，除了利用无源应答器的判断方式判断应答器是否故障外，还需要利用报文读写工具判断应答器是否可以可靠发送来自地面电子单元（LEU）的报文。

（四）应答器更换

当应答器丢失或应答器故障后，都需要利用备用应答器及时更换。备用应答器均是没有写入报文的空应答器，在更换前需要利用报文读写工具写入故障应答器的报文，并且写入后应该读取校核。在完成应答器报文的写入工作并确认后，方可到现场更换。更换后的应答器需要利用读写工具进一步确认。对于有源应答器的更换，还需要利用读写工具检查连线是否可靠。

复习思考题

1. 计轴设备主要由哪些部分组成？各部分的作用是什么？
2. 简述计轴器的工作原理。
3. 计轴设备主要应用在哪些地方？
4. 计轴设备与轨道电路比较有哪些优缺点？
5. 简述查询应答器的工作原理。
6. 简述查询应答器的作用。
7. 查询应答器由哪几部分组成？各部分在列车运行中发挥什么作用？
8. 应答器故障主要有哪几类？

项目五　道岔转换与锁闭设备

任务一　转辙机概述

转辙机是道岔控制系统的执行机构，用于道岔的转换与锁闭，以及对道岔所处位置和状态的监督。转辙机是转辙装置的核心和主体，除转辙机本身外，还包括外锁闭装置（内锁闭方式没有）和各类杆件、安装装置，它们共同完成道岔的转换和锁闭。

一、转辙机的作用

转辙机的作用具体如下：

（1）转换道岔的位置，根据需要转换至定位或反位。

（2）道岔转至所需位置而且密贴后，实现锁闭，防止外力转换道岔。

（3）正确地反映道岔的实际位置，道岔的尖轨密贴于基本轨后，给出相应的表示。

（4）道岔被挤或因故处于"四开"（两侧尖轨均不密贴）位置时，及时给出报警及表示。

二、对转辙机的基本要求

资源 5-1　转辙机现场
位置设置图

对转辙机的基本要求如下：

（1）作为转换装置，应具有足够大的拉力，以带动尖轨做直线往返运动；当尖轨受阻不能运动到底时，应随时通过操纵使尖轨回复原位。

图 5-1-1　转辙机位置及结构

（2）作为锁闭装置，当尖轨和基本轨不密贴时，不应进行锁闭；一旦锁闭，应保证不致因车通过道岔时的震动而错误解锁。

（3）作为监督装置，应能正确地反映道岔的状态。

（4）道岔被挤后，在未修复前不应再使道岔转换。

三、转辙机的分类

（1）按动作能源和传动方式分类，转辙机可分为电动转辙机、电动液压转辙机和电空转辙机。

电动转辙机由电动机提供动力，采用机械传动的方式。多数转辙机都是电动转辙机，包括我国铁路大量使用的 ZD6 系列转辙机和 S700K 型电动转辙机。

电动液压转辙机简称电液转辙机，由电动机提供动力，采用液力传递的方式。ZY（J）系列转辙机即为电液转辙机。

电空转辙机由压缩空气作为动力，由电磁换向阀控制。ZK 系列转辙机即为电空转辙机。

（2）按供电电源种类，转辙机可分为直流转辙机和交流转辙机。

直流转辙机采用直流电动机，工作电源是直流电。ZD6 系列电动转辙机就是直流转辙机，由直流 220 V 供电。ZY 系列电液转辙机也是直流转辙机，亦由直流 220 V 供电。电空转辙机则由 24 V 直流电供电。直流电动机的缺点是，由于存在换向器和电刷，易损坏，故障率较高。

交流转辙机采用三相交流电源或单相交流电源，由三相异步电动机或单相异步电动机（现大多采用三相异步电动机）作为动力。目前推广的提速道岔用的 S700K 型电动转辙机和 ZYJ7 型电液转辙机均为交流转辙机。交流转辙机采用感应式交流电动机，不存在换向器和电刷，因此故障率低，而且单芯电缆控制距离远。

（3）按动作速度分类，转辙机分为普通动作转辙机和快动转辙机。

大多数转辙机转换道岔时间在 3.8 s 以上，属于普通动作转辙机，无须说明。ZD7 型电动转辙机和 ZK 系列电空转辙机转换道岔时间在 0.8 s 以下，属于快动转辙机。快动转辙机主要用于驼峰调车场，以满足分路道岔快速转换的要求。

（4）按锁闭道岔的方式，转辙机可分为内锁闭转辙机和外锁闭转辙机。

内锁闭转辙机依靠转辙机内部的锁闭装置锁闭道岔尖轨，是间接锁闭的方式。ZD6 系列等大多数转辙机均采用内锁闭方式。内锁闭方式锁闭可靠程度较差，列车对转辙机的冲击大。

外锁闭转辙机虽然内部也有锁闭装置，但主要依靠转辙机外的外锁闭装置锁闭道岔，将密贴尖轨直接锁于基本轨，斥离尖轨锁于固定位置，是直接锁闭的方式。用于提速道岔的 S700K 型电动转辙机和 ZYJ7 型电液转辙机均采用外锁闭方式。外锁闭方式锁闭可靠，列车对转辙机几乎无冲击。

（5）按是否可挤，转辙机分为可挤型转辙机和不可挤型转辙机。

可挤型转辙机内设挤岔保护（挤切或挤脱）装置，道岔被挤时，动作杆解锁，保护了整机。不可挤型转辙机内不设挤岔保护装置，道岔被挤时，挤坏动作杆与整机连接结构，应整机更换。电动转辙机和电液转辙机都有可挤型和不可挤型。

此外，各种转辙机还有不同转换力和动程的区别。

任务二　认识 ZD6 型电动转辙机

ZD6 系列电动转辙机是我国铁路使用最广泛的电动转辙机。由于 ZD6 型电动转辙机采用内锁闭方式，不适用于提速道岔，所以其主要用于非提速区段以及提速区段的侧线上。

资源 5-2　ZD6-A 型电动转辙机

一、ZD6-A 型电动转辙机结构

ZD6 型电动转辙机主要由电动机、减速器、摩擦连接器、主轴、动作杆、表示杆、移位接触器、外壳等组成，如图 5-2-1 所示。

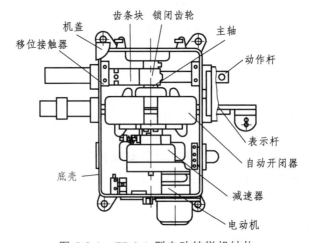

图 5-2-1　ZD6-A 型电动转辙机结构

二、主要部件及作用

（一）电动机

电动机是电动转辙机的动力源，要求具有足够的功率，以获得必要的转矩和转速。电动机要有较大的起动转矩，以克服尖轨与滑床板间的静摩擦。道岔需要向定、反为转换，要求电动机能够逆转。

ZD6-A 型转辙机配用断续工作制直流串激可动电动机。直流电动机的正转和反转可通过改变激磁绕组（定子绕组）中或电枢（转子绕组）中的电流方向来实现。为配合四线制道岔控制电路，采用正转和反转分开定子绕组的方式，如图 5-2-2 所示。两个定子绕组通过公共端子分别与转子绕组串联。

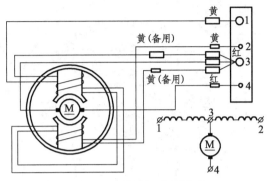

图 5-2-2　电动机内部接线

（二）减速器

因体积、质量的限制，转辙机所用电动机功率不可能很大，为了得到较大的转矩来带动道岔转换，需要用减速器把转速降下来。

ZD6-A 型转辙机的减速器由两级组成：第一级为定轴传动外啮合齿轮，即小齿轮带动大齿轮，减速比为 103：27；第二级为渐开线内啮合行星传动式减速器，减速比 41：1；于是总减速比为 103/27×41/1=156.4：1。

行星传动式减速器如图 5-2-3 所示。内齿轮由靠摩擦连接器的摩擦作用"固定"在减速器壳内。内齿轮里装有外齿轮，外齿轮通过滚动轴承装在偏心的轴套上，偏心轴套用键固定在输入轴上。外齿轮上有 8 个圆孔，每个圆孔内插入 1 根套有滚条的滚棒。8 根滚棒固定在输出轴的输出圆盘上。当外齿轮做摆式旋转时，输出轴就随着旋转。

当输入轴随第一级减速齿轮顺时针旋转时，偏心轴套也顺时针旋转，使外齿轮在内齿轮里沿内齿圈做逐齿啮合的偏心运动。当输入轴旋转 1 周，外齿轮也做 1 周偏心运动。外齿轮 41 个齿，内齿轮 42 个齿槽，两者相差 1 齿。因此，外齿轮做 1 周偏心运动时，外齿轮的齿在内齿轮里错位 1 齿。在正常情况下，内齿轮静止不动，迫使外齿轮在一周的偏心运动中反方向旋转 1 齿的角度（图 5-2-3 中，外齿轮齿 1 从 A 进入 B，齿 2 进入 A）。当输入轴顺时针方向旋转 41 周，外齿轮逆时针方向旋转 1 周（齿 1 又返回原位 A），带动输出轴逆时针方向旋转 1 周，这样就到了减速的目的。

外齿轮既在输入轴的作用下作偏心运动，又与内齿轮作用做旋转运动，类似于行星的运动，即既有自转又有公转，所以外齿轮称为行星齿轮，该种减速器称为行星传动式减速器。

为了达到机械转动的平衡，内齿轮里有两个外齿轮，它们共同套在一个输出轴圆盘的 8 根滚棒上，两个外齿轮之间偏向成 180°。

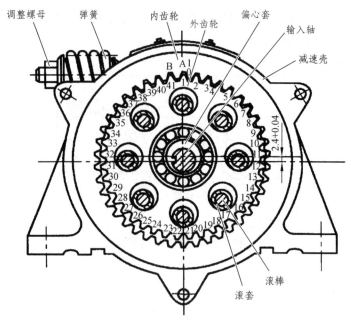

图 5-2-3　行星传动式减速器

（三）传动装置

传动装置包括减速齿轮、输入轴、减速器、输出轴等。

1. 启动片

启动片是介于减速器和主轴间的传动媒介，如图 5-2-4 所示。它连接输出轴与主轴，利用其正、反两面互相垂直成"十"字形的沟槽，在旋转时自动补偿两轴不同心的误差。它还与速动片相配合，在解锁、锁闭过程中控制自动开闭器的动作。

启动片除了起连接主轴的作用外，还对自动开闭器起控制作用。启动片的十字连接方法，使它与输出轴、主轴同步动作，因此能反映锁闭齿轮各个动作阶段（解锁、转换、锁闭）所对应的转角，用它来控制自动开闭器的动作最能满足要求。

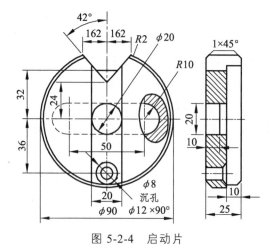

图 5-2-4　启动片

启动片上有一梯形凹槽，道岔锁闭后总会有一个速动爪占据其中。道岔解锁时，启动片一方面带动主轴转动，另一方面利用其凹槽的坡面推动速动爪上的小滚轮，使速动爪抬起，以断开启动片表示接点。在道岔转换过程中，两个速动爪均抬起；在道岔接近锁闭阶段，启动片的凹槽正好转到应速动断开道岔电机电路的速动爪下方，与速动片配合，完成自动开闭器的速动。

2. 主　轴

主轴主要由主轴、主轴套、轴承、止挡栓等组装而成，如图5-2-5所示。主轴带动锁闭齿轮，通过与齿条块配合完成转换和锁闭道岔。主轴上的止挡栓用来限制主轴的转角，使锁闭齿轮合齿条块达到规定的锁闭角，并保证每次解锁以后都能使两者保持最佳的啮合状态，使整机动作协调。

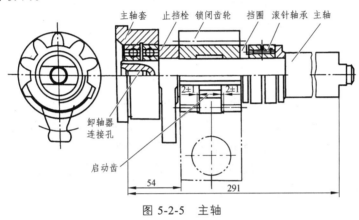

图 5-2-5　主轴

（四）转换锁闭装置

转换锁闭装置由锁闭齿轮和齿条块、动作杆组成，用来把旋转运动改变为直线运动以带动道岔尖轨位移，并最后完成内部锁闭。

1. 锁闭齿轮和齿条块

锁闭齿轮如图5-2-6（a）所示，共有7个齿，其中1和7是位于中间的启动小齿，在它们之间是锁闭圆弧。齿条块上有6个齿7个齿槽，如图5-2-6（b）所示。其中间4个是完整的齿，两边的2个是中间有缺槽的削尖齿。缺槽是为了锁闭齿轮上的启动小齿能顺利通过而设的。

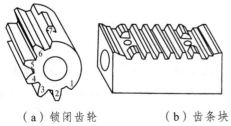

（a）锁闭齿轮　　　（b）齿条块　　　　　　（c）齿条块实物

图 5-2-6　锁闭齿轮与齿条块

当道岔在定位或反位，尖轨与基本轨密贴时，锁闭齿轮的圆弧正好与齿条块的削尖齿弧面重合，如图 5-2-7 所示。这时如果尖轨受到外力要使之移动，或列车经过道岔使齿条块受到水平作用力，这些力只能沿锁闭圆弧的半径方向传给锁闭齿轮，它不会转动，齿条块及固定在其圆孔中的动作杆也不能移动，这样就实现了对道岔的锁闭。

电动转辙机每转换一次，锁闭齿轮与齿条块要完成解锁、转换、锁闭三个过程。

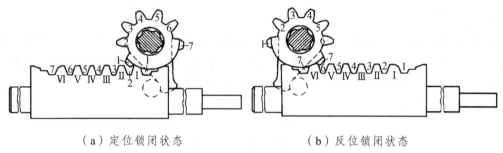

（a）定位锁闭状态　　　　　　　　　　（b）反位锁闭状态

图 5-2-7　转辙机的内锁闭

1）解　锁

图 5-2-7（a）所示为定位锁闭状态。若要将道岔转至反位，电动机必须逆时针旋转，输入轴顺时针旋转，使输出轴逆时针旋转，通过启动片带动主轴及锁闭齿轮做逆时针转动。此时，锁闭齿轮的锁闭圆弧面首先在齿条块的削尖齿上滑退，锁闭齿轮上的启动小齿 1 从削尖齿 I 旁经过。当主轴旋转 32.9°时，锁闭圆弧面全部从削尖齿上滑开，启动小齿 1 与齿条块齿槽 1 的右侧接触，解锁完毕。

2）转　换

启动小齿拨动齿条块，锁闭齿轮带动齿条块移动，即将转动变为平动。锁闭齿轮转至 306.1°时，齿条块及动作杆向右移动了 165 mm，使原斥离尖轨转换到反位与另一基本轨密贴。

3）锁　闭

道岔转换完毕必须进行锁闭，否则齿条块及动作杆在外力作用下可倒退，造成"四开"的危险。道岔转换完毕后，锁闭齿轮继续转动到 339°，锁闭齿轮的启动小齿 7 在削尖齿 VI 旁经过，锁闭齿轮上的圆弧面与齿条块削尖齿弧面重合，实现了锁闭，如图 5-2-7（b）所示。此时，止挡栓碰到底壳上的止挡栓，锁闭齿轮停止转动。

2. 动作杆

动作杆是转辙机转换道岔的最后执行部件。动作杆一端与道岔的密贴调整杆相连接，带动尖轨运动。动作杆通过挤切销和齿条块连成一体，正常工作时，它们一起运动。之所以用挤切销连接，是为了挤岔时，动作杆和齿条块能迅速脱离联系，使转辙机内部机件不受损坏。挤切销分主销和副销，分别装于锁闭齿轮削尖齿中间开口处的挤切孔内。主销挤切孔为圆形，对主销能顺利插入起主要连接作用。副销挤切孔为扁圆形，对副销插入起备用连接作用。如果是非挤岔原因使主销折断，副销还能起到连接作用。这是因为副销挤切孔为扁圆形，齿条块在动作杆上有 3 mm 随窜动量。

（五）自动开闭器

自动开闭器用来及时、正确反映道岔尖轨的位置，并完成控制电动机和挤岔表示的功能。在解锁过程中，由自动开闭器接点断开原表示电路，接通准备反转的动作电路；锁闭后，由自动开闭器接点自动断开电动机动作电路，接头表示电路。

自动开闭器由 4 排静接点、2 排动接点、2 个速动爪、2 个检查柱及速动片等组成。静接点、动接点、速度爪就、检查柱对称地分别装于主轴的两侧，但又是一个整体，如图 5-2-8 所示。

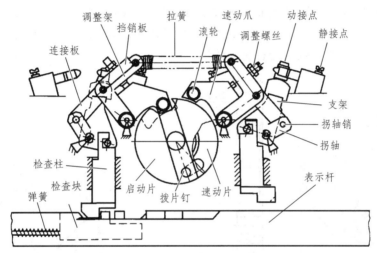

图 5-2-8　自动开闭器及与表示杆的动作关系

1. 自动开闭器的组成

自动开闭器分为接点部分、动接点块传动部分以及控制部分。接点部分包括动接点块、静接点、接点座等。静接点左右对称地安装在接点座上。两组动接点块分别安装在左右拐轴上，拐轴以接点座为支承。动接点块可以在拐轴转动时改变对静接点组的接通位置。

动接点块传动部分包括速动爪及其爪尖上的滚轮、接点调整架、连接板和拐轴，这些部件左、右各有一套。调整接点调整架上的螺钉可以改变动接点插入静接点的深度。

控制部分由拉簧、检查柱、速动片（还应包括启动片）组成。拉簧连接两边的调整架，将两边的动接点拉向内侧，为动接点速动提供动力。检查柱在道岔正常转换时，对表示杆缺口起探测作用。道岔不密贴，缺口位置不对，检查柱不会落下，它阻止动接点块动作，不能构成道岔表示电路。挤岔时，检查柱被表示杆顶起，迫使动接点块转向外方，断开道岔表示电路。

2. 速动片

速动片如图 5-2-9 所示。它有一个矩形缺口，缺口对面有一个腰形扁孔。速动片通过速动衬套套在主轴上。启动片上的拨片钉插入速动片的腰形孔中。道岔锁闭后，拨片钉总是在腰形孔的一端。道岔解锁后，主轴反转，拨片钉在腰形孔中空走一段才拨动速动片一起转动。

速动片套在速动衬套上，速动衬套又卡在接点座上，它不随主轴转动。速动片直径比起动片略大，正常情况下总一个速动爪的小滚轮压在它上面，所以即使主轴转动，速动片也不会跟着转。它的转动只有靠拨片钉拨动。

速动片的速动原理可用图 5-2-10 来说明。在锁闭齿轮进入锁闭阶段时，齿条块已不再运动，为了完成内锁闭，主轴还在转动，启动片和速动片也在转动。这时启动片的梯形凹槽已经转到速动爪的下方，为速动爪的落下准备好条件。但是，速动片仍然支承着速动爪，使它不能落下。只有当速动片再转过一个角度，使速动爪突然失去支承，就在拉簧的强力作用下，迅速落向起动片凹槽底部，实现了自动开闭器的速动。因此速动的关键是尖爪从速动片的缺口尖角边（图 5-2-10 中的 a、b）突然跌落。否则，尖爪沿启动片梯形凹槽边（图 5-2-10 中的 a、b）下滑，就不会有速动效果。

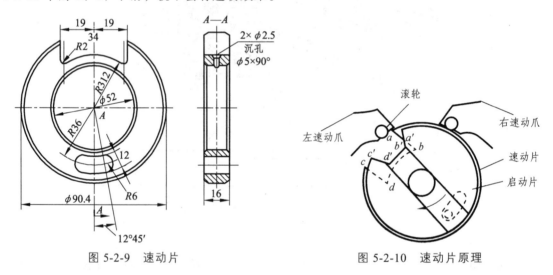

图 5-2-9 速动片　　　　　　　　　图 5-2-10 速动片原理

3. 自动开闭器的动作原理

自动开闭器的动作受启动片和速动片的控制。输出轴转动带动启动片转动。速动片由启动片上的拨片钉带动转动。它们之间的动作关系及受它们控制的速动爪的动作情况，如图 5-2-11 所示。道岔在定位时，启动片沟槽与垂直线成 10.5°角，将这个起始状态作为 0°（见图 5-2-11 中的位置 1）。假设启动片逆时针转动，固定在左速动爪上的滚轮与启动片斜面接触，左速动爪随滚轮沿斜面滚动向上升（见图 5-2-11 中位置 2），使 L 形调整架、连接板、拐轴、支架等相互传动（见图 5-2-11）。当启动片转至 10.2°时，自动开闭器第 3 排接点断开；转至 19°时，第 4 排接点开始接通断开；转至 26.5°时，左速动爪的滚轮升至最高（见图 5-2-11 中的位置 4），左动接点完全打入第 4 排静接点；启动片转至 28.7°时，拨片钉移动至速动片导槽尽头（图 5-2-11 中位置 5），拨动速动片随启动片一起转动；一直转到 335.6°时，速动片缺口对准右速动爪，在弹簧作用下，右速动爪迅速落入速动片缺口内（见图 5-2-11 中的位置 6），带动右动接点，使第 1 排接点迅速断开，第 2 排接点迅速接通。同时，带动右检查柱落入表示杆检查块的反位缺口内，检查道岔确已转换至反位密贴状态。

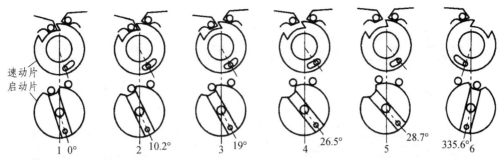

图 5-2-11　启动片、速动片及速动爪的动作关系

4. 自动开闭器接点

自动开闭器有 2 排动接点，4 排静接点。它们的编号是：站在电动机处观察，自左至右分别为第 1 排、第 2 排、第 3 排、第 4 排接点，如图 5-2-12 所示。每排接点有 3 组接点，自上而下顺序编号，第 1 排接点为 11-12、13-14、15-16，其余类推。

若转辙机定位时 1、3 排接点闭合，则转辙机向反位动作，解锁时，左动接点先动作，断开第 3 排接点，切断道岔定位表示电路；接通第 4 排接点，为反转做好准备。转换至反位后，右动接点动作，断开第 1 排接点，切断电动机动作电路；接通第 2 排接点，沟通道岔反位表示电路。

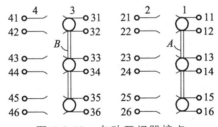

图 5-2-12　自动开闭器接点

若转辙机定位时 2、4 排接点闭合，则转向反位时，右动接点先动作，断开第 2 排接点，接通第 1 排接点；转换到反位时，左动接点动作，断开第 4 排接点，接通第 3 排接点。

从反位转向定位时，接点动作情况与上述相反。

（六）表示杆

电动转辙机的表示杆与道岔的表示过接杆相连随道岔动作，用来检查尖轨是否密贴，以及在定位还是在反位上。

表示杆由前表示杆、后表示杆及两个检查块组成，如图 5-2-13 所示。两杆通过并紧螺栓和调整螺母固定在一起。前表示杆的前伸端设有连接头，用来和道岔的表示连接杆相连。并紧螺栓装在后表示杆的长孔与相对应的前表示杆圆孔里。前表示杆后端有横穿后表示杆的调整螺母，后表示杆末端有一轴向长孔，内穿一根调整螺杆并拧入调整螺母内，在调整螺杆颈部用销子将它与后表示杆连成一体。松开并紧螺栓、拧动调整螺杆时，它带动后表示杆在调整螺母内前后移动。由于后表示杆前端与并紧螺栓相连的是一长孔，所以调整范围较大，为 86 ~ 167 mm，以满足不同道岔开程的需要。

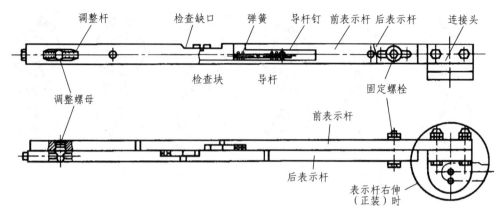

图 5-2-13 表示杆

为检查道岔是否密贴，在前后表示杆的腹部空腔内分别设一个检查块。每个检查块上有一个缺口，道岔转换到位并密贴后自动开闭器所带的检查柱落下次缺口，使自动开闭器动作。两个检查块是为了满足道岔定位和反位检查的需要而设的。若左侧检查柱落在后表示杆缺口中，则右侧检查柱将落在前表示杆缺口中，如图 5-2-14 所示。检查柱落入表示杆缺口时，两侧应各有 1.5 mm 的空隙。

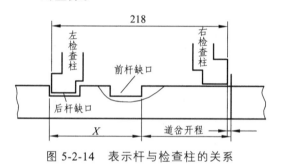

图 5-2-14　表示杆与检查柱的关系

在现场维修中调整表示杆缺口是一项重要的工作。现场调整应在道岔密贴调整好以后进行。先在动作杆伸出位置，调整表示杆接杆螺母，使前表示杆上的标记与窗口标记重合，这时检查柱应落入表示杆缺口并保持每侧有 1.5 mm 的间隙。然后在动作杆拉入位置，道岔密贴后，松开并紧螺栓，调整后表示杆的螺母，使检查柱落入后表示杆的缺口且保持每侧有 1.5 mm 的间隙。再经几次定、反位动作试验，设备工作正常，上紧并紧螺栓，调整工作即告完毕。

检查块轴向有一导杆，上面穿有弹簧和导杆钉，平时靠弹簧弹力顶住检查块，以完成对检查柱的检查。挤岔时，检查块缺口被检查柱占有，挤岔瞬间检查块动不了，挤岔的冲击力使表示杆向检查块运动，弹簧受到压缩，检查块和检查柱并未直接受到挤岔冲击力，不会损坏。另一方面，表示杆被挤，用缺口斜面迫使检查柱抬起，脱离检查块缺口，各部件不致受损。此时由于检查柱的抬起，自动开闭器的动接点立即退出静接点组，断开道岔表示电路。

（七）摩擦连接器

摩擦连接器是保护电动机和吸收转动惯量的联结装置。因为，当道岔因故转不到底时，电动机电路不能断开，如果电动机突然停转，电动机将会因电流过大而烧坏。另外，在正常使用中，道岔转换到位，电动机的惯性将使内部机件受到撞击而毁坏。要解决这两个问题，又要在正常情况下能带动道岔转换，就要求机械传动装置不能采用硬性联结而必须采用摩擦联结。因此在 ZD6-A 型转辙机行星传动式减速器中安装了摩擦连接器。

ZD6-A 型的摩擦连接器是在行星传动式减速器内齿轮延伸部分的小外圆上套以可调摩擦板构成的，如图 5-2-15 所示。

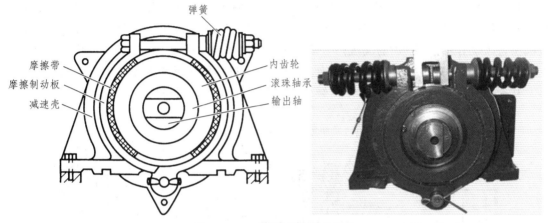

图 5-2-15　摩擦连接器的结构

行星传动式减速器的内齿轮大外圆装在减速壳内，可自由滑动。内齿轮延伸的小外圆上装上有摩擦带的摩擦制动板。摩擦动板下端套在固定于减速壳的夹板轴上，当上端由螺栓弹簧压紧时，内齿轮就靠摩擦作用而被"固定"。在正常情况下，依靠摩擦力，内齿轮反作用于外齿轮，使外齿轮做摆式旋转，带动输出轴转动，使道岔转换。当发生尖轨受阻不能密贴和道岔转换完毕电动机惯性运动的情况下，输出轴不能转动，外齿轮受滚棒阻止而不能自转，但在输入轴带动下做摆式运动，这样外齿轮对内齿轮产生一个作用力，使内齿轮在摩擦制动板中旋转（称为摩擦空转），消耗能量，保护电动机和机械传动装置。

摩擦连接器的摩擦力要调整适当，过紧会失去摩擦联结作用，损坏电动机和机件；过松不能正常带动道岔转换。摩擦连接器的松紧用调整螺母调整弹簧压力来实现。调整的标准是，额定摩擦电流应为额定动作电流的 1.3 ~ 1.5 倍。

（八）挤切装置

挤切装置包括挤切销和移位接触器，用来进行挤岔保护，并给出挤岔表示。

1. 挤切销

两个挤切销（主销和副销）把动作杆与齿条块连成一体，如图 5-2-16 所示。道岔在定位或反位时，齿条块被锁闭齿轮锁住，道岔也就被锁住。挤岔时，来自尖轨的挤岔力推动动作杆，当此力超过挤切销能承受的机械力时，主、副挤切销先后被挤断，动作杆在齿条内移动，道岔即与电动转辙机脱离机械联系，保护转辙机主要机件和尖轨不被损坏。挤岔后，只要更换挤切销即可恢复使用。

2. 移位接触器

自动开闭器检查柱和表示杆中段特制了斜面，挤岔时表示杆被推动，表示杆中段的斜面顺着检查柱的斜面移动，将检查柱顶起，使一排动接点离开静接点组，从而断开了表示电路。若挤岔时表示杆无动程或动程不足，检查柱没有顶起来，表示电路断不开，这将十分危险。为了确保断开表示电路，ZD6 型转辙机设有移位接触器。

移位接触器安装于机壳内侧、动作杆上方，由触头、弹簧、顶销、接点等组成，如图 5-2-16 所示。它受齿条块内两端的顶杆控制（见图 5-2-16），平时顶杆受弹簧弹力，顶杆下端圆头进入动作杆上成 90°的圆坑内。挤岔时齿条块不动，挤切销被挤断，动作杆在齿条块内产生位移，顶杆下端被挤出圆坑，使顶杆上升，将移位接触器的顶销顶起，断开它的接点，从而断开道岔表示电路。移位接触器上部留有小孔，以便挤岔后予以恢复。

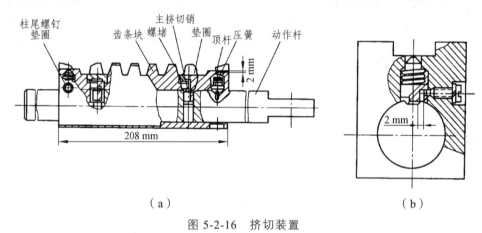

（a）　　　　　　　　　　　　（b）

图 5-2-16　挤切装置

三、ZD6-A 型电动转辙机动作过程

图 5-2-17 所示是 ZD6-A 型电动转辙机的传动原理图。图中表示的各机件所处的位置是处于左侧锁闭（假设为定位）的状态，此时自动开闭器第 1、3 排接点闭合。现简述从定位转向反位的传动过程。

当电动机通入规定方向的道岔控制电流，电动机轴按逆时针方向旋转。电动机通过齿轮带动减速器，这时输入轴按顺时针方向旋转，输出轴按逆时针方向旋转。输出轴通过启动片带动主轴，按逆时针方向旋转。锁闭齿轮随主轴逆时针方向旋转，锁闭齿轮在旋转中完成解锁、转换、锁闭三个过程，拨动齿条块，使动作杆带动道岔尖轨向右移动，密贴于右侧尖轨并锁闭。同时通过启动片、速动片、速动爪带动自动开闭器的动接点动作，与表示杆配合，断开第 1、3 排接点，接通第 2、4 排接点。以此完成电动转辙机转换、锁闭及给出道岔表示的任务。

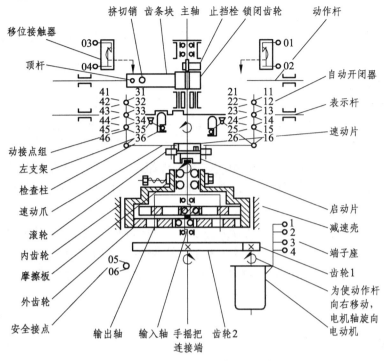

图 5-2-17 ZD6 – A 型电动转辙机传动原理

任务三　认识 S700K 型电动转辙机

S700K 型电动转辙机是从德国西门子公司引进设备和技术，经消化吸收和改进后，在主要干线推广运用的转辙机。该转辙机结构先进，工艺精良，不但解决了长期困扰信号维修人员的电机断线、故障电流变化、接点接触不良、移位接触器跳起和挤切销折断等惯性故障，而且可以做到"少维护、无维修"，符合我国铁路运营的特点和发展方向。

S700K 型电动转辙机的产品代号来自德文"Simens-700-Kugelgewinde"，其含义为"西门子-具有 6 860 N 保持力-带有滚珠丝杠"的电动转辙机。

一、S700K 型电动转辙机的特点

S700K 型电动转辙机适用于尖轨或可动心轨处采用外锁闭的道岔，它具有以下主要特点：

（1）采用交流三相电动机，不仅从根本上解决了原直流电动转辙机必须设置整流子而引起的故障率高、使用寿命短、维修量大的不足，而且减少了控制导线截面，延长了控制距离，单芯电缆控制距离可达 2.5 km。

（2）采用直径 32 mm 的滚珠丝杠作为驱动装置，延长了转辙机的使用寿命。

（3）采用具有簧式挤脱装置的保持联结器，并选用不可挤型零件，从根本上解决了由挤切销劳损造成的惯性故障。

（4）采用多片干式可调摩擦连接器，经工厂调整加封，使用中无须调整。

二、S700K 型电动转辙机分类

S700K 型电动转辙机不仅能满足道岔尖轨、可动心轨的单机牵引，而且也能满足双机、多机牵引的需要。

S700K 型电动转辙机的机身是通用的，经配件组装后，可组成不同种类。不同种类转辙机的动作杆有不同的动程，表示杆也有不同的动程，转换力不同，也可以根据需要重新进行组合并成为新的种类。

根据安装方式不同，每一种类又分为左装、右装两种。左装（面对尖轨或心轨，转辙机安装在线路左侧）的转辙机型号用字母 A 加上奇数表示，如 A13、A15。右装（面对尖轨或心轨，转辙机安装在线路右侧）的转辙机型号用字母 A 加上偶数表示，如 A14、A16 等。

不同种类的 S700K 型电动转辙机不能通用。

三、S700K 型电动转辙机结构

（一）S700K 型电动转辙机的整体结构

资源 5-3　S700K 型电动
转辙机整体结构实物图

S700K 型电动转辙机主要由外壳、动力传动机构、检测和锁闭机构、安全装置、配线接口五大部分组成，其结构如图 5-3-1 所示。

1. 外　壳

外壳主要由铸铁底壳、机盖、动作杆套筒、导向套筒、导向法兰等组成。

（a）

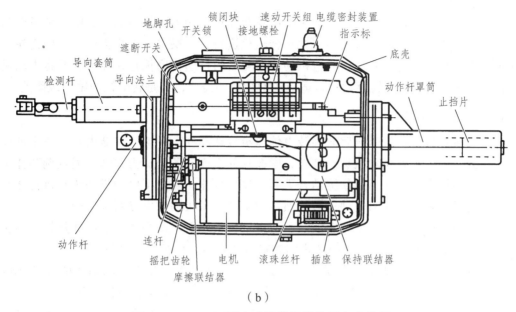

图 5-3-1　S700K 型电动转辙机结构图及实物图

2. 动力传动机构

动力传动机构主要由三相交流电动机、齿轮组、摩擦连接器、滚珠丝杠、保持联结器、动作杆等组成。

3. 检测和锁闭机构

检测和锁闭机构主要由检测杆、叉形接头、速动开关组、锁闭块和锁舌、指示标等组成。

4. 安全装置

安全装置主要由开关锁、遮断开关、连杆、摇把孔挡板等组成。

5. 配线接口

配线接口主要由电缆密封装置、接插件插座组成。

（二）S700K 型电动转辙机主要部件及其作用

1. 三相交流电动机

三相交流电动机为转辙机提供动力，为笼式转子，定子三个绕组呈星形接法。每组的引出线为单根多股软线。其星形汇接点在安全接点座第 61、71、81 端子上，由跨接片跨接。

由于采用交流电动机，没有直流电动机的整流子，自然消除了电机电枢断线、枢间混线、炭刷与整流子接触不良等惯性故障，从而提高了设备的可靠性和适用寿命，减少了维修量。

2. 齿轮组

齿轮组由摇把齿轮、电机齿轮、中间齿轮及摩擦连接器齿轮组成。其中摇把齿轮与电机齿轮是一个传递系统，使得能用摇把对转辙机进行人工操纵。电机齿轮、中间齿轮、摩擦连接器齿轮是一个传递系统，将电机的旋转驱动力传递到摩擦连接器上，并将电动机的高速转速降速，以增大旋转驱动力，适应道岔转换的需要，这是转辙机的第一级降速。

3. 摩擦连接器

摩擦连接器将齿轮组变速后的旋转力传递给滚珠丝杠，摩擦连接器内有三对主被金属摩擦片，分别固定在外壳和滚珠丝杠上，摩擦片的端面有若干压力弹簧，通过调整弹簧压力，可以使主被摩擦片之间的摩擦结合力大小发生变化，实现了电动机和传动机构之间的软联结。这样，就可消耗因电动机转动惯性带来的电动机动作电路断开后的剩余动力，保证在尖轨转换中途受阻不能继续转换时不使电动机被烧毁。即当作用于滚珠丝杠上的转换阻力大于摩擦结合力时，主被摩擦片之间相对打滑空转，保护了电动机。

摩擦连接器的摩擦力必须能调节，使道岔在正常工作情况下，电动机能够带动转辙机工作，在道岔转换终了或尖轨被阻时，使电动机能克服摩擦连接器的压力而空转，以保证电动机不致被烧毁。所以摩擦连接器调整好的摩擦力必须稳定，才能保证转辙机的可靠工作。

对于交流转辙机来说，其动作电流不能直观地反映转辙机的拉力，现场维修人员不能像对直流转辙机那样，通过测试动作电流来对摩擦力进行检测，必须由专业人员用专业器材才能进行这一调整。转辙机在出厂时已对摩擦力进行标准化测试调整，所以现场维修人员不得随意调整摩擦力。

4. 滚珠丝杠

滚珠丝杠相当于一个直径 32 mm 的螺栓和螺母，如图 5-3-2 所示。当滚珠丝杠正向或反向旋转一周时，螺母前进或后退一个螺距。它一方面将电动机的旋转运动变成丝杠的直线运行，另一方面起到减速作用，减速比取决于丝杠的螺距。

5. 保持联结器

保持联结器是转辙机的挤脱装置，利用弹簧的压力通过槽口式结构将滚珠丝杠与动作杆连接在一起，如图 5-3-3 所示。当道岔的挤岔力超过弹簧压力时，动作杆滑脱，起到整机不被损坏的保护作用，相当于 ZD6 型电动转辙机的挤岔装置。

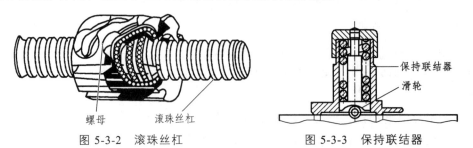

图 5-3-2　滚珠丝杠　　　　　　　　图 5-3-3　保持联结器

根据现场实际需要，保持联结器可采用可挤型和不可挤型。可挤型是指保持联结器利用其内部弹簧的压力将滚珠丝杠和动作杆连接在一起，弹簧的挤岔阻力可分别设定为 9kN、16kN、24kN、30kN 等，当道岔的挤岔阻力超过弹簧设定压力时，动作杆滑脱，实现挤岔时的整机保护。不可挤型是工厂将保持联结器内部的弹簧取消，放一个止挡环，用于阻止与动作杆相连的保持栓的移动，成为硬连接结构。挤岔锁定力为 90 kN，当道岔挤岔阻力超过 90kN 时，挤环硬连接结构的保持联结器，需整机送回工厂修理。

保持联结器的顶盖是加封的，维修人员不得随意打开。铅封打开后，必须由专职人员重新施封，以保证其安全可靠地运用。

6. 检测杆

检测杆随尖轨或心轨转换而移动，用来监督道岔在终端位置时的状态。检测杆有上、下两层，上层检测杆用于监督拉入密贴的尖轨或心轨拉入时的工作状态，下层检测杆用于监督伸出密贴的尖轨或心轨伸出时的工作状态，如图 5-3-4 所示。

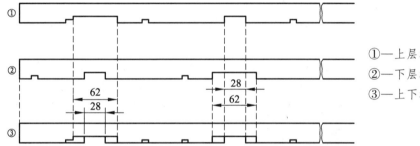

①—上层杆，检测缩进位置；
②—下层杆，检测伸出位置；
③—上下杆重叠示意图。

图 5-3-4　左装式 S700K 型电动转辙机检测杆示意图

上、下层检测杆之间没有连接或调整装置，通过外接两根表示杆，分别调整。道岔转换时，由尖轨或心轨带动检测杆运动。当密贴尖轨或心轨密贴，斥离尖轨或心轨到达规定位置，上、下层检测杆的大小缺口对准转辙机的锁闭块时，锁舌才能弹出。也就是说，密贴尖轨或心轨、斥离尖轨或心轨到达规定位置时，才能给出有关表示。

7. 锁闭块和锁舌

道岔在终端位置，当检测杆指示缺口与指示标对中时，锁闭铁及锁舌应能正常弹出。

锁闭块的正常弹出使速动开关的有关启动接点闭合及表示接点断开。

锁舌的正常弹出用于阻挡转辙机的保持联结器的移动，实现转辙机的内部锁闭。锁舌的伸出量一般大于或等于 10 mm，但最小伸出量不得小于 9 mm。

转辙机开始动作后，锁舌在锁闭块的带动作用下应能正常缩入。锁闭块的缩入，应可靠地断开表示接点。锁舌的缩入，应完成转辙机的内部解锁。

8. 速动开关

速动开关实际上是采用了沙尔特堡接点组的自动开闭器。它随着尖轨或可动心轨的解锁、转换、锁闭过程中锁闭块的动作自动开闭，自动开闭电动机动作电路和道岔表示电路。

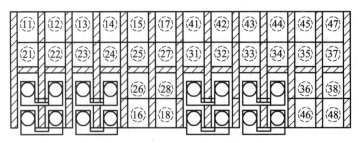

图 5-3-5　速动开关组示意图

速动开关包括定位动作接点（DD）反位动作接点（FD）定位表示接点（DB）反位表示接点（FB）。在尖轨或可动心轨解锁以后，断开原表示电路，DB、FB 都断开，表示道岔处于不密贴状态；然后闭合反转用的电机电路，为随时回转做好准备。在尖轨或可动心轨转换过程中，必须保证自动开闭器不动，排除 DB、FB 有闭合的可能性。在尖轨或可动心轨锁闭后应及时断开电动机动作电路，接通表示电路。若尖轨或可动心轨不密贴，严禁表示接点闭合。道岔在四开位置，应可靠断开表示电路。

速动开关组示意图如图 5-3-5 所示。其分上、下两层，站在速动开关一侧看，每层各分左右两排接点组，每排由左至右依次排列六组接点。每排的前两组接点分别由两组接点串联使用，如 11-12 由下排第 1、2 组接点串联使用，实际上每排接点可有 4 组接点使用。

其中，左侧下层 11-12、13-14、15-16、17-18 为第 1 排接点组，上层 21-22、23-24、25-26、27-28 为第 2 排接点组，右侧上层 31-32、33-34、35-36、37-38 为第 3 排接点组，下层 41-42、43-44、45-46、47-48 为第 4 排接点组。

第 1、4 排为动作接点，第 2、3 排为表示接点。锁闭时，哪一侧的锁舌弹出，则该侧所对应的上层接点接通，下层接点断开。解锁及转换时，两个锁舌均缩进，这时下层两排接点（第 1、4 排）接通，上层两排接点（第 2、3 排）断开。

道岔在定位时，自动开闭器的第 1 排、第 3 排接点闭合的叫作"1、3 闭合"，自动开闭器的第 2 排、第 4 排接点闭合的叫作"2、4 闭合"，这和 ZD6 型电动转辙机的提法相同。

S700K 型电动转辙机无论"1、3 闭合"还是"2、4 闭合"，其内部配线完全一样，只需通过室外连线 X2 与 X3、X4 与 X5 的交叉和二极管的换向来实现。

9. 开关锁与安全接点座

开关锁是操纵遮断闭合和断开的机构，用来在检修人员打开电动转辙机盖进行检修作业或车务人员插入摇把转换道岔时，可靠断开电动机动作电路，防止电动机误动，保证人身安全。当钥匙立着插入并逆时针转动 90°时，遮断开关被可靠断开。恢复时须提起开关锁上的锁闭销，同时将插入的钥匙顺时针转动 90°，遮断开关被可靠接通。

遮断开关接通时，摇把挡板能有效阻挡摇把插入摇把齿轮，防止用钥匙打开电动转辙机机盖。断开遮断开关时，摇把能顺利插入摇把齿轮或用钥匙打开电动转辙机机盖，此时电动机的动作电源将被可靠地切断，不经人工操纵和确认，不能恢复接通。

安全接点座如图 5-3-6 所示。安全接点 11-12 是遮断开关，它在开关锁的直接操纵下闭合和断开，需要进行内部检修或人工断开动作电路时，用钥匙打开开关锁，断开安全接点，切断动作电路，起到保护作用。人工摇动道岔时，打开摇把孔板，也断开安全接点，防止在手摇道岔时室内扳动道岔使其误动。

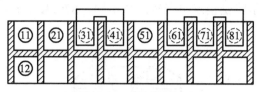

图 5-3-6　安全接点座

　　端子 31、41 为安全接点 11-12，电动机引线 U，速动开关接点 25、26 的汇流排。端子 61、71、81 为三相交流电动机星形节点的汇流排。

（三）S700K 型电动转辙机内部配线

　　S700K 型电动转辙机内部配线如图 5-3-7 所示。图中包括接插件、速动开关组、安全接点座和三相交流电动机。所有配线及端子均与实物相吻合。

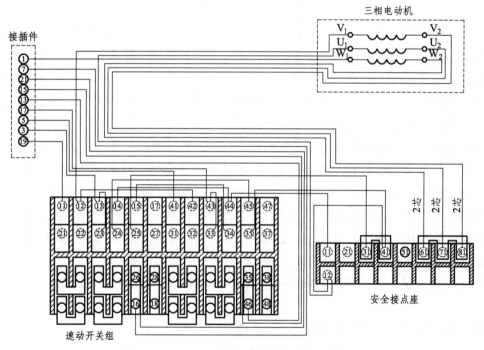

图 5-3-7　S700K 型电动转辙机内部配线图

（四）TS-1 型接点系统

　　沙尔特堡接点组体积小，结构单薄，抗振能力明显不足，在使用过程中，接点接触不良、接点螺滑扣松动、虚焊等故障逐年上升，由于该接点在转换过程中没有动作扫程，遇特定条件会出现接点冰冻黏接故障。此种接点的封闭结构给查找故障、更换接点带来不便。为了减少故障，提高设备运用质量，研制了 TS-1 型新型接点系统，以取代沙尔特堡接点。

TS-1 型接点系统由开关盒、转换驱动机械、插接件等组成，如图 5-3-8 所示。

TS-1 型接点组和沙尔特堡接点组安装尺寸不同，S700K 型转辙机两滑块上部大盖板须重新制作。

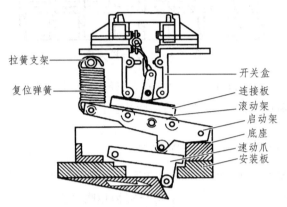

图 5-3-8　TS-1 型接点系统

当转辙机电动机旋转，滚珠丝杠下方的动作推板开始动作时，锁闭滑块由左向右推移，大滑块前端斜面驱动速动爪滚轮向上顶起，并推动启动架向上提升，启动架前部滚轮逐步将开关盒下部连板向上推动，开关盒中动接点也随之开始动作，中部接点拉簧随动接点拐臂由右向左摆动并拉伸，动接点触头向上移动与左侧静接点摩擦后断开，从而断开原表示电路。当上下拐臂过中心点后，动接点由于拉簧作用，从左侧迅速转换与右侧静接点接触，接通反转电路。当转辙机转至终点，检测杆到位后，另一组接点下部的大滑块由右向左移动，在复位大弹簧的作用下，速动爪落下，起动架尾部抬起，左侧滚轮推动连接板上移，动接点由右迅速与左侧静接点接触，断开转辙机动作电路，接通新的表示电路。

该接点组将动、静接点由水平方向的上下接触改为垂直方向的左右接触，减少了列车振动对接点的损伤；增设了扫程，防止冻冰黏接；增大了接点接触压力，提高了接触可靠型；接点组壳体透明敞开，方便检查；为可拆卸式，可快速更换。

TS-1 型接点组采用了类似 ZD6 型电动转辙机的接点排列顺序，便于掌握。

四、S700K 型电动转辙机的动作原理

（一）S700K 型电动转辙机的传动过程

S700K 型电动转辙机的机械传动机构按如下过程工作：

（1）电动机的转动通过减速齿轮组，传递给摩擦连接器。

（2）摩擦连接器带动滚珠丝杠转动。

（3）滚珠丝杠的转动带动丝杠上的螺母水平移动。

（4）螺母通过保持联结器经动作杆、锁闭杆带动道岔转换。

（5）道岔的尖轨或可动心轨经外表示杆带动检测杆移动。

（二）S700K 型电动转辙机的动作过程

S700K 型电动转辙机的动作可分为三个过程：① 解锁过程，也是断开表示接点的过程；② 转换过程；③ 锁闭过程，也是接通表示接点的过程。现以 220 mm 动程转辙机定位拉入为例分述各过程。

1. 解锁及断开表示接点过程

当操纵道岔使转辙机动作杆由拉入变为伸出位置时，三相电动机得到 380 V 交流电源，使电动机顺时针方向旋转，经齿轮组及摩擦连接器滚珠丝杠向顺时针方向旋转，从而使丝杠上的螺母向左侧运动。在运动过程中，由操纵板将锁闭块顶进，使表示接点断开，同时带动左锁舌向缩进方向运动，直至左锁舌完全缩进。

2. 转换过程

在转辙机解锁后，由于三相电动机继续转动，故滚珠丝杠上的螺母继续向左运动，带动保持联结器向左运动，由于保持联结器与动作杆固定为一体，使动作杆向左侧（伸出方向）运动，带动道岔尖轨或可动心轨进行转换，当动作杆运动 220 mm 时，即完成了转换过程。

3. 锁闭及接通表示接点过程

当动作杆向左侧运动了 220 mm 时，检测杆在尖轨带动下运动了 160 mm，或在可动心轨带动下运动了 117 mm，这时锁闭块弹出，接通表示接点，同时右锁舌也弹出，锁住保持联结器，使动作杆不得随意窜动。

（三）S700K 型电动转辙机的动作程序

S700K 型电动转辙机的动作程序与 ZD6 型电动转辙机的动作程序大致相同，即：断开表示→解锁→转换→锁闭→给出另一位置表示。

以 220 mm 动程的 S700K 型电动转辙机为例，其动作程序位：

电动机转动→中间齿轮转动→摩擦连接器转动→滚珠丝杠转动→丝杠螺母移动→操纵板将锁闭块顶入，断开原表示→锁舌缩入，解锁→滚珠丝杆螺母带动保持联结器移动→外锁闭装置开始解锁→动作杆移动 60 mm 时外锁闭装置解锁完毕→道岔转换→动作杆移动 220 mm 时内检测杆缺口对准锁闭块，锁闭块弹出，进入检测杆缺口→锁舌伸出→断开启动电路，接通表示。

与 ZD6 型电动转辙机不同的是，S700K 型具有表示电路自检锁闭功能，卡缺口时，锁舌伸不出来，内锁闭无法锁闭，不能接通表示电路，即有道岔表示时转辙机必须在内锁闭状态。而 ZD6 型表示电路不检查锁闭，检查柱不落槽，转辙机照样能实现内锁闭。

（四）检测杆对尖轨动程的检测

接点座通过其下面的滚轴落入随尖轨运动的检测杆相应的大小缺口内来检查尖轨的位置。固定接点座用来检测检测杆"缩入"位置时的尖轨状态，它由螺栓固定在机座上，保持装配尺寸不变。根据检测杆行程调整确定接点座的距离，然后用螺栓固定。两接点座还通过螺杆和四个对顶螺母锁定，可避免因螺栓松动而发生的接点座位移。这样就完成了可动接点座与检测杆的配合，实现了对"伸出"位置的检测。

（五）速动开关、端子排的接线端子

面向线路，最前方为固定接点座上的速动开关 A、B 两组接点，中间为可动接点座上的速动开关的 C、D 两组接点，最后为四个端子排。由于端子排仅作为过渡端子，为减少故障点，现场大多将其拆除。

任务四　认识 ZD（J）9 转辙机

ZD（J）9 系列电动转辙机是国内自行研制并完全国产化，具有独立知识产权的产品。其具有性能优、效率高、转换力大等特点。根据客运专线要求，其派生了 K 系列转辙机，底壳采用高强度铝合金材料，质量轻、强度高、动作稳定可靠，寿命可达 100 万次。K 系列转辙机有多种动程配置，锁闭（表示）杆也有全系列各种动程配置，完全可以适应我国各种提速道岔多机牵引的要求。

资源 5-4　ZD（J）9 型转辙机

图 5-4-1　现场实际使用图

一、适用范围

ZD（J）9 系列转辙机适应于单点及多点牵引的各种类型道岔。

图 5-4-2　现场实际使用图

二、ZD（J）9 转辙机特点

（1）模块设计、结构简单，既有交流系列，又有直流系列。

（2）既适用于分动外锁闭各种类型道岔，又适用于联动内锁闭各种类型道岔。既能左侧安装，又能右侧安装。

（3）转辙机有可挤型和不可挤型，也有双杆内锁和单杆内锁，能满足不同牵引点的需求。

（4）采用滚珠丝杠传动，效率高。

（5）两级减速传动，便于调整速率比，满足多点牵引道岔同步转换要求。

（6）有保持转辙机动作杆在终端位置的锁闭装置，并采用燕尾式内锁结构，提高了锁闭的可靠性。

（7）有速动机构检测转辙机动作杆的终端位置。

（8）有挤岔表示功能。

（9）销孔和滑动面均用 SF2 复合材料衬套或衬垫，耐磨耗。

（10）机内传动系统设置了阻尼机构，动作平稳。

（11）采用不锈钢零件及热涂锌工艺提高转辙机整体防护性能。

（12）外壳采用坚固耐用、抗腐蚀的铝合金材料。

（13）试验寿命 100 万次以上，产品性能达到国际先进水平。

（14）有专门为复式交分道岔设计生产的双动作杆转辙机。

三、ZD（J）9 型转辙机型号含义

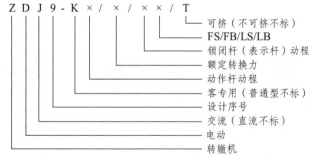

FS—分动锁闭杆；FB—分动表示杆；LS—联动锁闭杆；LB—联动表示杆。

图 5-4-3　ZD（J）9 型转辙机型号含义

例如，ZDJ9-K220/2.5k/160FS；ZDJ9-K170/4k/152FS/T；ZDJ9-K80/4.5k/*/T（其中*表示不设表示杆）。

四、转辙机的结构

转辙机的结构如图 5-4-4 所示。

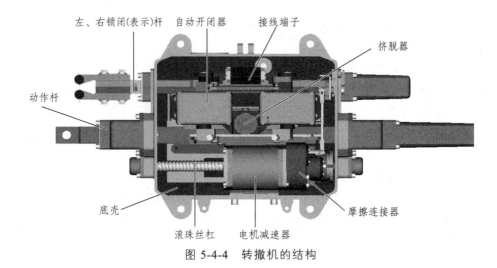

左、右锁闭(表示)杆　自动开闭器　接线端子　挤脱器

动作杆

底壳　滚珠丝杠　电机减速器　摩擦连接器

图 5-4-4　转撤机的结构

五、使用环境

大气压力：不低于 70 kPa（相当于海拔高度 3 000 m 以下）；

周围空气温度：– 40 ~ +70 ℃；

空气相对湿度：不大于 90%（25 ℃）；

振动：按 TB/T 2846—1997 中第三种的规定；

周围无引起爆炸危险的有害气体。

六、主要技术参数

主要技术参数如表 5-4-1 所示。

表 5-4-1　主要技术参数

型号	ZDJ9-交流系列	ZD9-直流系列	备注
电源电压	AC 三相交流 380 V	DC 直流 160 V	
额定转换力	kN	kN	4.5、4、2.5 等规格
动作杆动程	mm	mm	220、170、150 等规格
锁闭（表示）杆动程	mm	mm	各种规格
工作电流	不大于 2 A	不大于 2 A	
动作时间	不大于 5.8 s	不大于 8 s	
单线电阻	不大于 54 Ω	—	
挤脱力	28±2 kN	28±2 kN	可挤型
摩擦力转换力	kN	kN	6、6.8、3.8 等规格

七、转辙机动作程序

ZD（J）9 系列电动转辙机在接通电源后的动作程序是：

（1）切断原表示接点。

（2）转辙机解锁。

（3）转辙机转换。

（4）转辙机锁闭。

（5）接通新表示接点。

八、转辙机整机动作原理

图 5-4-5 中各机件所处的位置是动作杆由右向左移动后的停止状态。此时接点座的第 1、3 排接点闭合。现使动作杆向右移动，其传动过程如下：

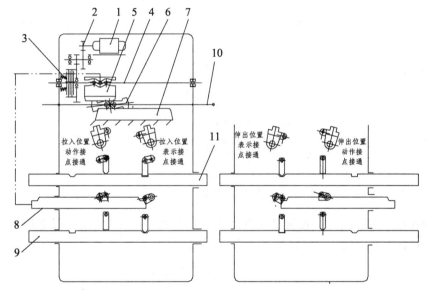

1—电机；2—减速器；3—摩擦连接器；4—滚珠丝杠；5—推板套；6—锁块；7—锁闭铁；
8—动作板；9—锁闭（表示）杆；10—动作杆；11—锁闭（表示）杆。

图 5-4-5　ZD（J）9 电动转辙机传动原理图

（1）来自道岔控制电路的电流，经由接点座的第 1 排接点接至电动机，使电动机按逆时针方向旋转（从电机后端看）。

（2）电动机通过齿轮 1 带动减速器 2，使摩擦连接器 3 按逆时针方向旋转。

（3）摩擦连接器 3 的内摩擦片通过花键带动滚珠丝杠 4 按逆时针方向旋转，通过滚珠丝杠 4 上的丝母带动推板套 5 做直线运动。

（4）推板套 5 推动动作杆 10 上的锁块 6，在锁闭铁 7 的作用下，完成机械的解锁、转换、锁闭等动作。

（5）同时通过推板套上装配的动作板 8，完成电路的转接。

九、主要组件技术特点

（一）推板套、动作杆、锁块和锁闭铁关系

对于右伸 ZD（J）9 转辙机：

（1）动作杆 2 锁闭在拉入位，通电后电机旋转，带动推板套 1 向右运动，动作杆开始解锁，如图 5-4-6 所示。

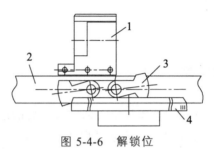

图 5-4-6　解锁位

（2）推板套 1 继续向右运动，推动锁块 3 并带动动作杆 2 一起向右运动，如图 5-4-7 所示。

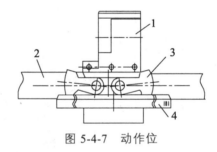

图 5-4-7　动作位

（3）动作杆 2 行程走完，推板套 1 将锁块 3 压入锁闭铁 4，将动作杆 2 锁闭在伸出位，如图 5-4-8 所示。

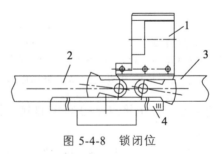

图 5-4-8　锁闭位

（二）动作板、速动片和接点动作关系

ZD（J）9 系列电动转辙机的表示功能是由动作板、接点座及表示杆共同完成。在推板套上固定有动作板，动作板与动接点轴、启动片、速动片和弹簧等，其相互动作关系如图 5-4-9 所示。

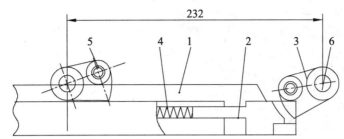

1—动作板；2—速动片；3—启动片；4—弹簧；5—滚轮；6—动接点轴。

图 5-4-9　动作板、速动片和接点动作关系图

动作杆处于伸出位，动作板 1 抬起左侧滚轮 5 及启动片 3，左支架向左倾斜，第 1 排动作接点接通，第 2 排表示接点断开；同时右侧滚轮 5 及启动片 3 落下，右支架向左倾斜，第 4 排动作接点断开，若锁闭（表示）杆同时到位，锁闭（检查）柱正常落下，可接通第 3 排表示接点。

十、挤岔表示

ZD（J）9 电动转辙机有可挤和不可挤型之分，不可挤型 ZD（J）9 电动转辙机无挤脱器，一般用于多机多点牵引的第一牵引点和可动心轨辙叉的第一牵引点，道岔挤岔表示由多机多点牵引的其他牵引点给出。

可挤型 ZD（J）9 电动转辙机设有挤脱器，挤脱力为（28±2）kN。

可挤型 ZD（J）9 电动转辙机在挤岔时，锁闭铁在动作杆上的锁块作用下移动，抬起挤脱柱，同时锁闭铁上的凹槽推动水平顶杆，水平顶杆推动竖顶杆，竖顶杆推动动接点支架，从而切断表示，非经人工恢复锁闭铁，不可能再接通表示。挤脱器中的锁闭铁与动接点支架的结构如图 5-4-10 所示。

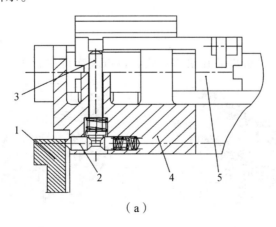

（a）

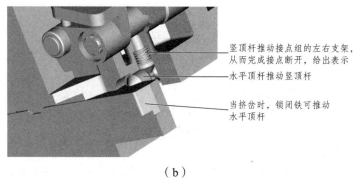

（b）

1—锁闭铁；2—水平顶杆；3—竖顶杆；4—接点座；5—动接点支架。

图 5-4-10　挤脱器中的锁闭铁与动接点支架的结构图

十一、推板套惯性的制动措施

在推板套上设置有碟簧机构。当动作杆到位，电机断电后推板套在惯性作用下继续运动。动作杆与推板套通过压缩碟簧产生摩擦力，从而制动推板套的惯性动作。

十二、电动机

电动机有交流和直流电机两种，均为短时、可逆电机，绝缘等级为 F 级，过载能力强，能在 1.5 倍额定转矩的情况下安全使用。该电动机适用于各种动程 ZD（J）9 电动转辙机。

十三、动作杆、表示（锁闭）杆

ZD（J）9 系列电动转辙机所用的动作杆、表示杆表面进行了镀硬铬处理，提高了耐磨性能。

十四、安　装

ZD（J）9 型电动转辙机可装在道岔左侧，也可装在道岔右侧，如图 5-4-11 所示。

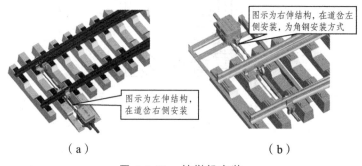

（a）　　　　　　　　　　　　（b）

图 5-4-11　转辙机安装

十五、转辙机安装尺寸外形图

转辙机安装尺寸外形如图 5-4-12 所示。

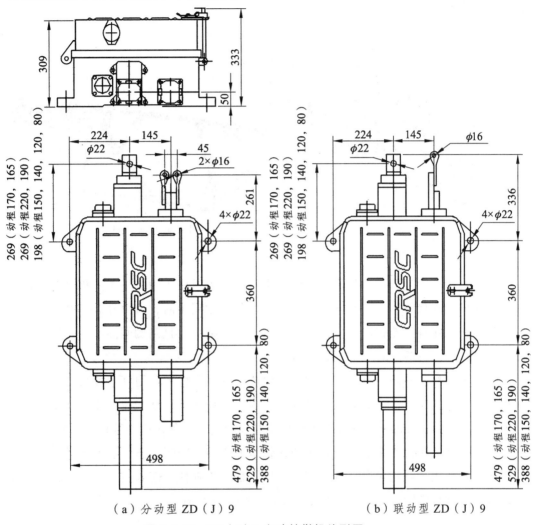

（a）分动型 ZD（J）9　　　　（b）联动型 ZD（J）9

图 5-4-12　ZD（J）9 电动转辙机外形图

十六、表示缺口的调整

ZD（J）9 电动转辙机的检测杆根据使用的牵引点不同可以分为锁闭杆和表示杆，同时根据配套安装装置的不同又可分为分动或联动。即表示杆共分为联动锁闭杆、联动表示杆、分动锁闭杆、分动表示杆四类。分动和联动锁闭杆均用于多机牵引的第一牵引点。单机牵引转辙机使用分动锁闭杆。

分动和联动锁闭杆的锁闭柱缺口均是在杆子上开直缺口，该缺口用于检查并辅助锁闭密贴尖轨。调整时按维规调整每侧间隙。分动和联动表示杆对应检查柱的是斜缺口（因此缺口较宽，且带斜面），该缺口用于检查斥离尖轨。

联动表示杆（锁闭杆）在右表示杆（右锁闭杆）上设置有调整杆，用工具调节它，可以调整表示杆（锁闭杆）的检测行程。

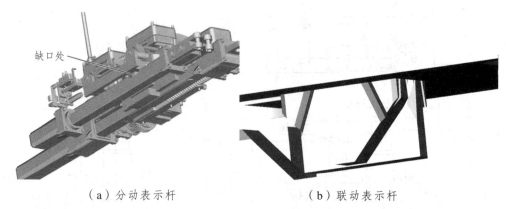

（a）分动表示杆　　　　　　　　（b）联动表示杆

图 5-4-13　表示杆

分动表示杆（锁闭杆）的调整方法：由于两片表示杆（锁闭杆）互相没有连接，因此只需调整外部连接杆件，当转辙机拉入锁闭（伸出锁闭）后，调整和表示杆（锁闭杆）相连接的外部连接杆件至锁闭柱（检查柱）落入检查缺口，且两侧间隙对称，然后锁紧调节部位即可，左、右两片的调整不分先后。

联动表示杆（锁闭杆）的调整方法：由于两片表示杆（锁闭杆）互相连接，且直缺口开在左杆的拉入位置，因此调整时必须分先后，先使转辙机处于拉入锁闭状态，调整表示杆（锁闭杆）相连接的外部连接杆件至锁闭柱（检查柱）落入检查缺口，且两侧间隙对称，然后锁紧外部连接杆件调节部位，再使转辙机处于伸出锁闭状态，旋下表示杆（锁闭杆）外的保护管，用工具旋转调整杆头部，至锁闭柱（检查柱）落入检查缺口，且两侧间隙对称即可。调整完毕后应旋上表示杆（锁闭杆）处的保护管。

任务五　认识 ZY 系列转辙机及 SH6 型转换锁闭器

一、ZYJ7 型电液转辙机结构

ZYJ7 型电液转辙机主要由动力机构、转换锁闭机构、表示锁闭机构等组成，结构如图 5-5-1 所示。

资源 5-5　ZYJ7 型电液转辙机结构示意图

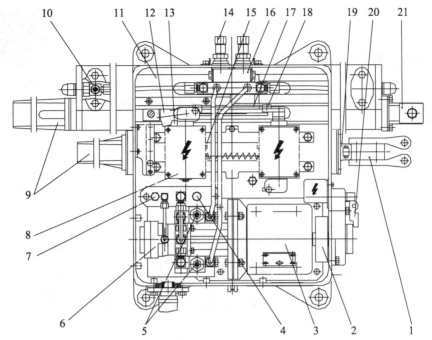

1—锁闭杆组（单点牵引时为锁闭表示杆）；2—惯性轮；3—电机；4—注油孔；5—溢流阀；6—油泵；7—油标；8—接点组；9—保护管；10—动调节阀；11—油缸组；12—锁块；13—锁闭铁；14—二动接头；15—锁闭柱；16—空动缸组；17—动作板；18—滚轮；19—观察窗；20—遮断器；21动作杆组。

图 5-5-1 ZYJ7 型电液转辙机结构示意图

（一）动力机构

动力机构的作用是将电能变为液压能，该机构主要由电机、联轴器、油泵、油管、单向阀、滤芯、溢流阀及油箱组成。

（二）转换锁闭机构

转换锁闭机构的作用是转换并锁闭尖轨或心轨在终端位置，且锁闭尖轨或心轨后应能承受 90 kN 的轴向锁闭力。该机构主要由油缸、推板、动作杆、锁块、锁闭铁组成。

（三）表示锁闭机构

表示锁闭机构的作用是正确反映尖轨或心轨状态并锁闭尖轨或心轨在终端位置，且锁闭尖轨或心轨后应能承受 20 kN 的轴向锁闭力。该机构主要由接点组、锁闭杆组成。

（四）手动安全机构（遮断器）

手动安全机构的作用是在手摇电机扳动道岔前，可靠切断电机动作电源（即只有断开安全接点才能插入手摇把），且非经人工恢复，不能接通电机动作电源。

二、SH6 型转换锁闭器结构

SH6 型转换锁闭器主要由转换锁闭机构、挤脱表示机构等组成，结构如图 5-5-2 所示。

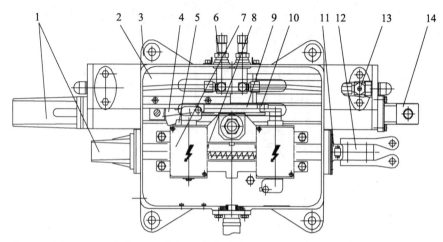

1—保护管；2—油缸组；3—底壳；4—锁块；5—锁闭铁；6—二动接头；7—挤脱接点组；8—检查柱；
9—动作板；10—滚轮；11—观察窗；12—表示杆组；13—二动调节阀；14—动作杆组。

图 5-5-2　SH6 型转换锁闭器结构示意图

（一）转换锁闭机构

转换锁闭机构的作用是转换并锁闭尖轨或心轨在终端位置，该机构主要由油缸组、推板、动作杆、锁块、锁闭铁组成。

（二）挤脱表示机构

挤脱表示机构的作用是正确反映尖轨或心轨状态，且具有挤岔断表示功能，挤脱力出厂调整为 27~30 kN。该机构主要由挤脱接点组、检查柱、表示杆组成。

三、电动液压转辙机安装及调整

（一）钢枕式钩形外锁闭提速道岔安装装置。

钢枕式钩形外锁闭提速道岔安装装置结构如图 5-5-3 所示。

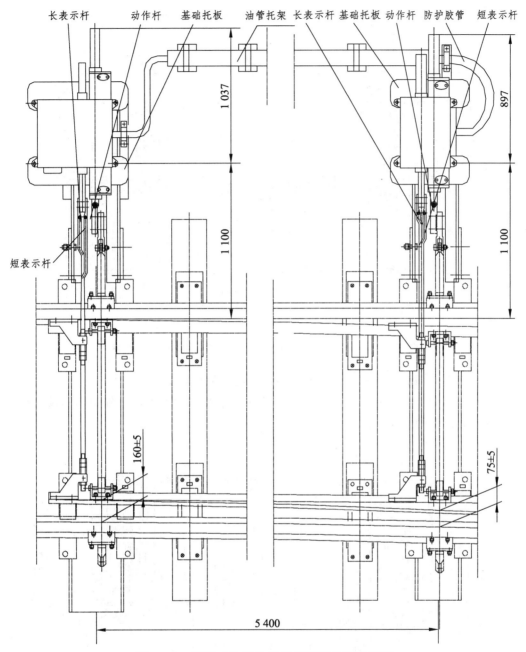

图 5-5-3　钢枕式钩形外锁闭提速道岔安装装置

（二）混凝土岔枕钩形外锁闭Ⅱ型提速道岔安装装置

混凝土岔枕钩形外锁闭Ⅱ型提速道岔安装装置结构如图 5-5-4 所示。

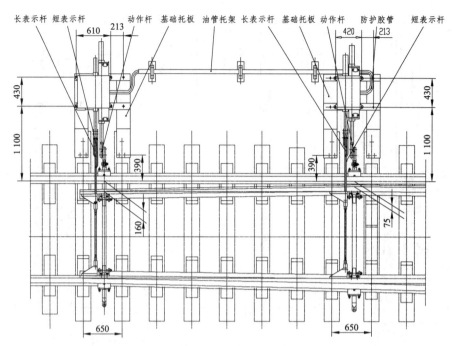

图 5-5-4　混凝土岔枕钩形外锁闭 II 型提速道岔安装装置

安装好钩形外锁闭装置后，进行安装装置与电动液压转辙机的安装。

（1）安装前要进行检查，工务部分符合道岔技术要求后方可进行外锁闭器及电动液压转辙机等电务设备的安装。

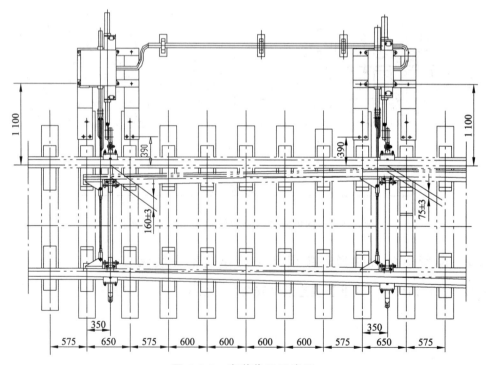

图 5-5-5　安装位置示意图

对工务主要有以下要求：（一、二动尺寸相等）

① 两水泥枕中心距为 650 mm。

② 基本轨上外锁闭框连接孔中心距前一个水泥枕中心均为 350 mm。为保证安装位置，可在前、后增设拉板以确保使用中不产生大的变化。

③ 水泥枕头部预埋螺栓孔距钢轨内侧分别为 390 mm 和 570 mm。

（2）按标记分别安装第一、第二牵引点处基础脱板。

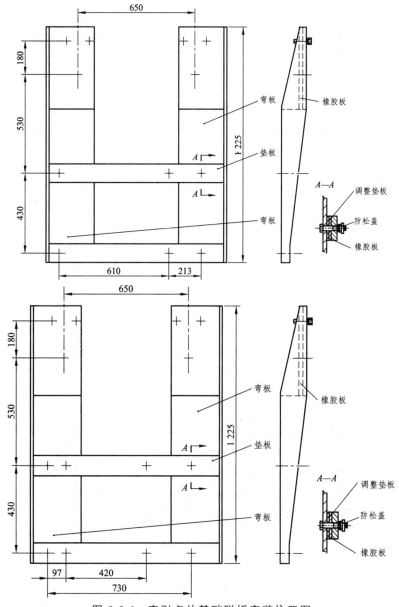

图 5-5-6　牵引点处基础脱板安装位置图

注意：（1）基础脱板与水泥枕上平面间应装 5 mm 厚橡胶板。

　　　　（2）横连接板与弯板间应装橡胶垫，必要时还应加装调整垫，以调整转辙机的高低。

　　　　（3）安装连接板时，一定注意转辙机安装孔的方向。一动单孔在前，二动近距两孔在前。

（3）分别安装一、二动表示拉杆。

需注意：有扣轴套永远位于尖轨下方。

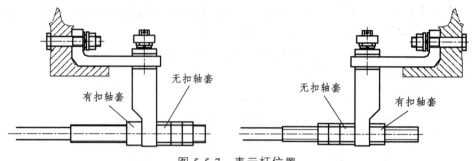

图 5-5-7　表示杆位置

（4）分别将一、二动转辙机和转换锁闭器安装就位。

（5）安装就位后，连接主副机油管。油管安装有地面安装和地下铺设两种，油管安装时的弯曲半径不小于 100 mm，进出槽钢和地面应留有一定余量并用橡胶防护管防护，以防止油管损坏。地面安装时用管卡紧固牢靠，地下铺设时，铺设深度应符合要求。

（6）用专用注油器，将 YH-10#航空液压油由注油孔注入油箱至油标上限，打开遮断器用手摇把使手摇电液转辙机转换数次，排掉系统中的空气（排气方法：松开油标螺栓，在手摇电机时松紧溢流阀，使空气从油箱中排出），同时检查油箱内油量，补至油标上限。注油方法如图 5-5-8 所示。

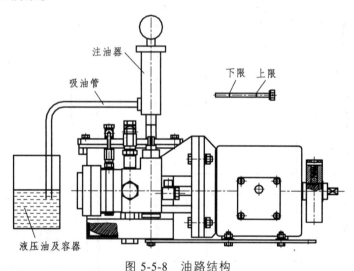

图 5-5-8　油路结构

（7）分别连接一、二动动作拉杆及表示拉杆。手摇或电动使一、二牵引点到位，检查道岔开口，两侧应基本相同且符合（160±3）mm 和（75±3）mm 的要求。若不符合应根据两侧开口差除以 2 去调整动作拉杆长短即可。动作拉杆上齿为 3 mm。

（8）道岔密贴的调整。根据转换到位后尖轨与基本轨的间隙，增减锁闭铁与锁闭框的调整垫片。

（9）调整安装装置的长、短表示杆使密贴轨（尖轨、心轨第一牵引点）的锁闭柱与锁闭杆缺口间隙为 2 ± 0.5 mm，密贴轨（尖轨第二牵引点）的检查栓与表示杆的缺口间隙为 4 ± 1.5 mm。

（10）手摇道岔并往复动作检查缺口无误，正常转换油路系统两侧压力小于等于 9 MPa，道岔转换力定反位第一牵引点不大于 1 810 N，第二牵引点不大于 4 070 N，并将两侧溢流压力调整至 10 ~ 11 MPa，电液转辙机有关电气特性应符合产品技术要求。

（11）电操电液转辙机在尖轨第一、第二牵引点和心轨第一引点外锁闭装置锁闭杆中心处的尖轨与基本轨、可动心轨与翼轨间插入 4 mm 厚、20 mm 宽的铁板，在尖轨第一、第二牵引点间的尖轨与基本轨间任一点间插入 10 mm 厚、20 mm 宽的铁板时，外锁闭和电液转辙机不锁闭且不得接通机内表示接点。

四、ZY（J）7 型电动液压转辙机油路系统

ZY（J）7 型电动液压转辙机油路系统如图 5-5-9 所示。

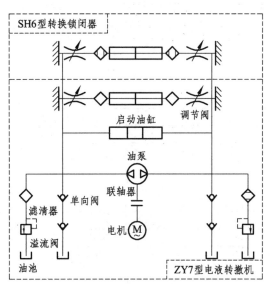

图 5-5-9　ZY（J）7 型电动液压转辙机油路系统图

1. ZY（J）系列电动液压转辙机油路系统工作原理

本系统为闭式系统，当电机通过联轴器带动油泵逆时针方向旋转时，油泵从油缸右侧腔内吸入油，油泵泵出的高压油使油缸左腔为高压，此时油缸向左移动，当油缸动作到终端停止动作时，泵从右边的单向阀吸入油，泵出的高压油经左边的滤油器和溢流阀回油箱。若电机带着油泵顺时针方向转动，油缸动作方向与上述方向相反。为了改善交流电机起动特性，与油缸并联了启动油缸。该系统中的一动调节阀和二动调节阀用于实现主机油缸与副机油缸在转换道岔时的宏观同步。

2. ZY（J）系列电动液压转辙机机械动作原理

1）转换锁闭机构动作原理

电机经联轴器带动油泵顺时针方向旋转，由于活塞杆固定不动，使油缸向右动作，油缸侧面的推板接触反位锁块[见图 5-5-10（a）]后，油缸继续向前移动时，通过推板和反位锁块带动动作杆向右移动，同时定位锁块开始解锁，当油缸走完解锁动程后，反位锁块和定位锁块处于锁闭铁和推板的间隙内，油缸继续通过推板和反位锁块带动动作杆向右移动[见图 5-5-10（b）]，当动作杆继续移动到反位锁块与锁闭铁的锁闭面将要作用时，开始进入锁闭过程，继续向右移动 15.2 mm，将反位锁块推入锁闭铁的反位锁闭面，此时动作杆的行程为 7.6 mm。因此，在此动程内，动作杆上的转换力可增加一倍，油缸继续向右移动，动作杆不动作，油缸侧面的推板进入反位锁块的锁闭面，进入锁闭状态，如图 5-5-10（c）所示。

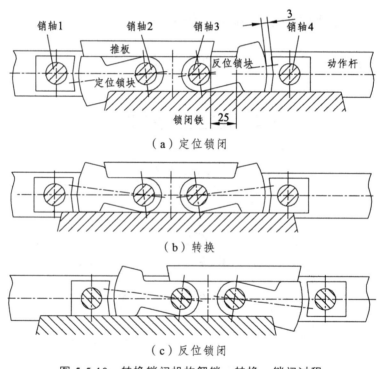

（a）定位锁闭

（b）转换

（c）反位锁闭

图 5-5-10　转换锁闭机构解锁、转换、锁闭过程

2）表示锁闭机构动作原理

当油缸向右移动，动作板的斜面推动接点组转换，断开原表示接点，油缸继续向前移动。接近锁闭时，接点组的启动片在接点组拉簧的动作下快速掉入动作板上速动片圆弧内，并快速切断电源，接通反位表示（动作板、速动片、启动片动作关系见图 5-5-11），同时锁闭柱插入锁闭杆缺口内（见图 5-5-12），锁闭柱在锁闭杆缺口内的间隙为 L，外锁闭时 L 应为（2 ± 0.5）mm。

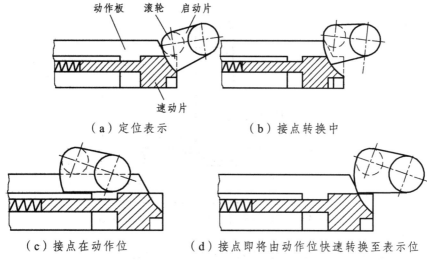

（a）定位表示　　　　　　　　（b）接点转换中

（c）接点在动作位　　　（d）接点即将由动作位快速转换至表示位

图 5-5-11　动作板、速动片、启动片动作关系

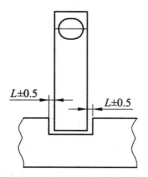

图 5-5-12　锁闭杆锁闭及锁闭缺口位置示意图

3）挤脱表示机构动作原理

挤脱表示机构表示部分的工作原理与锁闭表示机构表示部分的工作原理相同。挤脱原理如下：当电液转辙机处于锁闭位尖轨被挤并超过规定挤脱力时，通过动作拉杆（或密贴调整杆）带动动作杆向右移动[见图 5-5-13（b）]，动作杆通过锁块推动锁闭铁一起向右移动，锁闭铁顶起挤脱块；由于尖轨移动，通过表示拉杆带动转辙机的表示杆向右移动使检查柱抬起切断表示；SH5 型转换锁闭器的锁闭铁移动其背后斜面顶起顶杆，也可断开表示接点，实现挤脱双断表示。检查柱在表示杆缺口内两侧间隙为（4±1.5）mm，检查柱插入表示杆缺口内时的情况如图 5-5-14 所示。

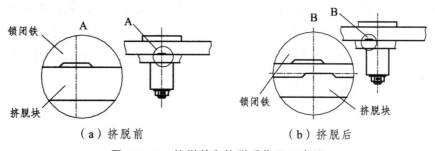

（a）挤脱前　　　　　　　　　　（b）挤脱后

图 5-5-13　挤脱前和挤脱后位置示意图

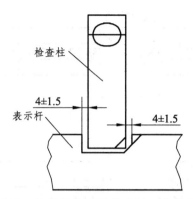

图 5-5-14　表示杆表示及检查缺口位置示意图

4）ZY（J）6 系列电液转辙机挤岔断表示机构动作原理

ZY（J）6 系列电液转辙机挤岔断表示机构动作原理如图 5-5-15 所示。左右挤岔架通过连板与接点组相连，挤岔杆通过弯连接杆与道岔相连，当发生挤岔时，挤岔杆动作带动挤岔杆上的调整板或固定板动作，使左或右挤岔架上滚轮抬起，从而切断表示给出挤岔表示。通过调整调整板可满足不同道岔动程的需要。

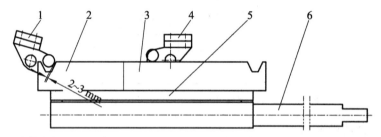

1—左挤岔架；2—调整板；3—固定板；4—右挤岔架；5—垫板；6—挤岔杆。

图 5-5-15　挤岔断表示机构结构示意图

5）单点 ZY（J）7 系列电液转辙机锁闭表示杆动作原理

锁闭表示杆（见图 5-5-16）就是指杆上的缺口一端为锁闭口，与密贴轨相连并锁闭密贴轨，另一端为检查表示口，与斥离轨相连并检查斥离轨。机内与锁闭口对应的为锁闭柱，与检查表示口相对应的为检查柱，如图 5-5-17 所示。此杆用于单点牵引道岔，配合记忆方钢实现锁闭表示和挤岔断表示功能；挤岔时由于记忆方钢的作用斥离轨在达到规定力时即可产生位移，并带动锁闭表示杆移动，同时锁闭表示杆的检查口使检查柱抬起断开表示接点，锁闭表示杆移动 13 mm 时接点完全断开并记忆，此时锁闭表示杆若向相反方向移动不超过 9 mm 时，表示接点仍处于断开。

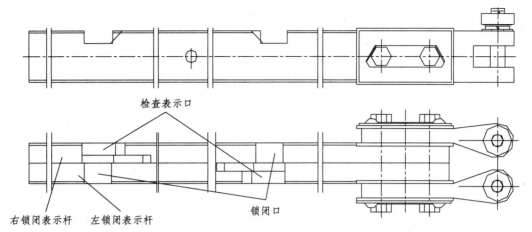

检查表示口

右锁闭表示杆　　左锁闭表示杆　　　　　　锁闭口

图 5-5-16　锁闭表示杆

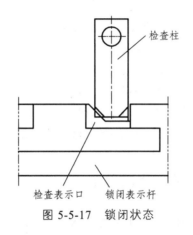

检查柱

检查表示口　　锁闭表示杆

图 5-5-17　锁闭状态

任务六　常用转辙机控制电路识别
——ZD6-E、J 型道岔控制电路原理

一、道岔表示电路的技术要求

因为道岔表示不仅用于监督，也用于联锁，所以道岔表示电路是安全电路，必须采取较完善的故障安全措施，对道岔表示电路有如下要求：（1）只能用继电器吸起状态与道岔的正确位置相对应时，要分别设置道岔定位表示继电器 DBJ 和道岔反位继电器 FBJ，而不能合用一个继电器。（2）当室外联系线路发生混线或混入其他电源时，必须保证不致使 DBJ 和 FBJ 错误吸起。（3）当道岔在转换或发生挤岔事故，发生停电或断线等故障时，必须保证 DBJ 和 FBJ 失磁落下，因此必须使用安全型继电器。

二、六线制 E、J 型道岔控制电路设计原则

电路应满足故障导向安全的原则：

（1）独立电源法：每组道岔单独使用一台 BD1-7 的表示变压器作为表示电源，防止串电、混电。

（2）位置法：二极管放室外，表示继电器放室内，当室内至室外配线错误、混线时，表示继电器不误动。

（3）极性法：表示继电器采用偏极继电器，必须供给一个正方向的电源（1 正 4 负），才能励磁吸取。

三、ZD6 系列六线制电动转辙机六线的作用

X1 线：E 型机反位向定位的启动或定位表示线；

X2 线：E 型机定位向反位的启动或反位表示线；

X3 线（或 X5）：道岔表示共用回线；

X4 线（或 X6）：道岔启动共用回线；

X5 线（或 X3）：J 型机反位向定位的启动线；

X6 线（或 X4）：J 型机定位向反位的启动线。

注：有的车站设计时把 X5 和 X6 作为表示和启动共用线。

四、道岔电路中各器件的型号及用途

（1）表示变压器：型号为 BD1-7，1 和 2 输入交流 220 V，3 和 4 输出交流 110 V。

作用：供给道岔表示电源。

（2）表示继电器（BJ）：JPXC-1000。

作用："↑"表示道岔位置状态。

（3）启动继电器（1DQJ）：JWJXC-H125/0.44。

作用：检查联锁条件，"↑"表示道岔启动操作。

缓放的作用：防止 2DQJ 转极断开 3-4 线圈电后 1-2 未自闭通电前失磁落下。

（4）启动继电器（2DQJ）：JPJXC-135/220。↑表示道岔在定位状态，↓表示道岔在反位状态。

作用：使转辙机换向。

利用其加强接点保证道岔一旦转换，就必须转换终了。

（5）二极管：正向通过电流 > 300 mA，反向截止电压 > 500 V。

作用：实现整流作用。供给 BJ 直流，使之可靠动作。

（6）电容：容量 4 μf，耐压 500 V。

作用：旁路二极管负半波交流成分；确保 BJ 可靠动作。

（7）RD1：道岔控制电源保险。单机道岔使用 3 A，双机道岔使用 5 A。

作用：定位动作负电源保险。

（8）RD2：道岔控制电源保险。单机道岔使用 3 A，双机道岔使用 5 A。

作用：反位动作负电源保险。

（9）RD3：道岔控制电源保险。单机道岔使用 5 A，双机道岔使用 10 A。

作用：动作共用正电源保险。

（10）RD3：道岔控制电源保险。单机道岔使用 5 A，双机道岔使用 10 A。

作用：动作共用正电源保险。

（11）RD4：道岔表示电源保险，使用 0.5 A。

作用：表示共用电源保险。

五、学习电路前应建立的空间概念

（1）转辙机在伸出位时自动开闭器接点打向反方向。

（2）电机电路中假设 1 和 3 排位定位接点时，操定位时接通电机电路使用 2 和 4 排的 41-42 接点，操反位时接通电机电路使用 1 排的 11-12 接点。

（3）1 和 3 排接通时表示电路经过接插件（老式 20 位）奇数端子（右侧）；2 和 4 排接通时表示电路经过接插件（老式 20 位）奇数端子（左侧）。

（4）1 和 3 排接通时，经过移位接触器 03-04；2 和 4 排接通时，经过移位接触器 01-02。

（5）六线制 EJ 道岔电路中 E 和 J 的电机从室内通过电缆分别送电，特别是双动道岔 EJ 带动 EJ 时，一动的 E 机转换完毕后向二动的 E 机送电。同样，一动的 J 机转换完毕后向二动的 J 机送电。

六、E、J 道岔控制电路图原理

图 5-6-1 中绿色线为道岔定位动作和表示经过路径，红色线为道岔反位动作和表示经过路径。

资源 5-7　EJ 道岔控制电路原理图

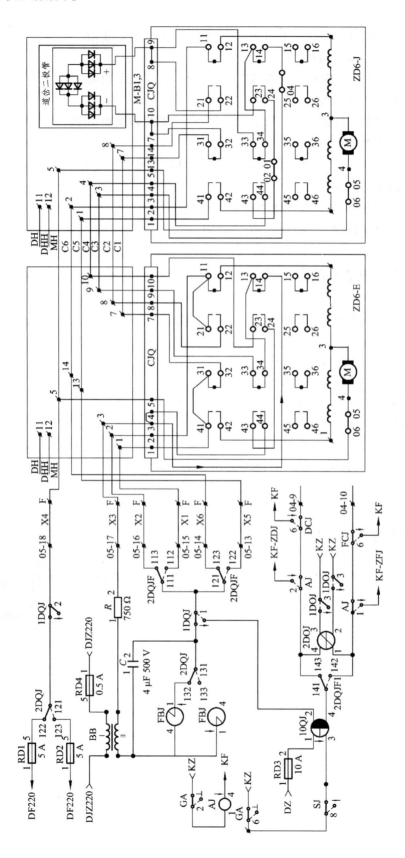

图 5-6-1 E、J 道岔控制电路图原理

任务七　常用转辙机维修
——天窗内检修作业程序及质量标准

一、联系登记

（1）按铁路局有关规定和要求办理检修登记，经车站值班员同意并签字后方可开始工作。

（2）在检修工作中严格执行"三不动、三不离"的安全制度，并注意人身安全和行车安全。

二、扳动确认检查

（1）扳动确认所检修的道岔号码是否正确。

（2）道岔转换是否正常，密贴是否良好。

三、外部检查

三杆检查：尖端杆、方钢拉杆丁字铁安装螺丝紧固。连接销良好，旷动量不大于 1 mm，开口销齐全，劈开角度大于 60°。方钢销子旷动时需联系工务处理。

道岔密贴：竖切部分密贴（双机牵引道岔的第二牵引点处应宏观密贴），无影响密贴的飞边，无过甚吊板，尖轨平直不反弹。

四、转辙机内检修

（一）箱体、暗锁及遮断器

（1）机体清洁无裂纹，盘根防尘防水良好。

（2）遮断器底座、胶木座安装牢固，完整无裂纹，安全接点接触良好，接触深度不小于 3 mm，插入手摇把或钥匙时，能可靠自动断开电路，断开距离不小于 2 mm，非经人工恢复，不得接通电路。

（3）暗锁固定牢固，弹簧作用良好，机盖开启灵活，关闭时锁闭良好。

（二）电动机

（1）电机安装牢固，电枢引出线良好，端子座无裂纹。

（2）转子和磁极间不磨卡，转子不断线。

（3）换向器面光滑干净，绝缘槽内无碳粉、无伤痕。

（4）碳刷和刷握盒内上下不卡阻，四周无过量旷动，弹簧压力适当，碳刷与换向器呈同心圆接触，工作时无过大火花。

（5）测试电机转子（刷间）电阻：(4.9 ± 0.25) Ω；单定子电阻为：(5.7 ± 0.28) Ω。

（三）减速器及摩擦连接器

减速器安装牢固，转动时无杂音。摩擦弹簧无损伤，作用良好，在规定摩擦电流下，相邻圈最小间隙不小于 1.5 mm，弹簧不得与夹板接触，夹板轴不松动，开口销完好。摩擦带与内齿轮伸出部分保持清洁无油污，摩擦带无过大磨耗，作用良好，稳定不松动并低于表面。

（四）自动开闭器

（1）自动开闭器各部件及绝缘座安装牢固，完整无裂损，动作正常无卡阻。

（2）接点罩完整无裂损，接点及接点环干净，拐肘轴开口销完整，连接销无脱落可能，拉簧弹力适当，作用良好。

（3）动接点不松动，接点片不弯曲、不扭斜，辅助片作用良好；接点片磨耗不得超过厚度的 1/2，接点接触良好，接触深度不少于 4 mm；速动爪落下前，动接点在静接点内有窜动时亦应保证接点接触深度不少于 2 mm。

（4）速动爪与速动片的间隙：在解锁时不少于 0.2 mm，锁闭时为 1 ~ 3 mm。

（5）速动片的轴向窜动，应保证速动爪滑轮与滑面的接触量不少于 2 mm，转辙机在转动中速动片不得提前转动。

（6）速动爪的滚轮在传动中应在速动片上滚动，落下后不得与启动片缺口底部相碰。

（五）表示杆、动作杆、移位接触器。

（1）表示杆应平、正、直，无锈蚀。

（2）主副销定期抽出检查良好，固定良好，顶杆动作正常。

（3）锁闭齿轮圆弧与动作齿条削尖齿圆弧应吻合，无明显磨耗，接触面不小于 50%。

（4）移位接触器安装牢固无裂损，作用良好。

（5）顶杆与触头间隙为 1.5 mm 时，接点不应断开，用 2.5 mm 垫片试验或用备用销带动道岔试验时，接点应断开，非经人工恢复不得接通电路。

（六）接插件及配线

（1）配线应整齐、无伤痕并固定良好，各部螺丝应紧固、线头不松动、无混线可能，色标不移位。

（2）接插件安装牢固，防松装置作用良好，线头无损伤。

（3）引线孔堵塞严密。

（七）清扫及注油

机箱内清洁、无油污、无锈蚀、无杂物，箱底清扫干净，注油适当（动作杆、表示杆、齿条块、锁闭齿轮、自动开闭器各活动部位），不漏注油点。

五、检查调整道岔密贴、缺口

（1）道岔密贴（双机牵引的第二引点处应宏观密贴），力量适当，定反位均衡。
（2）表示杆缺口间隙为（1.5±0.5）mm，双机牵引道岔中的 J 型机缺口为 4～7 mm。
（3）动作杆、表示杆、尖端杆调整螺母紧固，防松措施良好。

六、变压器箱或电缆盒

（1）箱（盒）内清洁。
（2）整流装置安装牢固，表面无过热、烧损现象。
（3）配线整齐无伤痕，引线孔堵塞严密；各部螺丝紧固，标记清晰正确，配线图完好，图物相符。

七、试　验

试验要求：
（1）扳动试验时电机无过大火花。
（2）当第一连接杆处的尖轨与基本轨间有 4 mm 及其以上的间隙时，道岔不能锁闭。
（3）校对室内表示与室外道岔位置应一致。
试验测试：
（1）动作电压：大于 160 V。
（2）动作电流：不大于 2 A。
（3）故障电流：E、J 型双机牵引道岔为 2.0～2.5 A，其他为 2.6～2.9 A，定反位偏差不大于 0.3 A。

八、加锁消记

（1）加锁良好。
（2）会同车站值班员试验良好，按局有关规定和要求办理消记手续，经车站值班员签字后方可离开。

资源 5-8 ZYJ7 型电
液转辙机密贴调整

资源 5-9 ZYJ7 型电液转
辙机缺口调整

复习思考题

1. 简述转辙机的作用及分类。

2. 说明 ZD6 的作用及各部分的作用。

3. 说明电动机在电动转辙机中所起的作用及如何使它正、反转。

4. 简述自动开闭器的动作原理。

5. 表示杆有哪些作用？在正常和挤岔时如何动作、调整表示杆？

6. 挤切装置如何起到挤岔保护作用？

7. 简述摩擦连接器的作用。

8. 什么是道岔的锁闭？道岔有哪几种锁闭方式？

9. 简述钩式外锁闭装置的结构和工作原理。

10. 尖轨和可动心轨外锁闭装置有何异同？

11. 简述 S700k 型电动转辙机的结构和工作原理。

12. 简述液压下拉装置的结构和工作原理。

13. 简述 ZDJ9 型电动转辙机的特点，并比较它与 ZD6、S700K 型电动转辙机的异同。

14. 简述 ZYJ7 型电液转辙机的结构和工作原理。

15. 简述加热融雪设备的结构组成和工作原理。

16. 分析 ZD6 型四线制、六线制控制电路。

17. 简述 ZD6 转辙机的检修过程及技术标准。

项目六　雷电与信号设备防雷

雷电是伴有闪电和雷鸣的一种雄伟壮观而又令人生畏的放电现象。特别是在多雨的夏季常常发生，会给人的生命和财产带来灾害。

一、雷电的形成

雷电一般产生于对流发生频繁的积雨云中，因此常伴有强烈的阵风和暴雨，有时还伴有冰雹和龙卷风。积雨云顶部一般较高，可达二十千米，云的上部常有冰晶。冰晶的淞附、水滴的破碎以及空气对流等过程，使云中产生电荷。云中电荷的分布较复杂，但总体而言，云的上部以正电荷为主，下部以负电荷为主。因此，云的上、下部之间形成一个电位差。当电位差达到一定程度后，就会产生放电，这就是我们常见的闪电现象。闪电的平均电流有三万安培，最大电流可达三十万安培。闪电的电压很高，为一亿至十亿伏特。一个中等强度雷暴的功率可达一千万瓦，相当于一座小型核电站的输出功率。放电过程中，由于闪电通道中温度骤增，使空气体积急剧膨胀，从而产生冲击波，导致强烈的雷鸣。带有电荷的雷云与地面的突起物接近时，它们之间就发生激烈的放电，在雷电放电地点会出现强烈的闪光和爆炸的轰鸣声，这就是人们见到和听到的电闪雷鸣。雷电的电压曲线就像是一个波浪的浪头，所以通常又称为浪涌。浪涌有两个特点，一是电压幅值很高，二是持续时间很短，属于微秒级。

二、雷电的分类

（一）直击雷

直击雷是云层与地面凸出物之间放电形成的。直击雷可在瞬间击伤、击毙人畜。巨大的雷电流流入地下，令在雷击点及其连接的金属部分产生极高的对地电压，可能导致接触电压或跨步电压的触电事故。

（二）球形雷

球形雷是一种球形、发红光或极亮白光的火球，运动速度大约为 2 m/s。球形雷能从门、窗、烟囱等通道侵入室内，极其危险。

（三）雷电感应

雷电感应（也称感应雷）分为静电感应和电磁感应两种。静电感应是由于雷云接近地面，在地面凸出物顶部感应出大量异性电荷所致。雷云与其他部位放电后，凸出物顶部的电荷失去束缚，以雷电波形式，沿突出物极快地传播。电磁感应是由于雷击后，巨大雷电流在周围空间产生迅速变化的强大磁场所致。这种磁场能在附近的金属导体上感应出很高的电压，造成对人体的二次放电，从而损坏电气设备。

感应雷又分为纵向感应雷和横向感应雷两种。

（四）雷电冲击波

雷电冲击波是由于雷击而在架空线路上或空中金属管道上产生的冲击电压沿线或管道迅速传播的雷电波，其传播速度约为 3×10^8 m/s。雷电可毁坏电气设备的绝缘，使高压窜入低压，造成严重的触电事故。例如，雷雨天，室内电气设备突然爆炸起火或损坏，人在屋内使用电器或打电话时突然遭电击身亡等都属于这类事故。

三、信号系统的防雷

（一）雷电侵入信号设备的主要途径

（1）由交流电源侵入。
（2）由轨道电路侵入。
（3）由电缆侵入。

（二）信号设备的防雷

1. 信号设备的防雷要求

（1）在有雷电活动的地区，交流电源的外线、电子设备、轨道检查装置、遥信遥控设备等与外线连接的信号设备均必须设防雷装置。

（2）不同雷电活动的地区应采用相应的防雷措施。

（3）纵、横向防雷。

纵向防雷是指信号线、通信线或电源线等与大地间的防护；

横向防雷是指信号线、通信线或电源线等线间的防护。

2. 信号设备雷电防护的原则

（1）防雷装置和被防护设备的绝缘应匹配，将雷电感应过电压限制到被保护设备的冲击耐压水平以下。

（2）正常情况下，防雷装置不应影响被防护设备的工作，受雷电干扰时，应保证信号设备不得有错误动作。

（3）采用多级防护时，各级防护元件应配置合理。

3. 信号设备防雷元件的安装要求

（1）外部防护用防雷元件宜安装在线路终端。防雷元件与被防护设备之间的连接线应短，防雷电路的配线与其他配线应分开走线，不允许其他设备借用防雷设备的端子。

（2）为了发挥防雷装置的作用，它应安装牢固可靠，还要考虑便于检测。

（3）防雷装置应集中设置，可防止因防雷装置故障而影响其他信号设备的正常工作，同时便于维修、测试和检查。

（三）防雷元件

1. 金属陶瓷放电管（一种充气管，安装在线路与大地之间）

（1）金属陶瓷二极放电管。

（2）金属陶瓷三极放电管。

（3）放电管的主要电器参数。

资源 6-1 防雷设备

直流点火电压：在放电管电极间施加缓慢上升（即一定上升速率）的直流电压，释放电管击穿时的电压值。

标称直流点火电压：制造厂家标定的直流点火电压的规格值。

陶瓷气体放电管如图 6-1-1 所示。

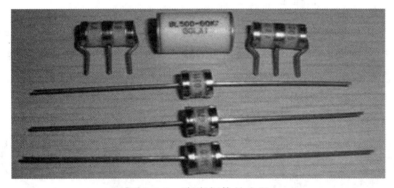

图 6-1-1 陶瓷气体放电器

2. 压敏电阻器

（1）氧化锌压敏电阻器：具有通流量大，非线性特性好、残压低、响应时间快、抑制过电压能力强的优点，但可能出现短路故障。

（2）劣化指示氧化锌压敏电阻器：通流量更大，并具有热熔断器和报警装置，使其在失效时能自动脱离使用线路，给出明显标志，并进行报警。

3. 压敏电阻器的主要电气参数

（1）起始动作电压：指当压敏电阻器通以 1 mA 直流电流时，其两端的电压值。由于该电压值位于压敏电阻器伏安特性曲线击穿区域的始端，故称为起始动作电压，以 $U_{1\,mA}$ 表示。

（2）标称电压：表征压敏电阻器系列产品的电压规格，该电压值为同一规格压敏电阻器起始动作电压 $U_{1\,mA}$ 的中心值。

（3）泄漏电流：指压敏电阻器两端施加规定直流电压（$75\%U_{1\,mA}$）时流过压敏电阻器的电流。

（4）冲击通流容量：指压敏电阻器不发生实质性破坏而能通过规定次数、规定波形的最大限度的电流峰值。

（5）残压：压敏电阻器通过放电电流时，其两端的电压降称为残压。残压值由放电电流的峰值及波形而定，残压的大小用峰值表示。

（6）残压比：残压与起始动作电压之比称为残压比。

4. 压敏电阻器的选用

选用压敏电阻器时，应考虑在不影响被保护设备正常工作的原则下，发挥其最好的防雷效果。安装在不同设备上时，针对通流容量、切断续流能力、动作时间的要求和残存电压的大小，所采用的压敏电阻器应有区别。

5. 瞬变电压抑制器

瞬变电压抑制器又称瞬变电压抑制器，是一种齐纳二极管。它与普通稳压二极管相比，功率更大，影响速度快，保护性能好，但通流容量小。

6. 防雷变压器（采用静电屏蔽原理）

普通变压器在初、次级绕组间存在级间电容。级间电容由三部分组成，即初级和铁心间的电容 C_1，次级和铁心间的电容 C_2，初级与次级间的电容 C_{12}。普通变压器的 C_{12} 为几十皮法，电压转换系数在 1/5 左右。因此，初级绕组的纵向电压可通过电容耦合到次级。当雷电波侵入初级时，次级可感应出相当高的电压。

（a）

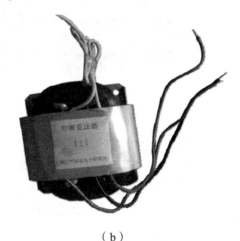
（b）

图 6-1-2　防雷变压器

（四）外部防护电路

外部防护电路指信号设备外的防雷电路，主要包括连接电源或连接线路电压设备的防护电路、灯丝继电器的防护电路、各种轨道电路的防护电路及驼峰信号设备的防护电路、调度集中和调度监督的防护电路，它们均由各种防雷组合单元组成。

1. 浪涌保护器（SPD）组成及工作原理

浪涌保护器，也叫防雷器，绝大部分由保护器件根据不同的场合和要求以不同的组合方式而构成。常见的保护器件有气体放电管 GDT、压敏电阻 MOV、瞬态抑制二极管 TVS 等。

SPD 连接方式有并联和串联两种，如图 6-1-3 和图 6-1-4 所示。

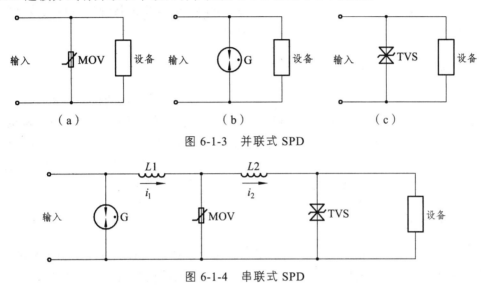

图 6-1-3　并联式 SPD

图 6-1-4　串联式 SPD

1）并联式 SPD

当暂态过电压加在 SPD 上时：

（1）气体放电管击穿导通，使设备承承受 10～30 V 的电弧压降。

（2）压敏电阻或暂态抑制二极管导通，使设备两端电压得到限制，限制电压为保护元件的箝位电压。

2）串联式 SPD

SPD 与设备串联，其内部通常有多级防护。

放电管 G 的直流放电电压高于压敏电阻 MOV 的参考电压，而压敏电阻 MOV 的参考电压高于 TVS（瞬变电压抑制二极管）的额定击穿电压。

当暂态过电压加在 SPD 上时，由于放电管 G 具有较高的放电电压和较长的响应时间，压敏电阻 MOV 具有较高的参考电压和比 TVS 管长的响应时间，它们均不能很快起作用，在它们未起作用前，TVS 管将首先击穿导通进行限压，并流过暂态电流 i_2，随着电流的增大，电感 L_2 上的压降也增大，这一压降和 TVS 管上的压降之和加于 MOV 端，促使 MOV 尽快动作，当 MOV 导通后，由于暂态电流被 MOV 分流，减轻了 TVS 管的压力（通流量）。同理，随着电流的增大，电感 L_1 上的压降也增大，这一压降和 MOV 上的压降之和加于 G 端，促使 G 尽快放电，一旦 G 导通后，大量的雷电流都经过放电管 G 泄放。这种结构 SPD 的内部元件工作时有机协调，充分发挥出了各元件的优点而克服了其缺点。

四、信号接地设备

（一）地　线

信号设备应设安全地线、屏蔽地线和防雷地线。信号设备的机架（柜）控制台、箱盒、信号机梯子等应设安全地线，交流电力牵引区段的电缆金属护套应设屏蔽地线，防雷保安器应设防雷地线，安装防静电地板的机房应设防静电地线，微电子设备需要时可设置逻辑地线。上述地线均由共用接地系统的地网引出。室内信号设备的接地装置应构成网状（地网）。接地导线上严禁设置开关、熔断器或断路器。

（二）地　网

地网由各接地体、建筑物四周的环形接地装置、基础钢筋构成的接地体相互连接构成。

接地体应设置永久性明显标志。新建建筑物混凝土基础的钢筋必须焊接成基础接地网。环形接地装置一般由水平接地体和垂直接地体组成，应环绕建筑物外墙闭合成环，接地电阻不得大于 $1\,\Omega$，难以达到要求时，可采取深埋接地体、设置外延接地体、换土、在接地体周围添加经环保部门认可的降阻剂或其他新技术、新材料等措施

（三）贯通地线

（1）电气化区段、繁忙干线、铁路枢纽、编组场、强雷区和埋设地线困难地区及微电子设备集中的区段，应设置贯通地线，贯通地线任一点的接地电阻不得大于 $1\,\Omega$。

（2)贯通地线应采用截面积铜当量不小于 $35\,\text{mm}^2$ 的耐腐蚀并符合环保要求的志用地线。

（3）贯通地线在信号机房建筑物一侧每隔 $2\sim3\,\text{m}$ 用 $50\,\text{mm}^2$ 裸铜线与环形接地装置连接，两端各连接两次。

（4）设置贯通地线的区段，铁路沿线及站内的各种室外信号设备的各种地线均应就近与贯通地线连接。

（四）接地汇集线

（1）控制台室、继电器室、防雷分线室（或分线盘）机房和电源室（电源引入处）应设置接地汇集线。接地汇集线宜采用大于 $30\,\text{mm} \times 3\,\text{mm}$ 紫铜排，可相互连接成条形、环形或网格形，环形设置时不得构成闭合回路。

（2）电源室（电源引入处）防雷箱处、防雷分线室（或分线盘）处的接地汇集线应单独设置，并分别与环形接地装置单点冗余连接。其余接地汇集线可采用截面积不小于 $50\,\text{mm}^2$ 有绝缘外护套的多芯铜导线或 $30\,\text{mm} \times 3\,\text{mm}$ 紫铜排相互连接后与环形接地装置单点冗余连接。

（3）接地汇集线及接地汇集线间的连接导体、接地汇集线与地网的连接线必须与墙体绝缘。

（4）室内走线架、组合架、电源屏、控制台、机架、机柜等所有室内设备必须与墙体绝缘，其安全地线、防雷地线、工作地线等必须以最短距离分别就近与接地汇集线连接。

信号设备接地装置的接地电阻标准值如表 6-1-1 所示。

表 6-1-1　信号设备接地装置的接地电阻标准值　　　　　　单位：Ω

序号	接地装置类型	土壤分类	黑土、泥炭土	黄土、砂质黏土	土夹砂	砂土	土夹石
		土壤电阻率 $p/(n \cdot m)$	50 及其以下	51~100	101~300	301~500	501~1 000
		设备引入回线数	接地电阻不大于（Q）				
1	信号架空线防雷地线	10 条及其以下	10	10	10	20	20
		10~20 条	10	10	10	10	10
2	其他防雷地线		10	10	10	20	20
3	安全地线		10	10	10	20	20
4	屏蔽地线		10	10	10	20	20
5	微电子设备专用地线		4	4	4	4	4

五、接地装置

为了确保人身安全和电力系统及电气设备的正常运行，必须采取接地措施。接地装置宜采用镀锌钢材。

接地装置包括接地体和接地线两大部分，接地体主要是指人工接地体，接地线是连接接地体和被保护设备的引线。

注意：在地下不得采用裸铝导体作为接地体或接地线。不得利用蛇皮管、管道保温层的金属外皮、金属供水管道或金属网以及电缆金属保护层作接地线。

（一）接地体

人工接地体分垂直安装和水平安装两种。

1. 垂直接地体

（1）应选用角钢或圆钢，长度不小于 2.5 m，相互之间间距不应小于 5 m，其顶部应做成尖角。

（2）埋设时应挖深为 0.8~1 m、宽为 0.5 m 的沟，沟上宽下窄，打桩时应采取措施，防止接地角钢或圆钢打劈。接地体应垂直设置，不得打偏，其顶部离地高度为 600 mm。

（3）接地体之间用镀锌扁钢焊接连接，扁钢应侧放，与接地体连接的位置距接地体顶部 100 mm，并留有足够长的连接长度。

（4）接地体埋设位置距建筑物不宜小于 1.5 m，遇有垃圾灰渣等时，应换土并分层夯实。

（5）当接地装置必须埋设在建筑物出入口或人行道小于 3 m 时，应采用均压带做法或接地装置上敷设 50～90 mm 沥青层，其宽度应超过接地装置 2 m。

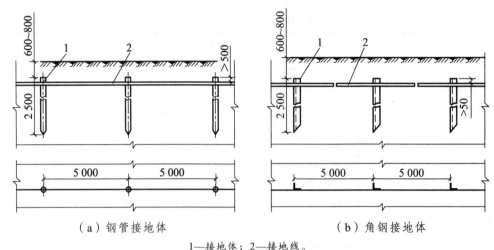

（a）钢管接地体　　　　　　　（b）角钢接地体

1—接地体；2—接地线。

图 6-1-5　垂直接地体做法

2. 水平接地体

敷设在建筑物四周闭合环状的水平接地体，可埋设在建筑物散水及灰土基础以外的基础槽外，常用 40 mm×4 mm 镀锌扁钢，最小截面积不应小于 100 mm²，厚度不应小于 4 mm。将扁钢垂直敷设在地沟内，顶部埋设深度距地面不应小于 0.6 m，多根平行敷设时水平间距不小于 5 m。水平接地体的敷设如图 6-1-6 所示。

资源 6-2　垂直接地法示意图

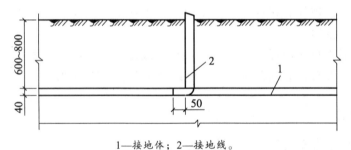

1—接地体；2—接地线。

图 6-1-6　水平接地体安装

（二）接地线

1. 接地母线

从引下线断接卡子或换线处至接地体和连接垂直接地体之间的连接线称为接地母线。接地母线一般应使用 40 mm×4 mm 的镀锌扁钢。

接地母线之间的连接应采用搭接焊接。扁钢与扁钢连接的搭接焊接长度不应小于扁钢宽度的 2 倍，应最少在 3 个棱边进行焊接。圆钢与圆钢搭接焊不应小于圆钢直径的 6 倍，并应采取两面焊。圆钢与扁钢连接，搭接长度不应小于圆钢直径的 6 倍，应在两面焊。

除接地之外，从地表下 0.6 m 引至地面外的垂直接地母线的引出线的垂直部分和接地装置焊接部位应做防腐处理。在做防腐处理前，表面必须除锈并去掉焊接处残留的焊药。

2. 接地线与设备的连接

电气设备与接地线的连接一般采用焊接和螺栓连接两种方式。需要移动的设备，宜采用螺栓连接，不需要移动的设备可采用焊接。当电气设备装在金属结构上而有可靠的金属接触时，接地线或接零线可直接焊接在金属构架上。

电气设备的外壳上一般都有专用接地螺栓。接地线采用螺栓连接时，应将螺栓卸下，将设备与接地线的接触面擦净，接地线端部挂上焊锡，并涂上中性凡士林油，然后接入螺栓，并将螺母拧紧。在有震动的地方，所有接地螺栓都需加垫弹簧垫圈以防松动。接地线若为扁钢，其孔眼应用手电钻或钻床钻孔，不得用气焊割孔。

复习思考题

1. 雷电的分类有哪些？
2. 雷电侵入信号设备的主要途径有哪些？
3. 简述信号设备的防雷要求。
4. 简述信号设备雷电防护的原则。
5. 分析压敏电阻器的主要电气参数。
6. 温度对压敏电阻片泄露区伏安特性的影响有哪些？
7. 如何选用压敏电阻器？
8. 防雷保安器（SPD）组成及工作原理是什么？
9. 信号接地设备有哪些？
10. 何谓接地？接地的作用是什么？接地装置由哪几部分组成？
11. 接地体如何安装？

参考文献

[1] 中国铁路总公司. 铁路技术管理规程（普速铁路部分）[M]. 北京：中国铁道出版社，2014.

[2] 中国铁路总公司. 铁路技术管理规程（高速铁路部分）[M]. 北京：中国铁道出版社，2014.

[3] 中国铁路总公司. 普速铁路信号维护规则[M]. 北京：中国铁道出版社，2015.

[4] 张仕雄，薄宜勇. 铁路信号基础设备维护[M]. 北京：中国铁道出版社，2017.

[5] 林瑜筠. 铁路信号基础[M]. 北京：中国铁道出版社，2008.